Kubeflow
Operations Guide
쿠브플로 운영 가이드

| 표지 설명 |

표지 동물은 청다리도요(greenshank, 학명 *Tringa nebularia*)입니다. 섭금류과로 북유럽과 아시아 전반에 걸쳐 번식합니다. 겨울이 되면 호주, 남아프리카, 아시아와 같은 남쪽으로 이동합니다.

청다리도요는 평균적으로 30cm 길이에 긴 초록빛이 도는 다리, 갈색빛이 도는 회색의 등과 꼬리, 하얀색 배가 특징입니다. 민물 습지나 습한 목초지에 서식하며 개구리나 물고기 같은 작은 먹이를 먹고 때로는 작은 무척추동물도 잡아먹습니다. 천적으로부터 살아남기 위해 보호색을 띤 알 4개를 낳으며, 부화할 때까지 알을 품습니다.

청다리도요는 국제 자연 보전 연맹(IUCN)의 적색 목록red list에 관심 대상으로 등록되어 있습니다. 이 새는 눈에 잘 띄고 서식지에 꽤 균등하게 분포하기 때문에 개체수 연구는 20세기 후반에 시작되었습니다.

오라일리 표지에 등장하는 동물은 대부분 멸종 위기종이고, 모두가 지구에서 꼭 필요한 존재입니다. 표지 그림은 『British Birds』에 실린 흑백 판화를 바탕으로 캐런 몽고메리Karen Montgomery가 그렸습니다.

쿠브플로 운영 가이드

온프레미스 배포와 클라우드 운영

초판 1쇄 발행 2022년 1월 31일

지은이 조시 패터슨, 마이클 카체넬렌보겐, 오스틴 해리스 / **옮긴이** 김소형 / **펴낸이** 김태헌
펴낸곳 한빛미디어(주) / **주소** 서울시 서대문구 연희로2길 62 한빛미디어(주) IT출판부
전화 02-325-5544 / **팩스** 02-336-7124
등록 1999년 6월 24일 제25100-2017-000058호 / **ISBN** 979-11-6224-511-8 93000

총괄 전정아 / **책임편집** 고지연 / **기획·편집** 박용규
디자인 표지 박정우 내지 박정화 / **전산편집** 이경숙
영업 김형진, 김진불, 조유미 / **마케팅** 박상용, 송경석, 한종진, 이행은, 고광일, 성화정 / **제작** 박성우, 김정우

이 책에 대한 의견이나 오탈자 및 잘못된 내용에 대한 수정 정보는 한빛미디어(주)의 홈페이지나 아래 이메일로
알려주십시오. 잘못된 책은 구입하신 서점에서 교환해드립니다. 책값은 뒤표지에 표시되어 있습니다.

한빛미디어 홈페이지 www.hanbit.co.kr / **이메일** ask@hanbit.co.kr

지금 하지 않으면 할 수 없는 일이 있습니다.
책으로 펴내고 싶은 아이디어나 원고를 메일(writer@hanbit.co.kr)로 보내주세요.
한빛미디어(주)는 여러분의 소중한 경험과 지식을 기다리고 있습니다.

Kubeflow
Operations Guide

쿠브플로 운영 가이드

O'REILLY® Ⅰℬ 한빛미디어
Hanbit Media, Inc.

나의 아들 이선Ethan, 그리핀Griffin, 데인Dane에게

앞으로 나아가고, 대담하고, 끈기 있는 사람이 되길

조시 패터슨 Josh Patterson

온프레미스부터 클라우드까지 쿠브플로 엔터프라이즈 배포를 위해 늘 찾아봐야 할 참고서와 같은 책입니다. 운영 단계에서 쿠브플로의 이용 방법을 소개하고, GPU나 계정 관리와 같은 리소스를 인프라스트럭처와 통합할 때 팀이 고려해야 할 방식들은 무엇인지 안내합니다.

제러미 루이 Jeremy Lewi **(쿠브플로 공동 창업자, 프라이머 수석 소프트웨어 엔지니어)**

패터슨, 카체넬렌보겐, 해리스는 실제 제품 단계 수준production-ready 쿠브플로 배포를 준비하는 것에 대한 요소를 설명하고 온프레미스나 하이퍼스케일 클라우드에서 필요한 전략적 단계를 설명하는 멋진 책을 만드는 데 성공했습니다. 이 책은 실험 단계부터 사용 준비 상태까지 쿠브플로를 어떻게 사용할 것인지 이해하는 데 필수적인 내용을 다룹니다.

데이비드 아론칙 David Aronchick **(쿠브플로 공동 창업자)**

온프레미스와 클라우드까지 ML 인프라스트럭처 계획, 설치, 관리하는 것을 다루는 간결한 가이드북입니다. 이 책은 하이브리드 클라우드 셋업에서 주피터 노트북이나 오토스케일 ML 파이프라인들을 지원하는 쿠브플로 사용 방법을 단계별로 안내합니다.

락 락슈마난 Lak Lakshmanan **(애널리틱스, AI 솔루션, 구글 클라우드 책임자)**

이 책은 실제 쿠브플로와 쿠버네티스 클러스터를 실행하는 데 있어 운영 측면을 심도 있게 다루는 훌륭한 자료입니다. 또한 쿠버네티스 보안, 멀티테넌시, 트래픽 라우팅, 서비스 메시, GPU, 오토스케일링, 수용력capacity 계획 등을 관리하는 최고의 사례를 담았습니다.

크리스 프레글리 Chris Fregly **(AWS AI & 머신러닝 애드보킷)**

패터슨, 카체넬렌보겐, 해리스의 쿠브플로 책은 현대 데이터 중심 시스템을 만들고자 하는 데이터 엔지니어나 데이터 사이언티스트에게 귀중한 로드맵입니다. 초당 테라바이트 데이터 스트림과 실시간으로 배우는 복잡한 DL/ML 기반 모델들이 주류를 이루고 있습니다. 400Gb/s NDR 인피니밴드 네트워킹과 한 개의 칩에서 PFLOPS (페타플롭스) CPU/GPU 프로세스 파워의 접근 용의성 때문에 데이터 사이언티스트의 역할은 적극적으로 데이터를 분석하거나 모델을 개발하는 것보다는 종종 가능한 기술들을 모아서 조합하고 전체적인 프로세스를 모니터링하는 것으로 줄어듭니다. 데이터가 피처 생성과 모델 만들기 모두 주도합니다. 이 책은 이 모두를 설명합니다.

앨릭스 코즐로프 Alex Kozlov **박사 (엔비디아, 시니어 데이터 사이언티스트)**

조시 패터슨은 여러 회사들이 쿠브플로를 성공적으로 사용하고 배포하도록 도와준 숙련된 기술자입니다. 쿠브플로 커뮤니티에도 몇 년간 적극적으로 관여해왔고, 다른 가이드북에 없는 쿠브플로의 깊이 있는 지식과 특별한 관점을 제공합니다. 이 책을 추천하게 되어 기쁩니다.

하멜 후사인 Hamel Husain **(깃허브, 스태프 머신러닝 엔지니어)**

쿠브플로는 여러 가지 클라우드에서 (온프레미스를 포함해서) MLOps 워크플로를 일관적으로 관리하기 위한 훌륭한 방법입니다. 하이브리드 쿠브플로를 준비하고 관리하는 것은 간단한 일이 아닙니다. 저자들은 쿠브플로 배포부터 다른 클라우드를 위해서 배포하고 운영하는 것까지 MLOps 엔지니어들이 직면하는 현실적인 문제의 전체적인 과정을 설명하는 대단한 일을 해냈습니다. 이 책은 MLOps의 부족한 부분을 아주 잘 채워주고, MLOps나 데이터 사이언티스트에게도 강력하게 추천할 만합니다.

데보 두타 Debo Dutta **(뉴타닉스 엔지니어링 부사장이자 공동 창업자, 엠엘커먼스의 독립적인 관찰자**observer**)**

쿠브플로는 엔터프라이즈 IT에서 빠르게 증가하는 오픈소스 MLOps 플랫폼 옵션입니다. 그리고 이 책은 능수능란하게 쿠브플로 운영의 안과 밖을 다룹니다. 모든 MLOps 엔지니어들이 읽어봐야 하는 책입니다.

마이크 오글즈비 Mike Oglesby **(넷앱**NetApp**, MLOps 엔지니어)**

쿠브플로는 쿠버네티스를 이용해서 효율적으로 확장 및 진화하는 현대 애플리케이션에 AI 기능을 만들고 배포하는 것을 단순화하기 위해 선호되는 개발 플랫폼입니다. 이 책은 쿠브플로를 계획, 구현, 운영하는 데 귀중한 인사이트를 제공합니다.

제키 야사르 Zeki Yasar **(ePlus, 수석 솔루션 아키텍트)**

이 책은 온프레미스나 클라우드 제공사를 통한 쿠브플로의 운영을 이례적으로 깊이 다룹니다. 쿠브플로는 머신러닝 엔지니어링 생태계의 필수적인 프로젝트입니다. 이 책은 쿠브플로로 어떻게 머신러닝 엔지니어링 스택을 셋업하고 운영하는지, 어떻게 KFServing을 효율적으로 사용하여 머신러닝 모델을 배포하는지 등 생태계에서 빠져있는 퍼즐 조각을 제공합니다. 처음 클러스터에 쿠브플로를 실행할 때 이 책이 있었다면 시간을 절약하는 데 큰 도움이 되었을 것입니다.

하네스 하프케 Hannes Hapke **(SAP Concur, 시니어 머신러닝 엔지니어)**

이 책은 내가 쿠브플로 시스템의 다른 모든 부분을 완벽히 이해할 수 있도록 해주었고, 더 안정적이고 재현 가능한 데이터 사이언스 파이프라인을 만드는 데 도움을 주었습니다. 보안에서 주피터 구현, 배포까지 이런 조각들이 어떻게 맞아떨어지는지 알 수 있도록 설명합니다.

JD 롱JD Long **(RenaissanceRe)**

모델 배포 표준화를 고려하는 데브옵스 팀이 꼭 읽어야 할 가이드북입니다. 최고로부터 배우고, 어떻게 머신러닝이 동작하는지 이해할 수 있습니다.

악셀 다미안 시로타 Axel Damian Sirota **(머신러닝 리서치 엔지니어)**

지은이 · 옮긴이 소개

지은이 조시 패터슨 Josh Patterson

패터슨 컨설팅 Patterson Consulting CEO이자 빅데이터와 응용 머신러닝 분야의 솔루션 통합 아키텍트. 10년간 빅데이터와 광범위한 딥러닝 분야의 경험을 통해 포춘 500 프로젝트에 그의 특별한 인사이트를 담았습니다. 패터슨은 테네시강 유역 개발 공사 Tennessee Valley Authority (TVA)에서 대규모 데이터 저장과 스마트 그리드 smart grid 페이저 측정 단위 처리 phasor measurement unit (PMU)를 위한 아파치 하둡 통합을 주도했습니다. TVA 이후 직원 34명의 초기 하둡 스타트업인 클라우데라 Cloudera에서 수석 솔루션 아키텍트로 근무했습니다. 클라우데라를 떠난 뒤에는 Deeplearning4j 프로젝트를 공동 창업하고 『자바를 활용한 딥러닝』(한빛미디어, 2018)을 공동 저작했습니다.

지은이 마이클 카체넬렌보겐 Michael Katzenellenbogen

깊고 광범위한 배경지식과 경험이 많은 독립 컨설턴트. 어린 나이에 운 좋게 기술을 접하게 되어 인터넷의 등장과 다양한 변화, 단계를 경험했습니다. 그렇게 인터넷과 함께 성장하면서 최첨단 기술에 정통하게 되었습니다. 데이터 관리, 소프트웨어 아키텍처, 새롭게 등장하는 기술을 창의적이고 새로운 방식으로 적용하는 것에 조예가 깊었습니다. 뉴욕 타임스의 데이터 관리, 하둡과 같은 빅데이터 플랫폼 활용, 클라우데라에서 수석 솔루션 아키텍트였습니다. 또한 F100 기업의 아키텍트를 돕고, 거대한 규모의 데이터와 컴퓨팅 클러스터를 구현했습니다. 현재는 쿠버네티스와 쿠브플로 같은 기술을 활용해 기업들이 머신러닝에 진입하는 장벽을 낮추는 일에 관심이 많습니다.

지은이 **오스틴 해리스**Austin Harris

테네시 채터누가에 거주하는 분산 시스템 엔지니어이자 아파치 카프카와 분산 시스템 아키텍처 전문가. 빅데이터를 실시간으로 분석하고 다루는 데이터 파이프라인 아키텍처를 설계하려는 기업들을 자문하고 있습니다. 또한 스마트 시티 인프라스트럭처, 웨어러블 기술, 신호 처리 분야에서 일했습니다. 테네시 대학교에서 컴퓨터 과학 석사 학위를 받았습니다. 대학교에서 머신러닝 활동 인식 기술, HIPAA[1] 준수 아키텍처, 실시간 동적 라우팅 알고리즘을 연구했습니다.

옮긴이 **김소형**thgud1624@gmail.com

포항공과대학교에서 물리학과 컴퓨터 공학을 복수전공하고, 삼성전자 DMC 연구소에서 2년 동안 컴퓨터 비전 애플리케이션을 만들었습니다. 그 후 카이스트에서 머신러닝 자연어 처리 연구로 석사 학위를 취득하고, 아마존 독일 지사를 거쳐 현재는 독일 SAP에서 데이터 사이언티스트로 일하고 있습니다. 컴퓨터 비전, 자연어 처리, 강화 학습 등 인공지능의 여러 분야뿐 아니라 MLOps 분야에도 관심이 많은 데이터 사이언티스트입니다.

---

1 옮긴이_ 건강 보험 이동성과 결과 보고 책무 활동(Health Insurance Portability and Accountability Act)

옮긴이의 말

현업에서 데이터 사이언티스트로 일하면서 대부분의 시간을 머신러닝 모델 개발에 집중하고 있습니다. 머신러닝 제품 개발은 모델 개발 이후에도 프로덕션 배포까지 여러 단계를 거쳐야 하고 데이터 사이언티스트, 소프트웨어 엔지니어, MLOps 엔지니어 등 여러 부서와의 협업이 필요한 어려운 일입니다. 이 책은 쿠브플로를 이용해서 머신러닝 모델 개발 이후의 단계를 운영할 수 있도록 차근차근 도와줍니다. 또한 보안 요소, 리소스 관리까지 조언해주는 친절한 책입니다.

책 전반에 걸쳐 구글 클라우드, 애저, AWS 등 주요 클라우드 서비스에서 쿠브플로를 설치하고 운영하는 법을 다루고, 온프레미스로 쿠브플로를 설치하고 운영하는 법도 다룹니다. 마지막 8장에서는 모델을 서빙하고 통합합니다. 8장 이후에는 부록을 추가로 다루는데, 이곳에서는 인프라스트럭처나 보안 개념 등의 친절한 설명으로 초보자도 쉽게 이해할 수 있습니다.

이 책은 머신러닝 제품을 출시하고자 하는 개발 팀이 꼭 숙지해야 하는 내용과 모델을 개발하는 데이터 사이언스 팀, 연구원들이 알아야 할 유용한 내용이 담겨있습니다. 현업의 데이터 사이언티스트는 모델이 실제로 프로덕션에서 사용되어야 하기 때문에 메모리 같은 리소스를 무한정 사용할 수 없고, 시시각각 변하는 데이터나 고객의 상황에 맞추어 모델을 다시 트레이닝해야 한다는 사실을 인지하고 모델을 개발해야 합니다. 이 책을 통해 그런 과정을 조금 더 쉽고, 효율적으로 운영하길 바랍니다.

처음 기술서 번역을 맡았습니다. 기술적인 내용을 어떻게 하면 국내 독자에게 효율적으로 전달할 수 있을지 고민하는 일이 쉽지 않았습니다. 이 과정을 인내심을 가지고 도와주신 박용규 편집자님과 번역의 기회를 주신 한빛미디어에 감사의 인사를 드립니다. 그리고 항상 저를 믿어주고 응원해주는 부모님, 동생, 친구들에게도 감사의 마음을 전합니다.

김소형

서문

이 책에 대하여

쿠브플로^{Kubeflow}를 배포하고 운영할 때 데브옵스^{DevOps}와 MLOps에 집중했습니다. 이 분야는 계속해서 변하고 있기 때문에 현역으로 활동하는 데브옵스 팀과 MLOps 팀에게 매력적인 주제라고 생각했습니다. 오늘날 여러 머신러닝 플랫폼은 머신러닝 워크플로를 관리하는 아키텍처와 솔루션 스페이스에 대해 서로 다른 접근법을 가집니다. 1장은 머신러닝 플랫폼을 운영하는 데 '모든 부분'을 고려하기 어렵다는 점을 언급하며, '오늘날 우리는 어느 수준에 있고, 머신러닝 플랫폼 초심자로서 무엇을 생각해야 하는가?'라는 질문을 던지며 시작합니다.

이 책은 현재 머신러닝 인프라스트럭처의 숲을 살펴보고, 여러 기업에 속해 있는 팀들이 극복해야 할 도전 과제와 트레이드오프^{trade-off}를 설명합니다.

그리고 머신러닝 운영 전체 생애주기를 지원하는 데 필요한 주요 원칙의 개요를 설명하고, 발생할 수 있는 쿠버네티스 문제와 해결책을 제시합니다. 더 나아가 MLOps 관점에서 쿠버네티스의 기능적인 차이와 쿠브플로가 어떻게 이를 완성해가는지도 살펴봅니다.

이 책은 주요 내용을 세 가지로 설명합니다.

첫 번째(1, 2, 3장), 쿠브플로 핵심 기능과 아키텍처 이해에 중점을 둡니다. 1장을 통해 '왜 쿠버네티스는 강력한가?' 그리고 '쿠브플로는 쿠버네티스 이상으로 무엇이 있는가?'와 같은 머신러닝 아키텍처에 대한 궁금증을 해소할 수 있습니다. 오늘날 머신러닝 플랫폼 이해에 대한 논의도 합니다. 2장은 쿠브플로 아키텍처를 다룹니다. 3장에서는 쿠브플로 배포를 계획하는 방식에 대해서 상세히 살펴봅니다.

두 번째(4, 5, 6, 7장), 온프레미스^{on-premise}방식과 3군데 주요 클라우드 벤더(구글 클라우드 플랫폼^{Google Cloud Platform}(GCP), 아마존 웹 서비스^{Amazon Web Services}(AWS), 마이크로소프트 애저^{Microsoft Azure})에서 쿠브플로 1.0.2 설치하는 법을 설명합니다. 또한, 쿠브플로를 온프레미스와 각각의 주요 클라우드 플랫폼에서 배포하기 위해 필요한 단계를 상세히 다룹니다. 쿠브플로 배포 방법 중 여러분이 이미 알고 있는 부분은 건너뛰어도 됩니다.

8장은 KFServing을 이용해서 인퍼런스^{inference}를 위해 모델을 프로덕션으로 배포하는 것에 집중합니다. 모델 인퍼런스를 정의하고, 저장된 모델의 결과와 프로덕션 애플리케이션을 연결할 때 고려해야 할 사항을 알려줍니다. 쿠브플로에 포함된 모델 배포 프레임워크인 KFServing에 대한 자세한 설명을 끝으로 이 책을 마무리합니다.

세 번째, 부록에서는 인프라스트럭처^{infrastructure} 핵심 개념, 이스티오^{Istio}와 컨트롤 플레인^{control plane}, 쿠버네티스 핵심 개념 정보를 제공합니다.

이미 많은 책에서 다루는 특정 머신러닝 유스 케이스^{use case}는 따로 설명하지 않습니다.

대상 독자

이 책은 쿠브플로 아키텍처와 운영에 집중하므로 데브옵스 팀이나 MLOps 팀에 많은 도움이 됩니다. 여러 가지 인프라스트럭처에 대해 논의하여 데브옵스 팀이 머신러닝 플랫폼 아키텍처에서 생길 수 있는 문제와 해결 방안을 생각할 수 있도록 도와줍니다.

데이터 사이언티스트라면 사용자의 관점에서 이 내용이 유용한 정보라고 생각할 수도 있지만, 쿠버네티스나 계정 관리에 대한 내용이 많아 조금은 지루하다고 느낄 수도 있습니다. 하지만 인내심을 가지고 읽으면 데이터 사이언티스트도 쿠브플로를 더 잘 이해하고, 백그라운드에서 일어나는 일들도 잘 이해할 수 있을 겁니다.

이 책은 여러분이 쿠버네티스의 기본 개념에 익숙하며, 머신러닝 코드를 만들 수 있다고 가정합니다.

소스 코드 내려받기

사용한 코드 예제와 추가 자료는 아래 링크에서 내려받을 수 있습니다.

- *https://github.com/jpatanooga/kubeflow_ops_book_dev*

감사의 말

조시 패터슨 Josh Patterson

늦게까지 일하고, 때로는 휴가 중에도 일한 것을 이해해준 아내 레슬리 Leslie와 아들 이선 Ethan, 그리핀 Griffin, 데인 Dane에게 감사의 인사를 전하고 싶습니다.

이 책을 같이 만들기 위해 많은 노력을 들인 마이클과 오스틴의 수고에도 감사의 인사를 전합니다. 또한 제작을 훌륭하게 해준 편집자 미셸 크로닌 Michele Cronin에게도 감사의 인사를 전하고 싶습니다. 전 세계적으로 코로나바이러스 때문에 어려움은 많았지만 무사히 이 책을 출간했습니다.

이 책에 어떤 내용이 포함되어야 하는지, 독자에게 어떻게 접근하는 게 좋은지 많은 도움을 주고 논의를 해준 제러미 루이 Jeremy Lewi에게도 큰 감사를 전합니다.

'함께한 편집자'와 '독자의 목소리'가 되어준 제임스 롱 James Long에게도 감사의 인사를 전합니다. 좋은 책을 만들기 위해 제임스의 의견을 반영했습니다.

이 책의 버전에 대해 피드백을 준 제키 야사르와 리처드 디바지오 Richard Dibasio에게도 감사드립니다. 하멜 후사인 Hamel Husain과 하네스 하프케 Hannes Hapke 또한 여러 가지 주제들에 대해 가치 있는 피드백을 주었습니다.

오라일리에서 딥러닝 책을 함께 집필했던 애덤 깁슨 Adam Gibson에게도 큰 감사를 드립니다. 함께 책을 썼던 경험이 지금 이 책을 더 잘 만들도록 도왔습니다.

지금의 제가 있기까지 큰 도움을 주신 다음 모든 분께 감사의 인사를 드립니다. 부모님, Dr. Andy Novobiliski, Dr. Mina Sartipi, Dr. Billy Harris, Dr. Joe Dumas, Ritchie Carroll, Paul Trachian, Christophe Bisciglia, Mike Olson, Malcom Ramey께 감사드립니다. 마지막으로 채터누가의 테네시 대학교 University of Tennessee와 루피네 피자 Lupi's pizza 가게에도 (대학원 시절 저를 굶지 않게 해주어서) 감사의 마음을 전하고 싶습니다.

마이클 카체닐렌보겐Michael Katzenellenbogen

살면서 책을 쓰게 될 거라고는 생각하지 못했습니다. 하지만 이번에 처음 책을 쓰면서 집필이란 즐거운 일이며 많은 공부를 할 수 있는 유익한 경험이라는 걸 깨닫게 되었습니다. 집필하는 동안 조시, 오스틴과 원래 알고 있던 것들을 다시 생각해보았고, 말이나 글의 목적을 더 명확하게 전달할 수 있도록 노력했습니다. 지지와 격려에 대해 감사의 인사를 드릴 분들이 많지만, 이 프로젝트(집필)를 처음 생각하고 실행한 조시에게 꼭 인사를 전하고 싶습니다. 브레인스토밍의 시간이든 끝없는 기한에 대한 독촉이든, 그는 이 책이 결실을 맺을 수 있도록 격려와 헌신을 아끼지 않았습니다.

모두에게 코드를 사용하도록 공유해주신 모든 무료 오픈소스 커뮤니티, 기여자 분들께도 감사의 인사를 드립니다. 유용한 지식과 정보의 양이 놀랍도록 많습니다. 오픈소스 소프트웨어를 통해 복잡한 기술 세계를 탐색하는 데 필요한 지식을 얻을 수 있었습니다.

감사를 드려야 할 분들이 많지만 혹시라도 누군가를 빠뜨릴 수 있는 실수를 하지 않기 위해 누구의 이름도 적지 않겠습니다.

오스틴 해리스 Austin Harris

첫 번째로 집필의 여정을 함께할 기회를 주고, 집필 과정 내내 모든 과정에서 도움을 준 친구이자 동료인 조시 패터슨에게 감사의 인사를 전합니다. 조시는 제 커리어에 멋진 멘토가 되어주었습니다. 두 번째로 대학원 시절과 커리어 과정에서 지속적으로 지지해주고 이끌어준 미나 사티피Mina Sartipi에게도 큰 감사의 인사를 드립니다. 미나가 조시에게 저를 소개시켜주었고 집필의 기회까지 얻게 해주었습니다.

다음으로 밤늦게까지 일하는 저를 지지해주고 지속적으로 사랑해준 제 아내 빅토리아 해리스Victoria Harris에게 감사의 인사를 전합니다. 마지막으로 제 삶에 사랑과 지지를 보내준 어머니 말리스 해리스Marlyce Harris와 아버지 스티브 해리스Steve Harris에게도 감사의 인사를 드립니다.

CONTENTS

CHAPTER **1** 쿠브플로 소개

CONTENTS

CONTENTS

CHAPTER 6 아마존 웹 서비스 쿠브플로 운영

CONTENTS

CHAPTER 7 애저 쿠브플로 운영

CHAPTER **8** 모델 서빙과 통합

CONTENTS

쿠브플로 소개

쿠브플로[1]는 확장 가능하고scalable 포터블portable한 머신러닝 작업 워크로드workload를 개발, 오케스트레이션orchestration, 배포, 운영하기 위한 오픈소스 쿠버네티스 네이티브 플랫폼이고 구글의 내부 ML 파이프라인에 기초한 클라우드 네이티브 플랫폼입니다. 쿠브플로 프로젝트는 쿠버네티스에 ML 워크플로를 배포하는 것을 단순하고 포터블하게 하며 확장 가능하도록 하는 데 전념했습니다.

이 책은 머신러닝이 어떻게 진화했는지, 인프라스트럭처가 어떻게 변화해왔는지, 쿠버네티스가 현대 산업의 요구를 어떻게 충족하는지를 다룹니다.

멀티클라우드multicloud, 하이브리드 클라우드화되는 세상에서 쿠브플로를 운영하는 것은 점점 더 중요해지고 있습니다. 시장이 성장하면서 쿠버네티스[2]를 채택하는 사례도 많아졌습니다. 하나의 워크플로는 온프레미스로 시작해서 클라우드에서만 빠르게 접근 가능한 리소스들을 요구하는 라이프 사이클을 가질 수 있습니다. 쿠브플로는 쿠버네티스와 같이 새롭게 등장한 플랫폼에서 머신러닝 툴을 만들기 위해 등장했습니다.

---

1 *https://github.com/kubeflow*
2 *https://oreil.ly/eNVNA*

1.1 쿠버네티스에서의 머신러닝

쿠브플로는 쿠버네티스에서 머신러닝 인프라스트럭처를 실행하기 위한 기본적인 방법으로 시작되었습니다. 쿠버네티스의 개발과 채택에는 두 가지 원동력이 있습니다. 하나는 산업에서 머신러닝이 진화한 것이고, 나머지는 쿠버네티스가 실질적 인프라스트럭처로 부상했다는 것입니다.

IT 산업에서 머신러닝의 최근 역사를 살펴보면서 어떻게 발전해왔는지 살펴보겠습니다.

1.1.1 산업에서 머신러닝의 진화

최근 십 년간 머신러닝에 대한 인기와 관심은 상당히 증가했습니다. 머신러닝은 다음과 같은 컴퓨터 산업 발전에 많은 영향을 주었습니다.

- 자율주행 자동차의 발전
- 컴퓨터 비전computer vision (CV) 기술의 광범위한 응용
- 아마존 에코Amazon Echo와 같은 도구의 일상생활 통합

딥러닝이 많은 도구를 개발한 기술로 인정받고 있지만, 기본적으로 머신러닝이 이런 모든 개발의 기초입니다. 머신러닝을 다음과 같이 정의할 수 있습니다.

> 일상용어에서 '러닝'은 '공부하고, 경험하고, 가르침을 받아 지식을 습득하는 것'을 의미합니다. 머신러닝은 데이터셋에서 구조적인 설명을 얻는 알고리즘으로 생각할 수 있습니다. 컴퓨터가 가공되지 않은 데이터를 나타내는 구조에 대해 어떤 것들을 배우는 것입니다.
>
> **조시 패터슨**Josh Patterson**과 애덤 깁슨**Adam Gibson의 『**자바를 활용한 딥러닝**』(한빛미디어, 2018)

머신러닝 알고리즘의 예로는 선형 회귀linear regression, 결정 트리decision tree, 신경망neural network 등이 있습니다. 머신러닝은 더 넓은 인공지능 영역에서 일부분이라고 생각해야 합니다.

머신러닝, 딥러닝, 인공지능

딥러닝은 신경망이 특화된 아키텍처를 사용해서 자동화된 피처를 배우는 일을 수행하는 머신러닝의 부분집합입니다(그림 1-1). 보통 우리는 컴퓨터 비전computer vision(CV), 시계열time series 모델링, 오디오 분류audio classification 등에서 딥러닝이 적용된 것을 볼 수 있습니다. 이러한 발전된 신경망을 학습하는 데 그래픽 처리 장치graphics processing unit(GPU)를 사용하는 것이 가장 좋습니다.

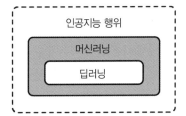

그림 1-1 인공지능, 머신러닝, 딥러닝의 관계

아주 기본적인 최적화부터 '많은 사람이 마법으로 여기는 알고리즘'까지 인공지능artificial intelligence(AI)이라는 단어를 포괄적으로 사용하기 때문에 '인공지능'을 정의하기가 어렵습니다.

우선 'AI가 아닌 것'을 정의해봅시다. AI는 살아있는 것도 아니고, 자의식이 있는 것도 아니며 과장된 기대나 기술에 대한 실망을 불러일으키는 미디어 과대광고 수준 근처까지 가지도 않았습니다. 우리는 AI가 과대광고되고 추락하는 사이클을 이전에 두 번이나 본 적이 있습니다.[3] 각 사이클의 진척과 결과는 인상적이었고 새로운 산업 분야를 이끌었습니다. 하지만 언제나 사람들은 이 결과를 마술처럼 놀랍다고 생각하지는 않았습니다.

왜 이런 사이클이 반복되는 것일까요?

AI는 사회에서 우리의 기본적인 역할에 대한 실존적 위협을 주기 때문에 사회의 '집합적인 상상력collective imagination'에 오랫동안 자리를 차지해왔습니다.[4] 사람들의 자리나 정체성은 그들의 역할에 강하게 연관되어 있습니다. 즉 사람들은 AI가 일자리를 대체해서 쓸모없어지는 것을 두려워합니다.

---

3 *https://oreil.ly/nHtEz*

4 *https://oreil.ly/qufww*

> **인공지능**은 실제로 '응용된 머신러닝(딥러닝 포함)'을 의미합니다. 이 정의는 자동화 관점에
> 서부터 '인공지능은 사용자의 생산성을 증가시키는 알고리즘을 지칭하는 용어'까지 확장됩니
> 다. 게임 스테이트game-state 검색[5]과 같은 기술은 머신러닝으로 정의되지 않지만 인공지능의 역
> 사에 포함됩니다. 앞서 언급했던 것처럼 의미를 확장할 수 있습니다. AI가 무엇인지 더 자세
> 히 알고 싶다면 다음 『Deep Learning』(O'reilly, 2016)의 'Appendix A. What Is Artificial
> Intelligence?'[6]를 참고하기 바랍니다.

2000년대 중반 GPU의 접근 가능성, 더 낮게 분류된 데이터셋, 더 나은 툴링 덕분에 딥러닝 연구가 많아졌습니다. 이러한 연구로 2010년대 초반에 모든 산업에서 데이터를 더 잘 활용하고, 기계 지능machine intelligence을 '더 구글과 아마존같이'하기 위한 목표를 가지고 응용 머신러닝에 대한 관심을 재점화했습니다.

초기에 응용 머신러닝은 2010년대 초반까지 기업의 채택이 단번에 상승하면서 아파치 하둡 Apache Hadoop 플랫폼에 집중했습니다. 아파치 하둡이 CPU를 가진 저렴한 하드웨어를 이용하고 분산 처리에 집중한 반면, 딥러닝 종사자들은 하나 또는 여러 개의 GPU를 장착한 하나의 머신이나 파이썬 환경에 집중했습니다. 아파치 하둡의 아파치 스파크Apache Spark는 자바 가상 머신Java virtual machine(JVM)에서 응용 머신러닝을 위한 강력한 옵션을 제공했지만, 대학원 수준의 사람들은 주로 파이썬 프로그래밍 언어로 교육받았습니다.

기업들은 대학원 교육을 받은 머신러닝 종사자를 더 채용하기 시작했고 머신러닝 워크플로에서 파이썬 지원을 바라는 사용자들의 요구가 늘었습니다.

초기에는 스파크가 머신러닝 작업을 실행하는 주요 기술이었습니다. 하지만 최근 몇 년간 산업이 하둡 클러스터Hadoop cluster가 아닐 수도 있는 컨테이너 안의 GPU 기반 트레이닝으로 옮겨가고 있습니다. 이렇게 데이터 사이언티스트들과 함께 일하는 데브옵스 팀, IT 팀, 플랫폼 팀은 팀이 성공을 거두는 동시에 관리 가능한 인프라스트럭처 전략을 갖추길 원했습니다.

플랫폼 담당자들은 과도한 비용이 들지 않는 방식으로 클라우드를 사용하길 바랬고, 클라우드 기반 워크로드가 변동하는 특징을 잘 활용했습니다.

....

5 옮긴이_ 상태 공간 탐색(state space search)이라고도 합니다. 인공지능을 포함하여 컴퓨터 과학 분야에서 사용되는 프로세스로 원하는 속성을 가진 목표 상태를 찾기 위해 인스턴스의 연속 구성 또는 상태를 고려합니다(출처: 위키백과).

6 https://www.oreilly.com/library/view/deep-learning/9781491924570/app01.html#appendix_ai

온프레미스, 클라우드, 또는 그 중간 어느 곳에서든 데이터 레이크data lake에서 함께 동작하도록 해야 할 필요성이 증가했습니다. 오늘날 머신러닝 산업 종사자가 마주한 주요 도전 과제는 다음과 같습니다.

- 데이터 사이언티스트는 그들만의 고유한 라이브러리나 도구 모음을 선호하는 경향이 있다.
- 보통 이러한 도구들은 팀 내부와 조직 사이에서도 다른 여러 종류로 이루어져 있다.
- 데이터 사이언티스트는 기업의 나머지 조직들과 리소스, 데이터, 모델 배포를 상호운용해야 한다.
- 대부분의 도구는 보통 파이썬 기반이며 거대한 조직에서 파이썬 환경을 관리하기가 어렵다.
- 많은 데이터 사이언티스트는 더 강력한 리소스를 활용하기 위해 컨테이너를 만들어 주피터 노트북에서 온프레미스 데이터 센터나 클라우드로 옮긴다.

이러한 사항은 시스템을 이용해서 다른 요소들을 지원하기 위한 플랫폼을 운영하는 데 어느 때보다 더 어렵게 만들었습니다.

데이터 레이크란?

아마존 웹 서비스Amazon Web Services(AWS) 웹사이트에서 제공된 정의를 살펴보겠습니다.[7]

> 데이터 레이크data lake는 모든 구조화된 데이터 또는 구조가 없는 데이터를 어떤 규모에서도 저장할 수 있게 한 중앙 집중 리포지토리repository입니다. 데이터를 구조화할 필요 없이 그대로 저장하는 것이 가능하고, 더 나은 결정을 도와주기 위해 대시보드, 시각화부터 빅데이터 처리, 실시간 분석, 머신러닝까지 여러 다른 종류의 분석을 실행할 수 있습니다.

1.1.2 더 어려워진 기업 인프라스트럭처 실행

많은 개발자나 데이터 사이언티스트가 클라우드에 자신만의 인프라스트럭처를 시작하는 권한을 가진 시대에 살고 있기 때문에 여러 조직들은 머신러닝 종사자들에게 엄격한 인프라스트럭처 규율을 강요하지 않게 되었습니다. 여러 그룹들이 서로 동의하지 않고 그들이 원하는 것에 '안 된다'는 답변을 받았을 때 AWS나 GCP로 돌아서는 상황 때문에 고객들이 서너 개의 머신러닝 파이프라인을 가지게 되는 경우를 본 적이 있습니다.

---

7 *https://oreil.ly/yU9_L*

하둡이나 스파크는 여전히 데이터 저장이나 처리의 주요 도구지만 온프레미스, 클라우드, 하이브리드 워크로드를 관리하기 위해 점점 더 많은 쿠버네티스가 등장하게 되었고,[8] 지난 2년간 우리는 쿠버네티스 채택이 빠르게 증가하는 것을 보았습니다. 여러 기업들은 이전의 기술 사이클에서 다음과 같은 인프라스트럭처에 투자했습니다.

- 관계형 데이터베이스 관리 시스템relational database management system (RDBMS)
- 병렬 관계형 데이터베이스 관리 시스템parallel RDBMS
- 하둡
- 키-값 스토리지key-value store
- 스파크

이전과 동일하게 이러한 시스템들은 채택 조직에서 일정 수준의 레거시legacy 관성이 있습니다. 그러므로 클라우데라Cloudera가 YARN[9]에 반대해 새로운 데이터 사이언스 도구로 쿠버네티스를 사용하는 것,[10] 구글이 YARN을 스파크를 위한 쿠버네티스로 바꾸는 것을 보았듯,[11] 하둡 워크로드와 특화된 쿠버네티스 기반의 머신러닝 워크로드 통합이 곧 진행될 것은 예측하기 쉬웠습니다.

인프라스트럭처 운영running을 더 복잡하게 만드는 요인은 산업에서 오픈소스 수용의 발전이 온프레미스와 클라우드 인프라스트럭처를 둘 다 어떻게 사용하는지입니다. 여기에 더해서, 여러 개의 플랫폼과 멀티테넌시 복잡성을 지원하기 위해 보안 요구사항들이 필요합니다. 마지막으로 GPU나 TPU 같은 특화된 하드웨어 요구사항까지 있습니다.

앞으로 관심 깊게 보아야 할 전반적인 인프라스트럭처 트렌드는 다음과 같습니다.

- 기업에서 온프레미스, 클라우드, 하이브리드 배포의 결합이 더욱 인기를 얻고 있다.[12]
- 3개의 주요 거대 클라우드 벤더들은 지속적으로 여러 개의 클라우드로 옮겨가는 워크로드를 포착하여 제공한다. 이 중 어떤 워크로드들은 클라우드와 온프레미스 사이를 반복해서 옮겨 다닌다.
- 도커[13]는 컨테이너라는 용어의 유의어다.

---

8 https://venturebeat.com/2018/09/10/cisco-unveils-ucs-c480-ml-m5-a-powerful-server-for-ai
9 https://oreil.ly/X5dCl
10 https://oreil.ly/NyzoX
11 https://oreil.ly/xFDu_
12 https://oreil.ly/0YLO2
13 https://www.docker.com

- 여러 기업은 쿠버네티스를 사용하거나 쿠버네티스를 그들의 컨테이너 오케스트레이션 플랫폼으로 심각하게 고려하고 있다.[14]

온프레미스 클러스터를 넘어 쿠버네티스 클러스터는 쿠버네티스 안에서 클러스터 연합federation을 사용해 함께 운용될 수 있습니다. 진정한 하이브리드 세계에서는 온프레미스 리소스가 소진되어 특정 워크로드를 클라우드로 배정하는 잡 스케줄링job scheduling 정책을 가질 수 있습니다. 반대로 특정 워크로드들은 오직 온프레미스에서만 실행시키도록 제한하고 클라우드에서는 절대 실행되지 않도록 할 수도 있습니다. 쿠버네티스는 기저 플랫폼 세부 사항 추상화abstraction를 이용해 워크로드가 플랫폼과 상관없게 하는데, 이것이 쿠버네티스가 주요 추상화 플랫폼인 이유입니다.

클라우드 인프라스트럭처나 하이브리드 연합 클러스터 인프라스트럭처를 다룰 때 고려해야 할 사항은 다음과 같습니다.

- 액티브 디렉터리active directory(AD) 통합
- 보안
- 클라우드 인스턴스 비용
- 어떤 사용자가 클라우드 인스턴스에 접근할 수 있는지

이 책의 나머지 부분과 2장에서 위 주제들을 더 깊이 살펴보겠습니다.

1.1.3 차세대 인프라스트럭처의 핵심 원리 파악

클라우드 인프라스트럭처 시대에 빅 클라우드(AWS, 애저, GCP)는 기업이 오늘날 인프라스트럭처를 어떻게 만들지 상당한 영향을 줍니다. 2018년 3개의 주요 클라우드 서비스 공급 업체 모두 인프라스트럭처의 한 부분으로 관리형 쿠버네티스를 제공했습니다.

- 구글 쿠버네티스 엔진Google Kubernetes Engine(GKE)[15]
- 아마존 엘라스틱 쿠버네티스 서비스Amazon Elastic Kubernetes Service(EKS)[16]
- 애저 쿠버네티스 서비스Azure Kubernetes Services(AKS)[17]

---

14 *https://oreil.ly/uCXyT*

15 *https://oreil.ly/YUqzY*

16 *https://aws.amazon.com/eks*

17 *https://oreil.ly/LnGce*

2017년 후반, 처음에 자체적인 컨테이너 서비스를 제공한 후에[18] 아마존은 다른 빅 클라우드 서비스 공급 업체들과 마찬가지로 아마존 EKS[19]를 AWS의 최우선 지원 서비스로 제공했습니다.

세 개의 주요 클라우드 서비스 공급 업체들이 쿠버네티스를 밀고 있고 이러한 지원은 쿠버네티스와 쿠브플로에 대한 관심을 가속화할 것입니다. 그 외에도 데이터 사이언티스트들이 로컬 실행에서 클라우드 인프라스트럭처, 온프레미스에서 컨테이너를 옮겨 관리하고 운영하는 것을 보며 컨테이너가 얼마나 중요한지 확인했습니다.

팀들은 멀티테넌시와 스토리지, 컴퓨팅 옵션(NAS, HDFS, FlashBlade), 최첨단 GPU(Nvidia DGX-1 등) 접근 사이의 균형을 맞출 필요가 있습니다. 또한 그들의 응용 머신 러닝 애플리케이션 전체를 ETL(추출extraction, 변환transform, 로드load)부터 모델 배포까지, 테넌트tenant들과 함께 동작하는 방식을 유지하면서도 커스터마이징할 수 있는 유연한 방식이 필요합니다.

클라우드 서비스 공급 업체들이 지지하는 관리 서비스는 기업이 어떻게 인프라스트럭처를 만드는지 더 영향력을 미치고 있으며, 기업이 선호하는 관리형 서비스가 빨리 도입될 것으로 예상됩니다. 그러나 대부분의 조직은 다음에서 언급한 방해물 때문에 데이터 사이언스를 위한 노력에도 그 결과를 얻지 못했습니다. 이런 방해물은 다음의 주요 요소들로 나누어 생각해볼 수 있습니다.

결합성(composability)

머신러닝 워크플로를 여러 개의 요소(또는 단계)들로 순서대로 나열하는 것을 포함합니다. 또한 이 단계들을 다른 형태로 결합하도록 해줍니다. 많은 경우에 이러한 단계들은 각자 자기만의 시스템에서 실행되며, 한 시스템의 결괏값을 다른 시스템의 입력값으로 전달해야 합니다.

이식성(portability)

일관적인 방식으로 코드를 실행하고 테스트하는 방식을 포함합니다.

- 개발
- 스테이징staging

----

18 https://oreil.ly/f2bwQ
19 https://oreil.ly/8albq

- 프로덕션production

환경의 차이가 있을 때 프로덕션에 문제가 생길 수 있는 가능성이 있습니다. 여러분의 주피터 노트북에서 실행되듯이 멀티 GPU DGX-1 머신에서도, 퍼블릭 클라우드에서도 같은 방식으로 실행될 수 있는 머신러닝 스택을 가지는 것이 오늘날 대부분의 종사자들이 선호하는 방식입니다.

확장성(scalability)

대부분의 조직은 다음과 같은 제한 사항을 가지는 확장성을 원합니다.

- 머신마다 특화된 하드웨어(예를 들어 GPU나 TPU)에 접근
- 제한된 컴퓨팅
- 네트워크
- 저장
- 여러 다른 종류로 이루어진 하드웨어

불행하게도 확장성은 '더 많은 하드웨어를 더하는 것'이 아니라 대부분 기저에 놓인 분산 시스템 아키텍처에 관한 것입니다. 쿠버네티스는 이러한 제한 사항을 도와줍니다.

GPU, TPU, FPGA

여러분에게 익숙하지 않을 수 있는 컴퓨팅 하드웨어 대해 잠시 언급하겠습니다. 사용자는 ML 워크플로로 로컬 머신에서 처음 실험하게 되면, 시간이 지날수록 그들의 워크플로가 더 많은 컴퓨팅을 요구하거나 완료되는 데 시간이 많이 걸리게 됩니다.

따라서 사용자는 머신러닝을 위한 성능이 좋은 하드웨어를 찾게 됩니다. 하드웨어 시장에는 특화된 요소인 GPU, TPU, FPGA 등이 있습니다.

그래픽 처리 장치graphics processing unit(GPU)는 선형대수학linear algebra과 같은 비디오 게임의 3D 렌더링 파이프라인에서 쓰이는 수학을 처리하기 위해서 고안되었습니다. 머신러닝의 인기가 상승하면서 사용자들은 GPU가 선형대수학에 강하고, ML 알고리즘 또한 비디오 게임과 비슷한 방식으로 같은 GPU를 이용해 가속화될 수 있다는 것을 알게 되었습니다. 오늘날 머신러닝에서 선형대수학 처리를 가속화하는 것은 대부분 GPU와 연관되어 있습니다.

> **텐서 처리 장치**[tensor processing unit](TPU)는 구글이 신경망 네트워크 트레이닝, 머신러닝 트레이닝과 인퍼런스를 특별히 가속화하기 위해 개발한 애플리케이션에 특화된 통합 회로 가속기입니다.[20]
>
> **필드 프로그래머블 게이트 어레이**[field-programmable gate array](FPGA)는 하드웨어 기술 언어[hardware description language](HDL)를 이용해 고객이 환경을 설정할 수 있는 통합 회로입니다. 오늘날 FPGA 는 GPU나 TPU만큼 ML 워크로드 가속화에 널리 쓰이지는 않습니다.

1.1.4 프로덕션 애플리케이션 배포를 위한 쿠버네티스

쿠버네티스는 효과적인 방식으로 프로덕션에서 노드들의 클러스터를 조직화하도록 만들어진 컨테이너들을 위한 오케스트레이션 시스템입니다. 쿠버네티스는 스케줄링 장치인 파드[pod][21] (각 파드는 하나 이상의 컨테이너를 포함)라는 아이디어를 기반으로 동작합니다. 이런 파드는 높은 접근성을 제공하기 위해 클러스터의 호스트들에 분산되어 있습니다. 쿠버네티스 그 자체는 완성된 솔루션이 아니고 인기 있는 컨테이너 기술인 도커와 같은 툴과 통합되어 사용합니다.

컨테이너 이미지[22]는 가볍고 독립되어 있으며 코드, 런타임, 시스템 도구, 시스템 라이브러리, 세팅 등 실행을 위한 모든 것이 포함된 소프트웨어 조각의 실행 가능한 패키지입니다. 일상적으로 컨테이너를 '도커'라고도 하지만 필자는 일반적인 의미로 보통 컨테이너를 가리킵니다. 도커 컨테이너를 사용하면 로컬, 테스팅, 스테이징, 프로덕션 환경들 사이의 동등성[23]을 누리기 쉽습니다. 컨테이너는 팀들이 같은 소프트웨어 아티팩트[artifact]나 이미지를 개발자 주피터 노트북과 클라우드 환경을 포함한 모든 환경에서 실행하도록 해줍니다. 이러한 컨테이너 특징은 특히 쿠버네티스와 같은 컨테이너 오케스트레이션 시스템과 통합했을 때 실제 업계에서 하이브리드 클라우드의 개념으로 진척시키고 있습니다.

널리 퍼진 컨테이너(예를 들면 도커)나 쿠버네티스를 채택하는 주요 이유는 결합성, 이식성, 확장성에 내재된 문제들의 우수한 인프라스트럭처 솔루션이기 때문입니다. 쿠버네티스는 많은

---

20 *https://oreil.ly/QqfcB*

21 *https://oreil.ly/2bwp0*

22 *https://oreil.ly/tY89A*

23 옮긴이_ 도커 컨테이너를 공유하면 같은 버전의 운영체제, 라이브러리를 사용하게 되어 개발이나 테스팅에 동등성(일관성)이 생깁니다.

여러 머신(온프레미스, 클라우드, 그 둘의 조합 등) 사이에서 관리되어야 하는 컨테이너가 많을 때 빛을 발합니다.

> **NOTE_ 컨테이너란?**
>
> 컨테이너 이미지는 가볍고 독립되어 있으며 코드, 런타임, 시스템 도구, 시스템 라이브러리, 세팅 등 실행을 위한 모든 것이 포함된 소프트웨어 조각의 실행 가능한 패키지입니다. 컨테이너와 컨테이너 플랫폼은 다음과 같은 이유로 전통적인 가상화 방법보다 더 많은 이점을 제공합니다.
>
> - 운영체제를 추측할 필요 없이 커널 레벨로 격리됩니다.
> - 컨테이너는 훨씬 빠르고 가벼워 효율적입니다.
>
> 이러한 이유로 애플리케이션들이 독립적인 환경에서 압축되도록 합니다. 다른 이점으로 더 빠른 배포, 확장성, 다른 개발 환경에서 더 긴밀한 동등성 등이 있습니다.

도커와 쿠버네티스는 경쟁자가 아니라 상호보완적인 기술입니다. 도커는 이미지와 각각의 컨테이너를 관리하기 위한 것이고, 쿠버네티스는 컨테이너들의 파드들을 관리하는 용도입니다. 도커는 패키징, 컨테이너화된 애플리케이션 배포에 대한 공개적인 표준을 제공했지만 컨테이너 오케스트레이션의 문제를 해결하지 못했습니다. 이 분야의 쿠버네티스 경쟁자로는 메소스Mesos나 도커 스웜Docker Swarm 등이 있지만 산업에서 쿠버네티스가 컨테이너 오케스트레이션을 위한 표준이 되었습니다.

쿠버네티스를 통해 클러스터에서 동적으로 애플리케이션을 확장하는 기능을 가지게 됩니다. 쿠버네티스 수평형 파드 오토스케일러Horizontal Pod Autoscaler 같은 설치 가능한 옵션으로 클러스터 자체가 확장할 수 있습니다.

모든 애플리케이션이 동적으로 확장될 수는 없습니다

어떤 종류의 애플리케이션은 동적 확장에 적합하지 않습니다. 여기에는 애플리케이션이 효과적인 운영을 위해 데이터가 로컬 인스턴스 드라이브에 있어야 하는, '데이터 위치 의존' 같은 잠재적인 이유가 여러 개 있습니다. 다른 예로는 디자인 상 모놀리식monolithic한 레거시 애플리케이션의 아키텍처 제한 때문에 스케일 아웃scale out되는 대신 스케일 업scale up을 요구하는 경우가 있습니다.

쿠버네티스는 노드와 컨테이너(파드) 영역에서 신뢰성을 증가시키는 장애 허용$^{fault\ tolerance}$과 자가 치유$^{self-healing}$ 인프라스트럭처를 제공하면서 애플리케이션이 수평적으로 확장될 수 있도록 합니다. 또한 쿠버네티스는 온프레미스나 클라우드에 배포된 애플리케이션을 위해 효율적으로 리소스를 사용합니다. 개발자들이 다운타임 없이 하루에 여러 번 애플리케이션을 배포하거나 업데이트하면서도 항상 배포된 애플리케이션에 접근 가능하도록 합니다.

더 나아가 쿠버네티스는 이미 GPU[24]나 TPU[25] 같은 리소스를 지원하고, FPGA[26] 지원은 개발 중이기 때문에 머신러닝 워크로드에 상당히 적합합니다. [그림 1-2]는 FPGA에서 동일한 잡을 실행하는 방식과 유사한 방법으로 GPU에서 머신러닝 트레이닝 잡을 실행하는데, 컨테이너와 기타 계층이 포함된 주요 추상화가 얼마나 중요한지 확인할 수 있습니다.

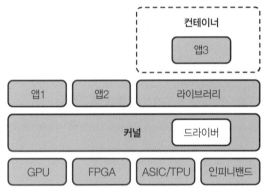

그림 1-2 컨테이너와 하드웨어로부터 추상화

[그림 1-2]의 추상화는 모두 워크플로 이식성과 관련된 도전 과제 요소이기 때문에 강조했습니다. 예를 들어 코드가 주피터 노트북에서는 동작하지만 GPU가 있는 구글 클라우드 가상 머신에서는 리모트로 동작하는 데 실패하는 경우가 있습니다.

24 *https://oreil.ly/N01yj*
25 *https://oreil.ly/DOzcj*
26 *https://oreil.ly/FkJ0g*

왜 필요한 모든 드라이버를 컨테이너에 설치하면 안 되나요?

하드웨어 드라이브는 지원하기로 한 기저 하드웨어들을 통제하기 위해 고안되었습니다. 같은 방식으로 특화된 이더넷 드라이버, 디스크 드라이버는 각각 한 개의 네트워크 카드나 한 개의 디스크를 통제하며, GPU 드라이버는 머신의 GPU를 통제합니다. 드라이버는 보통 커널이나 커널에 가까운 수준에서 동작합니다.

컨테이너는 시스템의 모든 다른 프로세스들로부터 격리된 네임스페이스^{namespace} 프로세스라는 점에서 컨테이너에 드라이브를 설치하면 프로세스가 실행되고 있는 커널에서 요소들을 넣거나 제거할 수 있게 됩니다. 결과적으로 하드웨어의 독점적 통제권을 컨테이너에 줍니다. 그렇게 되면 컨테이너는 높은 권한으로 실행되어 컨테이너에서 제공하는 보안적인 의미의 많은 부분이 사라집니다.

다시 말해 기저 하드웨어의 독점적 통제권을 컨테이너에 주는 것은 '컨테이너화된 프로세스'라는 개념에 맞지 않습니다. 그리고 특정한 하드웨어 모음에 구속되어 이식성이 떨어지게 됩니다(컨테이너가 드라이버를 읽으려고 할 때 컨테이너가 실행되는 어떤 머신의 하드웨어가 다른 경우를 생각해보세요). 이런 경우에도 컨테이너가 특정 하드웨어 접근을 위해 높은 시스템 권한을 가지도록 요구합니다.

컨테이너화된 환경에서 기저 호스트가 스스로의 하드웨어를 통제하는 것과 그 하드웨어의 접근성을 컨테이너에 노출하는 것이 최선의 선택입니다.

쿠버네티스는 이미 배치 잡$^{batch\ job}$이나 모델 호스팅 등 긴 시간에 걸쳐 제공되는 서비스의 배포 작업을 위한 컨트롤러^{controller}를 가지고 있습니다. 이는 머신러닝 인프라스트럭처를 위한 많은 기초적인 요소를 제공합니다. 더 나아가 쿠버네티스는 리소스 관리자로 다음과 같은 세 가지 이점을 제공합니다.

- 통합된 관리$^{unified\ management}$
- 잡 격리$^{job\ isolation}$
- 회복성 있는 인프라스트럭처$^{resilient\ infrastructure}$

통합된 관리는 여러 개의 쿠버네티스 클러스터를 위한 한 개 클러스터 관리 인터페이스^{interface}를 사용하도록 해줍니다. 쿠버네티스의 **잡 격리**는 개발에서 프로덕션으로 더 적은 의존성^{dependency} 문제를 가지고 모델이나 ETL(추출^{extraction}, 변환^{transform}, 로드^{load}) 파이프라인을 옮길 수 있게 합니다. **회복성 있는 인프라스트럭처**란 쿠버네티스가 클러스터의 노드를 관리하는 방식을 의미하며, 작업을 수행하기 위한 충분한 머신과 리소스를 가지도록 확보하는 것을 의미합니다.

쿠버네티스는 플랫폼으로, 실제 업계에서 몇 천 개의 노드로 확장되고 있습니다.[27] 많은 조직이 그 정도의 규모까지 노드를 늘리지는 않지만, 분산 시스템의 관점에서 보면 쿠버네티스의 확장성에는 문제가 없습니다.

> **WARNING_ 쿠버네티스는 마법이 아닙니다**
> 모든 분산 시스템 애플리케이션은 고심한 디자인이 필요합니다. 누군가 단순히 그 애플리케이션을 컨테이너에 넣거나 클러스터에 보낸다고 해서 쿠버네티스가 마법처럼 확장해줄 것이라고 생각하는 것은 잘못된 생각입니다.

컨테이너와 머신러닝 워크플로 스택을 옮겨 다니는 문제는 해결했지만, 모든 문제가 완전히 풀린 것은 아닙니다. 아직 다음과 같은 사항들을 고려해야 합니다.

- 클라우드 비용과 온프레미스 비용
- 데이터 위치에 대한 조직의 규칙
- 액티브 디렉터리나 커버로스Kerberos 통합 등의 보안

간단히 생각하면 이 정도 있습니다. 현대의 데이터 센터 인프라스트럭처는 여러 가지 변수가 영향을 미쳐 IT 팀이나 데브옵스 팀이 고생하게 될 수 있습니다. 이 책에서는 조직의 규율을 지키면서 데이터 사이언스 구성 요소의 요구사항을 계획하고, 만족시키는 최선의 방법을 찾아볼 것입니다.

쿠버네티스는 복잡한 인프라스트럭처 세계에서 많은 문제를 계속 풀어가고 있지만 머신러닝 워크플로만을 위해서 고안된 것은 아닙니다.

> **NOTE_ 더 심화된 쿠버네티스**
> 이 책의 '부록 B'를 참고하거나 켈시 하이타워, 조 베다, 브렌던 번스가 공저한 『쿠버네티스 시작하기(개정 2판)』(에이콘출판사, 2020)를 참고하기 바랍니다.

---

[27] https://oreil.ly/m4Rzn

이제 어떻게 쿠버네티스가 머신러닝 워크플로를 가능하게 돕는지 봅시다.

1.1.5 쿠브플로 등장

쿠브플로는 쿠버네티스에 머신러닝 워크플로를 사용하기 위한 방법으로 다음과 같은 경우에 사용합니다.

- 머신러닝 모델을 다른 환경(로컬, 온프레미스, 클라우드 등)에서 트레인train하고, 서빙serve하고 싶은 경우
- 머신러닝 트레이닝 잡(텐서플로 잡 이외에도)을 주피터 노트북[28]을 이용해 관리하는 경우
- 개인 컴퓨터에서 접근이 불가능한 추가 CPU, GPU 같은 리소스를 이용해 트레이닝 잡을 시작하는 경우
- 머신러닝 코드를 다른 라이브러리로부터 합치려고 하는 경우

때로는 마지막 이유처럼 텐서플로 코드를 다른 프로세스들과 합치길 원할 수 있습니다. 예를 들어 텐서플로와 에이전트를 사용해 강화 학습 모델 트레이닝 데이터를 만들어내기 위한 시뮬레이션을 실행할 수 있습니다. 쿠브플로 파이프라인을 이용하면 이러한 머신러닝 워크플로 두 개의 다른 부분을 함께 연결할 수 있습니다.

보통 머신러닝 플랫폼을 이용해서 '랩lab 및 팩토리 factory'와 비슷한 운영 패턴을 가지길 원합니다. 이 방식에서 데이터 사이언티스트는 '랩'에서 새로운 아이디어를 탐색하는 것이 가능하고, 원하는 체제를 찾으면 그것을 '팩토리'로 옮깁니다. 따라서 모델을 만드는 워크플로가 일관적이고 지속적으로 운영될 수 있습니다. [그림 1-3]에서 머신러닝 워크플로의 일반화된 설명을 볼 수 있습니다.

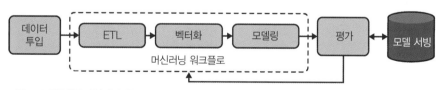

그림 1-3 일반화된 머신러닝 워크플로

---

28 _https://oreil.ly/QwPDB_

쿠브플로는 1장에서 언급한 많은 제한 사항을 만족시키면서 [그림 1-3]과 같은 머신러닝 워크플로를 운영하기 위해 디자인이 되었습니다. 쿠브플로가 제공하는 아주 좋은 예인 두 개의 주요 시스템(2장에서 아키텍처를 더 상세히 다룹니다)은 쿠브플로의 주피터 노트북 시스템과 쿠브플로 파이프라인입니다. 이 책에서 데브옵스와 데이터 사이언스 팀들의 목표를 이루기 위해 어떻게 쿠브플로의 한 부분이 전체와 상호작용하는지 맥락을 살펴보고자 [그림 1-3]의 다이어그램을 다시 참조하겠습니다.

쿠브플로는 주피터 노트북 기반 모델링 시스템이 로컬 데이터 레이크나 클라우드와 비슷한 방식으로 데이터 레이크 ETL 동작을 쉽게 통합시켜 줍니다. 따라서 포춘 500 인프라스트럭처의 좋은 옵션이라고 할 수 있습니다. 또한 인프라스트럭처의 컨테이너 오케스트레이션 관점을 관리함으로써 다른 하드웨어 간 멀티테넌시를 지원하기도 합니다. 쿠브플로는 일관된 머신러닝 프로덕션 워크플로를 '팩토리'에서 스케줄링하고 유지하기 위한 인프라스트럭처를 제공하고, 멀티테넌트 '랩' 환경을 위한 좋은 옵션을 제공합니다.

오늘날 팀들이 잠재적으로 서버를 공유하는 것이 가능하지만, 각각 여러 개의 GPU를 가진 5개나 10개의 서버를 관리하려고 할 때 멀티테넌시가 복잡해지는 상황이 발생합니다. 사용자는 리소스를 위해 기다려야 하거나 다른 사용자가 이전 잡에서 남겨둔 의존성이나 라이브러리 때문에 고생할 수 있습니다. 또한 사용자끼리 서로의 데이터를 볼 수 없도록 격리시키기 어려운 문제도 있습니다.

머신러닝 시스템의 숨은 기술 부채

대부분 헤드라인을 장식하는 애플리케이션은 멋진 (시각적인) 딥러닝 애플리케이션들입니다. 하지만 대다수의 머신러닝 파이프라인에는 모델을 만드는 일에 단순히 트레이닝 루프를 실행하거나 보기 좋게 렌더링된 주피터 노트북을 만드는 것 이외에도 많은 것이 투입됩니다. [그림 1-4]는 D. 스컬리[D. Sculley] 외 구글 관계자의 「Hidden Technical Debt in Machine Learning: 머신러닝의 숨은 기술 부채」[29]라는 논문에서 나온 그림으로, 머신러닝 파이프라인에 들어가는 것들을 비율에 맞추어 전체적으로 잘 표현했습니다.

---

[29] https://oreil.ly/2CsNW

그림 1-4 그림 중앙의 작은 검은 박스('ML 코드'로 표기)는 실제 ML 시스템의 아주 작은 부분만 ML 코드로 이루어져 있어 주변을 둘러싼 인프라스트럭처는 크고 복잡합니다.

이 다이어그램은 왜 산업 종사자에게 쿠버네티스와 같은 플랫폼이 중요하고 인기가 있는지를 나타내는 좋은 시각 자료입니다.

서로 다른 하드웨어로 이루어진 클러스터 간에 견고한 데이터 사이언스 업무를 유지하려면 쿠브플로나 쿠버네티스 같은 시스템을 사용해야 합니다. 여기서 언급한 장애물 말고도 머신러닝 워크플로는 훨씬 더 많은 기술적 부채가 있습니다.

1.1.6 쿠브플로는 어떤 문제를 해결할까?

쿠브플로 목표는 머신러닝 워크플로를 쿠버네티스에 배포하는 것을 단순화하는 것입니다. 데이터 사이언티스트가 쿠버네티스 API를 직접 사용하기에 너무 로 레벨low-level[30]입니다. 데이터 사이언티스트들은 쿠버네티스 API의 복잡성 말고도 알아야 할 기술이 이미 너무 많습니다.

컨테이너에 파이썬 머신러닝 모델을 넣는 것은 많은 사람이 초기 모델을 프로덕션에 넣기 시작하는 방식입니다. 시장 흐름으로 볼 수 있듯이, 이 지점에서 컨테이너를 쿠버네티스 파드에 배포하는 것이 자연스러운 단계입니다. 더 많은 머신러닝 애플리케이션이 쿠버네티스에 배포되고, 중력 효과처럼 더 많은 머신러닝 일이 쿠버네티스로 옮겨가게 됩니다. 그러나 데브옵스 관점에서 보면 여러분은 곧 쿠버네티스에 완전한 멀티테넌트 데이터 사이언스 플랫폼을 처음부터 구현하고 있게 될 것입니다.

---

30 옮긴이_ 추상화가 비교적 덜 된 API라는 의미입니다.

주피터 노트북 서버나 파이프라인 등이 일관되고 안전한 분산 시스템으로 동작하게 만들기 위해서는 모든 '연결' 코드와 함께, 여러 가지 염두에 두어야 할 세부 사항이 많습니다. 많은 경우에 데이터 사이언스 일은 완전한 애플리케이션이 아닌 스크립트로 이루어져 있습니다. 따라서 처음부터 이 스크립트를 프로덕션 워크플로로 배포하는 것이 힘듭니다. 쿠버네티스 API 외에도 다른 실행 요소를 통합하기 위한 코드와 워크플로 오케스트레이션 같은 요소를 오케스트레이션하기 위한 코드를 직접 만들어야 합니다.

단순히 쿠버네티스에 노드를 더하고 유기적인 플랫폼으로 동작하기를 기대하는 것은 항상 쉽지 않습니다. 조직들이 빠르게 클라우드 환경에 사용자를 셋업하는 자동화 스크립트를 만들고, 잡의 집합이나 잡들을 실행하고, 환경을 재설정하는 것은 일반적인 일입니다. 그러나 액티브 디렉터리(사용자 관리)나 커버로스를 둘러싼 통합 이슈가 복잡할 때 이 일은 아주 성가시게 됩니다.

여러분은 데이터 사이언티스트가 쿠버네티스 API 사용을 익히는 데 집중하는 대신 모델을 개발, 트레이닝, 테스팅, 배포하는 것에 집중할 수 있도록 지원해야 합니다. 핵심 쿠버네티스 API 이상으로 쿠브플로가 해결하는 문제issue는 다음과 같습니다.

- 더 빠르고 일관적인 배포
- 안전한 보안을 위해 포트나 컴포넌트 접근에 대한 더 나은 통제
- 리소스 공급과잉에 대한 보호로 비용 절감
- 완성된 일이 할당 해지되는 것을 보호하여 비용 절감
- 워크플로 오케스트레이션과 메타데이터 수집
- 중앙화된 모니터링과 로깅
- 모델을 안전하고 확장이 가능하도록 프로덕션으로 옮기는 인프라스트럭처

쿠브플로는 쿠버네티스와 텐서플로의 합성어입니다. 세 프로젝트 모두 구글에 있는 팀에서 오픈소스 프로젝트로 시작되었습니다. 쿠브플로가 단순히 텐서플로 워크플로나 모델을 프로덕션에 넣기 위해 시작되었지만 현재는 그 이상으로 진화했습니다.

> **NOTE_ 쿠브플로는 텐서플로만 사용하지 않습니다**
> 사용자는 그들의 주피터 노트북이나 워크플로에 맞추어 원하는 머신러닝 프레임워크를 선택할 수 있습니다.

오늘날 쿠브플로는 다양한 종류의 머신러닝 프레임워크(XGBoost, 파이토치 등)을 실행하는

컨테이너를 위한 워크플로를 오케스트레이션할 수 있습니다. 어떤 경우에는 머신러닝이 아닌 멀티네넌트 환경을 위한 주피터 노트북 서버를 관리하는 데 쿠브플로를 사용할 수도 있습니다.

쿠브플로 잡은 주피터 노트북일 수도 있고, 여러 개의 파이프라인이 순서대로 연결된 파이썬 스크립트 잡일 수도 있습니다. 쿠브플로 잡은 파드에 있는 컨테이너에서 kubectl을 이용해 파이썬 스크립트를 실행하는 것처럼 단순할 수도 있습니다. 보통 머신러닝 모델을 만들기 위한 잡이나 순차적인 여러 개의 잡 실행을 위한 머신러닝 워크플로를 셋업set up하기 위해 주피터 노트북, 명령 줄 인터페이스command line interface (CLI), 파이프라인 등을 사용합니다.

이러한 워크플로는 로 레벨 쿠버네티스 API를 넘어 쿠버네티스를 인프라로 사용합니다. 쿠버네티스로 관리하고, 스케줄링한 서로 다른 하드웨어의 서로 다른 머신러닝 플랫폼을 안전하게 오케스트레이션하기 위해 쿠브플로를 인프라스트럭처로 사용합니다. 쿠브플로는 쿠버네티스 API와 사용자 사이의 레이어layer이고, 확장 가능한 멀티테넌트 머신러닝 플랫폼으로 이들을 지속적으로 운영하는 것을 가능하게 합니다.

2장에서 쿠브플로의 아키텍처와 그 부속 시스템에 대해 더 자세히 살펴보겠습니다. 아키텍처가 이 영역의 특정 문제를 어떻게 해결하는지, 구성 요소들이 어떻게 서로 결합해서 머신러닝 플랫폼 솔루션을 만드는지 보겠습니다.

1.1.7 쿠브플로의 기원

구글은 2016년 구글 넥스트Google Next에서 구글 클라우드 플랫폼(GCP)에 기반한 클라우드 머신러닝Cloud Machine Learning (클라우드 ML)을 발표했습니다.[31] 클라우드 ML은 GKE를 사용하며, 쿠브플로의 전신입니다. 2017년 12월 쿠브콘KubeCon에서 데이비드 아론칙과 제러미 루이가 쿠브플로 첫 번째 버전을 발표했습니다.[32] 이 버전이 포함하는 것은 다음과 같습니다.

- 주피터 허브
- TFJob v1alpha1
- TFServing
- 쿠버네티스에서 동작하는 GPU

---

31 *https://oreil.ly/_iAL2*
32 *https://oreil.ly/rU9G4*

2018년 1월에 이 프로젝트를 둘러싼 커뮤니티가 어떻게 일해야 하는지 방향을 제시하기 위해 쿠브플로 관리 제안Kubeflow Governance Proposal[33]이 발표되었습니다. 2018년 6월에는 쿠브플로의 0.1 버전이 소개되었고,[34] 다음과 같은 확장된 구성 요소들을 포함합니다.

- 주피터 허브
- 분산 트레이닝이 지원되는 TFJob
- TFServing
- 아르고Argo
- 셀던 코어Seldon Core
- 앰배서더Ambassador
- 더 나은 쿠버네티스 지원

쿠브플로 버전 0.2는 2달 후인 2018년 8월에 발표되었고,[35] 다음과 같은 사항들을 포함합니다.

- TFJob v1alpha2
- 파이토치와 카페Caffe 연산자
- 중앙 사용자 인터페이스

필자가 집필하고 있는 이 시점에도 이 프로젝트는 계속 성장하고 있으며 쿠브플로는 지속적으로 진화할 것입니다. 프로젝트는 현재(집필 시점) 100명의 엔지니어(초기에는 3명이었습니다), 22개의 회원 조직[36]이 참여할 만큼 확장되었습니다.

1.1.8 누가 쿠브플로를 사용할까?

쿠브플로에 가장 관심이 있을 만한 기업의 주요 구성원은 다음과 같습니다.

- 데브옵스 엔지니어
- 플랫폼 아키텍트
- 데이터 사이언티스트
- 데이터 엔지니어

---

33 *https://oreil.ly/fiG4m*
34 *https://oreil.ly/tTe_W*
35 *https://oreil.ly/GHrJE*
36 *https://oreil.ly/hQ1yf*

데브옵스 엔지니어와 플랫폼 아키텍트는 클라우드나 온프레미스를 다른 팀의 데이터 투입, ETL, 데이터 웨어하우스data warehouse, 모델링 노력 등에 적절한 인프라스트럭처를 적소에 사용하여 모두 지원해야 합니다. 데이터 엔지니어는 이러한 인프라스트럭처를 사용해 벡터화와 머신러닝 모델을 만들기 위한 최고의 비정규화된 데이터셋을 준비해 데이터 사이언티스트에게 주어야 합니다. 이렇게 모든 팀은 현대의 데이터 웨어하우스를 운영하기 위해 함께 일해야 하고, 쿠버네티스는 어떻게 이를 실현할지에 대한 유연성을 제공합니다.

비즈니스 라인, 데브옵스, 데이터 엔지니어링, 데이터 사이언스를 위한 팀 간의 의견 일치

머신러닝 인프라스트럭처 영역 조직의 추가 도전 과제는 이러한 파이프라인을 만들고 지원하는 데 다양한 노력을 해야 합니다. [그림 1-4]에서 보았듯이 대부분 머신러닝 워크플로에는 많은 '숨겨진 기술 부채'가 있고, 여러 팀에서 이런 워크플로의 요소를 소유합니다. 이러한 팀은 다음과 같습니다.

비즈니스 라인(line of business)
조직의 매출을 만들기 위해 머신러닝 모델의 결과를 사용하는 회사의 조직

데브옵스
플랫폼의 동작과 보안을 확실히 책임지는 그룹

데이터 엔지니어링
기록 시스템이나 데이터 웨어하우스에서 데이터를 얻고, 데이터 사이언스 팀이 사용하는 형태로 변형시키는 데 책임이 있는 그룹

데이터 사이언스
머신러닝 모델을 만들고 테스트하는 그룹

이러한 팀들과 함께 일하지 않으면 사업은 그들의 노력으로부터 어떠한 가치도 만들어내지 못할 가능성이 높습니다. 이제 각 팀에서 쿠브플로가 쓰일만한 특정 시나리오를 살펴보겠습니다.

1.2 일반적인 쿠브플로 유스 케이스

어떻게 기술을 사용하는지에 대한 특정 시나리오는 항상 중요합니다. 그렇지 않으면 더 많이 '관리해야 할 인프라스트럭처'가 되고 맙니다. 1.1절에서 각각의 팀들이 어떻게 참여하는지 살펴봤고, 1.2절에서는 어떻게 쿠브플로가 사용되는지 특정 유스 케이스를 살펴보겠습니다.

1.2.1 GPU에 주피터 노트북 실행하기

사용자는 보통 아나콘다와 같은 로컬 플랫폼으로 시작하거나 초기의 유스 케이스를 설계합니다. 유스 케이스가 점점 더 많은 데이터, 더 많은 처리, 로컬 주피터 노트북으로 복제할 수 없는 데이터가 필요하게 되면 모델을 만드는 일에 차질이 생기게 됩니다.

또한 주피터를 로컬에서 실행하는 것은 사용자가 쿠브플로에서 리모트로 실행하는 것과 같다는 사실에 유의해야 합니다. 결국 로컬 설치는 데스크톱에 서버를 설치하는 것이기 때문입니다. 이러한 관점에서 사용자는 쿠브플로 주피터 노트북 플랫폼처럼 데스크톱의 주피터 노트북에서도 같은 경험을 누릴 수 있습니다.

새로운 사용자들을 위한 일반적인 주피터 노트북 사용 패턴

주피터 노트북 앱은 주피터 노트북을 로컬에서 실행할 수 있도록 지원하는 클라이언트-서버 애플리케이션입니다. 현재 실행되고 있는 주피터 노트북을 웹 브라우저에서 보고 상호작용할 수 있도록 해줍니다.

데스크톱 사용자에게는 보통 파이썬 배포를 이용해 주피터 노트북 앱이 설치된 것을 확인할 수 있습니다. 이 방식은 필요한 모든 파이썬 패키지들의 의존도 복잡성 때문에 대부분의 사용자들에게 더 쉬운 방식입니다. 가장 인기가 있는 배포는 아나콘다입니다.[37]

주피터 노트북은 데이터 사이언티스트가 선택한 라이브러리(사용 언어와도 독립적으로)를 주피터 노트북 안에서 사용하거나 주피터 노트북 밖 쿠브플로에서 사용하는 등 강력한 유연성을 제공하기 때문에 인기가 있습니다.

---

37 _https://oreil.ly/r7GiD_

또한 주피터 노트북은 자신들이 선택한 언어로 만든 워크로드를 온프레미스 엔터프라이즈 클라우드나 퍼블릭 클라우드로 빠르게 옮겨 더 많은 하드웨어를 활용할 수 있기 때문에 데이터 사이언티스트에게 좋은 대안입니다. 이는 머신러닝 잡이 보통 사용자 주피터 노트북에서 프로토타이핑되고, 검증이 되면 트레이닝을 위해 더 강력한 시스템으로 옮겨진 후 배포되는 것과 같은 패턴에 잘 맞습니다.

GPU에 주피터 노트북을 실행할 때 이점

많은 주피터 노트북 사용자는 랩톱 컴퓨터^{laptop computer}에서 주피터 노트북을 실행할 때 '왜 호스팅된 주피터 노트북 인프라스트럭처에 있는 쿠브플로를 사용하는가?'와 같은 의문을 갖습니다. 머신러닝과 특히 딥러닝은 선형대수학 컴퓨팅 때문에 아주 많은 처리에 대한 파워를 요구하는 것으로 악명이 높습니다. 대부분의 주피터 노트북은 GPU가 없기 때문에 보통 사용자는 모델을 만드는 코드 결과를 실행할 곳을 찾아야 합니다. 사용자들은 보통 다음과 같은 플랫폼 스택[38]을 사용합니다.

- 주피터 노트북
- 파이썬 코드
- 보통 도커와 같은 컨테이너를 사용해 의존성 관리

주피터 노트북에서 개발자가 원한 방식으로 스택을 쉽게 사용할 수 있습니다. 그러나 포춘 500대 회사에서 이와 같은 방식으로 운영할 때 다음과 같은 부작용이 발생했습니다.

- 보안
- 데이터 접근
- 드라이버 관리
- 모델 통합

대부분 포춘 500대 회사의 IT 조직은 보안이나 데이터 접근을 중요하게 다룹니다. 박사들이 민감한 회사의 데이터를 그들의 로컬 주피터 노트북에서 실행하는 것은 IT 정보 보안 규칙과 상충되어 조직 간에 논쟁을 야기합니다. 이러한 논쟁은 비즈니스 라인의 데이터로부터 창출되는 가치와 주요 정보를 안전하게 지키는 IT 정보 보안 권한 중심으로 이루어집니다.

....

38 옮긴이_ 특정 애플리케이션이나 플랫폼을 실행하기 위한 소프트웨어 하위시스템이나 구성 요소 또는 구성 요소의 집합을 의미합니다.

기업들은 보안 요구사항을 포기하지 않으므로, 우리는 보안 규율을 지키면서 데이터 사이언티스트들과 그들이 일하는 방식을 더 잘 지원할 방법을 찾아야 합니다. 쿠브플로는 데이터 사이언티스트들이 선호하는 환경을 유지하면서, 회사 IT 보안을 지키는 환경에서 실행할 수 있는 컨테이너 안에 만들어지기 때문에 이러한 상황에 아주 좋습니다.

이런 내부 인프라스프럭처는 액티브 디렉터리나 커버로스로 보안을 지키면서 GPU(예를 들어 엔비디아의 DGX-1), 오브젝트 저장을 위한 대량 스토리지 배열large storage array, 소유 스토리지(퓨어Pure의 플래시블래이드, 넷앱NetApp의 스토리지 등), HDFS와 같은 것을 동시에 제공할 수 있습니다.

GPU와 모델 정확도

머신러닝 마케팅에서 주로 혼재되기 때문에 GPU로부터 무엇을 얻는지 명확한 차이를 언급하고자 합니다. '모델의 예측 정확도'는 당면한 문제에 대해 모델이 얼마나 정확하게 예측하는지 나타내는 척도입니다(모델을 평가하는 방법에는 여러 가지가 있습니다).

모델 트레이닝의 다른 측면은 '트레이닝 속도'입니다. 이것은 몇 번의 에폭epoch(전체 입력 트레이닝 데이터셋을 통과하는 수)을 트레이닝하는 데 걸리는 시간이나 특정 정확도/메트릭에 도달하는 시간 등을 의미합니다. 여러분이 더 확실히 이해할 수 있도록 두 가지 정의를 소개합니다.

1 GPU는 여러분의 모델을 더 정확하게 만들어주지 않습니다.
2 그러나 GPU는 모델을 빨리 트레이닝하고, 더 나은 모델을 빨리 찾을 수 있게 합니다.

따라서 GPU는 모델의 정확도를 간접적으로 돕는다고 할 수 있고, 그 기대치를 확실히 정리해보겠습니다.

GPU에 주피터 노트북을 실행하는 것에 대한 팀의 의견 일치

이 시나리오에서 데브옵스 팀은 데이터 사이언티스트가 쿠브플로를 이용해 모델을 더 빨리 만들 수 있게 합니다. 또한 데이터 사이언티스트가 비즈니스 라인을 위해 더 많은 개념을 탐색할 수 있게 하고, 좋지 않은 유스 케이스를 더 빨리 제외할 수 있도록 해줍니다.

만약 비즈니스 라인이 데이터 사이언스 팀과 함께 유스 케이스를 더 빨리 검증할 수 있다면, 데이터로 매출을 만들기 위해 사업에 맞는 가장 좋은 유스 케이스를 찾을 수 있습니다.

1.2.2 공유 멀티테넌트 머신러닝 환경

많은 경우 조직에는 높은 가치의 리소스(예를 들어 GPU)의 클러스터를 공유해야 하는 데이터 사이언티스트나 공유 리소스에 동일한 접근이 필요한 데이터 사이언티스트 팀이 있습니다. 이러한 경우 조직은 멀티테넌트 머신러닝 플랫폼을 만들 필요가 있고, 쿠브플로는 이 시나리오에 딱 맞는 후보입니다.

종종 GPU가 하나 이상 장착되어 특화된 하드웨어인 엔비디아 DGX-1이나 DGX-2(예를 들어 머신당 8개의 GPU를 가진)를 구입하는 것을 봅니다. 이 하드웨어는 기존의 전통적인 서버보다 훨씬 비용이 많이 들기 때문에 최대한 많은 데이터 사이언티스트가 모델 트레이닝에 활용하기를 원합니다.

온프레미스 멀티테넌트 환경의 장점

1장의 초반부에 설명했듯이 데이터 사이언티스트는 자신만의 모델 워크플로나 코드 의존도가 있습니다. 사용자에게는 쿠브플로같이 각 사용자의 워크플로를 실행하면서 워크플로 의존도나 데이터를 같은 리소스 모음에 있는 다른 사람의 작업을 따로 유지하는 시스템을 필요합니다 (예를 들어 격리).

쿠브플로나 쿠버네티스는 스케줄링이나 컨테이너 관리 기능을 이용해 이러한 요구사항을 다룹니다. 좋은 예로, 하나의 GPU에 세 명의 데이터 사이언티스트가 각자 자신의 주피터 노트북을 실행해야 하는 경우가 있습니다. 쿠브플로가 있는 쿠버네티스는 누가 어떤 코드를, 어떤 머신에, 어떤 GPU가 지금 사용되는지를 끊임없이 추적합니다. 또한 쿠버네티스는 잡 큐^{queue}에서 어떤 잡이 기다리고 있는지 추적하고, 현재 처리되고 있는 잡이 끝나면 기다리고 있는 잡을 스케줄링합니다.

팀 의견 일치

멀티테넌트 시스템은 많은 인프라스트럭처 복잡성을 다루기 때문에 데브옵스 팀의 삶을 훨씬 단순하게 합니다. 데브옵스는 쿠버네티스 클러스터를 유지하는 것과 쿠브플로 애플리케이션을 동작하는 것에 집중할 수 있고, 이것은 쿠버네티스의 스케줄링, 컨테이너 스케줄링, 리소스 관리 등의 이점을 잘 활용하도록 해줍니다.

데이터 사이언티스트가 필요한 리소스(예를 들어 GPU)에 유연한 접근을 할 수 있을 때 모델을 더 빨리 만들 수 있습니다. 또한 비즈니스 라인이 데이터 제품이 조직에 적합한지, 충분히 효율적인지 빨리 평가할 수 있게 합니다.

1.2.3 트랜스퍼 러닝 파이프라인 만들기

실제 문제를 해결하는 데 쿠브플로가 어떻게 배포되는지 더 잘 이해하기 위해 컴퓨터 비전 시나리오를 사용해보겠습니다. 실제적인 예로, 소매업소에서 특정 상품을 탐지하는 데 사용되는 커스텀 컴퓨터 비전 모델을 만들기 위해 팀이 컴퓨터 비전 트랜스퍼 러닝transfer learning 파이프라인을 원할 수 있습니다.

팀의 기본적인 계획은 다음과 같습니다.

- 텐서플로 모델 주Model Zoo[39]에서 기본적인 컴퓨터 비전 모델 동작시키기
- 트랜스퍼 러닝을 이해하기 위해서 예제 데이터셋으로 모델 업데이트하기
- 온프레미스 GPU를 사용하기 위해서 모델 트레이닝 코드를 쿠브플로에 옮기기

팀은 먼저 텐서플로 객체 탐지object detection 튜토리얼에 있는 객체 탐지 예제 주피터 노트북[40]으로 실험을 시작합니다. 주피터 노트북을 로컬에서 실행하면 이미지에 있는 객체에 대한 인퍼런스를 미리 만들어진 텐서플로 컴퓨터 비전 모델으로 생산할 수 있다는 것을 알게 됩니다.

다음은 모델 주로부터 가져온 컴퓨터 비전 모델을 팀만의 데이터셋으로 커스터마이징길 원하는데, 먼저 트랜스퍼 러닝이 실제로 어떻게 동작하는지 감을 잡을 필요가 있습니다. 팀은 커스텀 컴퓨터 비전 모델 만드는 법을 배우기 위해 트랜스퍼 러닝에 대한 텐서플로 문서를 참고합니다.[41]

커스텀 데이터셋으로 트랜스퍼 러닝 예시까지 실행하면 커스텀 컴퓨터 비전 모델을 더 트레이닝하기 위한 어노테이션annotation을 만들어야 합니다. 이를 위해 자신들의 제품 데이터를 레이블label하는 것은 어렵지 않을 겁니다.

---

39 *https://oreil.ly/cVaxC*

40 *https://oreil.ly/iRKJE*

41 *https://oreil.ly/ysR4T*

텐서플로 객체 탐지 튜토리얼은 구글 클라우드에서 구글 콜랩Colab 주피터 노트북으로 어떻게 주피터 노트북을 사용하는지 보여주지만 팀은 그들의 데이터 센터에 있는 GPU클러스터를 사용하길 원합니다. 이 지점에서 팀은 내부 온프레미스 쿠버네티스 클러스터에 쿠브플로를 셋업하고, 쿠브플로에서 트랜스퍼 러닝 주피터 노트북을 주피터 노트북으로 실행합니다. 팀은 이전에 자신들만의 커스텀 어노테이션이 된 데이터셋을 만들었고, 이제 그 데이터를 내부 쿠브플로 클러스터에서 모델을 만드는 곳에 사용할 수 있습니다.

컴퓨터 비전 파이프라인을 쿠브플로에서 실행하는 것의 장점

팀이 그들의 파이프라인을 쿠브플로에 옮기는 이유는 다음과 같습니다.

- 여러 사용자의 민감한 데이터에 대한 안전한 접근(데이터가 사용자의 주피터 노트북에 위치하는 것을 허용하지 않을 수 있음)
- 온프레미스 GPU를 사용함으로 얻는 비용 절감
- 같은 GPU 클러스터를 여러 사용자에게 공유하는 기능

팀은 어떤 트레이닝 시나리오에서는 클라우드 GPU에서 시간제 비용을 내는 것보다 온프레미스에 쿠브플로를 사용하는 것이 효율적이라는 결론을 내립니다. 또한 핵심 트레이닝 데이터셋이 어디에 상주할지 안전하게 통제하기 원하고, 여러 명의 데이터 사이언티스트가 여러 가지 모델을 시도해보면서 일관적이고 같은 트레이닝 데이터셋을 공유할 수 있도록 하기를 원합니다.

컴퓨터 비전 파이프라인을 위한 팀의 의견 일치

이 쿠브플로에서 트랜스퍼 러닝 시나리오는 누가 민감한 트레이닝 데이터의 복사본을 가지고 있는지 데브옵스 팀이 더 깐깐하게 통제할 수 있도록 합니다. 비즈니스 라인은 데이터 사이언스 팀이 사업부에 경제적으로 실행 가능한 최소한의 mAPmean average precision 점수를 만족하는 모델을 만드는 일을 주었습니다.

이러한 모델 목표를 이루기 위해 데이터 사이언스 팀은 여러 번의 하이퍼파라미터hyperparameter 변경이나 피처 선택(데이터 엔지니어링 팀의 도움과 함께)을 시도해봐야 합니다. 데이터 사이언스 팀이 모델을 더 빨리 트레이닝할수록 더 많은 트레이닝 변동을 시도해볼 수 있습니다. 딥러닝과 컴퓨터 비전은 GPU가 트레이닝 시간을 상당히 줄여주기 때문에 데이터 사이언스 팀의 주요 리소스라고 할 수 있습니다.

사업부는 목표한 최소한의 모델 효율성을 달성하길 원하지만 예산 안에서 진행해야 합니다. GPU가 있는 온프레미스에서 쿠브플로를 사용하는 것은 데이터 사이언스 팀에게 모델을 만들기 위한 저비용 방식이기 때문에 결국 비용이 낮아집니다. 데이터 사이언스 팀이 긴 시간 모델을 한 주에 여러 번 만들 것이라고 예측했기 때문에 사업부는 비용이 낮을 것이라고 예상합니다.

> **NOTE_ 클라우드의 GPU**
>
> 클라우드의 GPU는 필요 시 바로 스핀업spin-up할 수 있기 때문에 온프레미스의 GPU보다 더 많은 유연성을 줄 수 있고, 새로운 아이디어를 시도해보기에 더 편리합니다.
>
> 그러나 이 편리함은 GPU를 구매하여 로컬에서 항상 사용하는 것보다 비용이 더 많이 들 수 있습니다.
>
> 잡을 어디에 실행해야 할지 결정할 때 비용과 유연성의 트레이드오프를 항상 염두에 두어야 합니다.

GPU가 있는 온프레미스에 쿠브플로를 사용하는 것은 멀티테넌트 특징을 가진 시스템에서 여러 개의 컴퓨터 비전 잡을 동시에 클러스터에 실행하고, 데이터 사이언스 팀이 모델을 더 빨리 만들도록 해줍니다.

1.2.4 애플리케이션 통합을 위해 모델을 프로덕션에 배포

모델이 트레이닝 되면 주피터 노트북이나 서버 호스트에 보통 하나의 파일로 존재합니다. 따라서 다음을 진행해야 합니다.

- 파일 통합을 위해 머신에 복사한다.
- 모델을 모델 인퍼런스를 위한 네트워크 요청을 수락할 수 있는 서버 프로세스에 로드한다.

모델 파일을 단일 애플리케이션 호스트에 복사한다면 관리가 가능합니다. 하지만 모델 인퍼런스 결과를 원하는 애플리케이션이 여러 개라면 문제가 복잡해집니다.

모델이 프로덕션에 배포된 이후 업데이트하는 건 중요한 이슈입니다. 많은 머신에 있는 모델 버전을 모두 추적하고, 어떤 것이 업데이트되어야 하는지 기억해야 하기 때문에 일이 더 많아지게 됩니다.

다른 이슈는 이미 배포된 모델을 롤백rollback하는 일입니다. 모델을 배포한 뒤 버전을 이전 버전으로 롤백을 해야 하는데 다른 호스트에 다양한 복사본이 있다면 매우 성가신 일이 됩니다.

이제 모델을 쿠브플로로 프로덕션에 배포했을 때, 모델 호스팅 패턴을 사용하면 얻는 이점을 알아봅시다.

쿠브플로 프로덕션에 모델을 배포하면 좋은 점

쿠브플로에 위치한 모델 서버에 머신러닝 모델을 로딩하는 주요 이점은 한 지점(예를 들어 서버 프로세스)에서 업데이트와 롤백을 할 수 있다는 것입니다. 이는 모델에 어떤 작업을 해도 업데이트 트랜잭션이 완료되는 즉시 소비하는 클라이언트 애플리케이션에서 이 업데이트를 받고, 다음 인퍼런스 요청을 하게 된다는 점에서 모델을 데이터베이스 테이블처럼 대할 수 있게 합니다.

모델 배포에 대한 팀의 의견 일치

모델 서버 패턴으로 모델의 많은 복사본을 자동으로 추적해 데브옵스 팀 업무를 줄일 수 있습니다. 또한 이를 이용해 애플리케이션 엔지니어링 팀은 모델을 네트워크 상의 내부 REST 리소스처럼 소비할 수 있고, 모델을 통합하기 위해 특정한 머신러닝 API 코드를 써야 하는 일이 적어집니다.

비즈니스 라인이 프로덕션에 넣고 싶어하는 모델을 데이터 사이언스 팀이 만들면 데브옵스 팀은 모델 서버 패턴으로 모델을 모델 서버에 전달합니다. 이는 데이터 사이언스 팀이 프로덕션의 각각의 모델을 지원하는 것에서 해방되고 비즈니스 라인과 다음 세대의 모델들을 만드는 데 집중하게 합니다.

1.3 쿠브플로의 구성 요소

쿠브플로의 논리적 구성 요소 그룹은 다음과 같습니다.

- ML 도구
- 애플리케이션과 스캐폴딩scaffolding
- 플랫폼/클라우드

구성 요소 그룹 간의 관계는 [그림 1-5]에서 볼 수 있습니다.

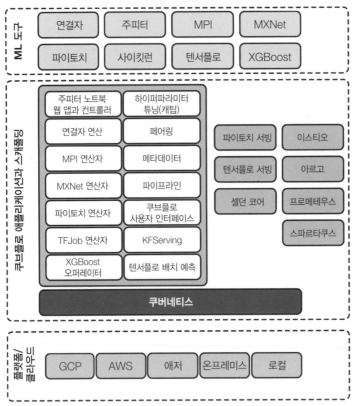

그림 1-5 쿠브플로 플랫폼 개요(출처: 쿠브플로 문서)[42]

이러한 구성 요소는 머신러닝 잡(주피터 노트북 기반의 잡과 주피터 노트북 외의 잡 모두)을 실행하고, 확장 가능하고 안전한 시스템을 제공하기 위해 함께 사용됩니다.

쿠버네티스가 기업 플랫폼 관리 시스템으로 부상함에 따라 비슷한 방식으로 머신러닝 워크로드를 관리하는 것은 타당하다고 볼 수 있습니다. 이제 각 구성 요소 그룹과 일부 구성 요소가 쿠브플로 플랫폼 안에서 어떻게 사용되는지 살펴보겠습니다.

42 *https://oreil.ly/QhP2C*

1.3.1 머신러닝 도구

쿠브플로에서 많은 머신러닝 프레임워크을 지원합니다. 이론상 사용자는 임의의 프레임워크를 컨테이너화해서 실행하기 위해 쿠버네티스 클러스터에 제출할 수 있습니다. 그러나 쿠브플로는 쿠버네티스 클러스터가 각 머신러닝 라이브러리를 필요로 하는 상황들(예를 들어 여러 쿠버네티스 노드에서 병렬 트레이닝하는 것, 특정 노드에서 GPU를 사용하는 것)을 인지하도록 합니다.

현재 쿠브플로가 지원하는 트레이닝 프레임워크는 다음과 같습니다.

- 텐서플로
- XGBoost
- 케라스
- 사이킷런^{scikit-learn}
- 파이토치
- MXNet
- MPI
- 체이너^{Chainer}[43]

다음으로 프레임워크가 어떻게 사용되는지 살펴보겠습니다.

텐서플로 트레이닝과 TFJob

텐서플로는 쿠브플로에서 지원되며 현재 세계에서 가장 인기 있는 머신러닝 라이브러리입니다. 텐서플로, 쿠버네티스, 쿠브플로 모두 원래 구글에서 만들어졌다는 것을 고려하면 텐서플로는 쿠브플로가 원래 지원했던 라이브러리라는 사실이 당연해집니다.

앞서 언급했듯 TFJob[44]은 쿠브플로를 위한 커스텀 요소로 쿠버네티스 커스텀 리소스 정의^{custom resource definition}(CRD)와 관련된 컨트롤러인 tf-operator[45]를 포함합니다.[46] TFJob CRD[47]는 쿠버네티스가 분산 텐서플로 잡을 실행시키도록 해줍니다. TFJob 컨트롤러(tf-

---

[43] 옮긴이_ 일본에서 널리 사용하는 딥러닝 프레임워크입니다.

[44] *https://oreil.ly/nhiDa*

[45] *https://oreil.ly/MSxZa*

[46] *https://oreil.ly/IK69t*

[47] *https://oreil.ly/AqLHm*

operator)는 쿠브플로에 있는 애플리케이션들과 스캐폴딩을 지원하여 쿠버네티스에서 머신 러닝 라이브러리를 사용 가능하게 합니다.

더 자세한 내용은 쿠브플로 문서의 텐서플로 페이지를 참조하기 바랍니다.[48]

케라스

케라스는 쿠브플로 프로젝트에서 지원되며 다음과 같은 방식으로 사용됩니다.

- 커스텀 리소스 정의(CRD)로 싱글 프로세스 잡 실행
- CRD로 싱글 프로세스 GPU 잡 실행
- 싱글 워커 잡으로 TFJob
- Estimator API를 통한 분산 워커 잡으로 TFJob
- 주피터 노트북(CPU 또는 GPU)
- 쿠브플로 파이프라인에 의해 설정된 잡

많은 경우 사용자는 클러스터에 잡을 빨리 실행시키는 방법을 알고 싶어 합니다. [예제 1-1]에서 kubectl과 같은 명령 줄을 이용해 쿠버네티스에 케라스 잡을 실행시키는 가장 간단한 방법을 볼 수 있습니다.

예제 1-1 케라스 파이썬 스크립트 실행을 위한 잡 예제 YAML

```yaml
apiVersion: batch/v1
kind: Job
metadata:
    name: keras-job
spec:
    template:
        spec:
            containers:
            - name: tf-keras-gpu-job
                image: emsixteeen/basic_python_job:v1.0-gpu
                imagePullPolicy: Always
            volumes:
            - name: home
                persistentVolumeClaim:
                    claimName: working-directory
```

----

48 https://oreil.ly/5LEIb

```
        restartPolicy: Never
    backoffLimit: 1
```

[예제 1-1]에서 쿠버네티스는 기본 컨테이너 리포지토리에서 컨테이너 이미지를 꺼내고 쿠버네티스 클러스터의 파드에서 실행시킵니다.

[예제 1-1]은 쿠버네티스를 사용하는 더 복잡한 방식을 모두 생략하고, 단순하고 직접적인 쿠버네티스 파드로 케라스 스크립트를 실행합니다. 그러나 이렇게 하면 워크플로 오케스트레이션과 메타데이터 수집 같은 쿠버네티스의 이점을 잃게 됩니다.

> **NOTE_ 단순히 쿠버네티스에 쿠브플로를 사용하는 경우**
>
> 워크플로 오케스트레이션이나 메타데이터 추적이 없다면, 머신러닝 워크플로를 안정적이고 일관적으로 실행하고 트레이닝 코드를 변경했을 때 어떻게 일을 수행하며 성능을 내는지 파악하기 힘듭니다.
>
> [예제 1-1]은 쿠버네티스에서 간단한 머신러닝 스크립트를 쉽게 실행할 수 있다는 것을 보여줍니다. 하지만 쿠브플로는 쿠버네티스에서 즉시 인식하지 못하는, 더 많은 가치를 제공합니다.

1.3.2 애플리케이션과 스캐폴딩

1장에서 설명한 모든 제한 사항과 목표를 지키며 머신러닝 인프라스트럭처를 관리하는 것은 거대한 산을 오르는 것과 같습니다. 쿠브플로는 완전한 머신러닝 워크플로 경험을 지원하도록 돕기 위해 많은 부속 애플리케이션들과 스캐폴딩을 제공합니다.

몇 개의 '스캐폴딩' 요소는 대부분 사용자 관점에서 숨겨진 채 동작하는 데 다음을 포함합니다.

- 머신러닝 프레임워크 연산자
- 메타데이터
- 파이토치 서빙
- 텐서플로 서빙
- 이스티오
- 아르고
- 프로메테우스
- 스파르타쿠스

언급한 많은 요소는 보통 사용자가 직접적으로 사용하지 않고 쿠브플로 핵심 기능을 지원합니다. 예를 들어 이스티오[49]는 역할 기반 접근 제어role-based access control (RBAC)와 같은 기능을 제공하여 쿠브플로 분산 마이크로서비스 아키텍처를 지원합니다. 아르고[50]는 쿠브플로를 위한 지속적 통합continuous integration (CI)과 지속적 배포continuous delivery (CD) 기능을 제공합니다. 프로메테우스[51]는 모니터링 요소가 있는 쿠브플로 시스템과 모니터링 데이터에 있는 과거 이벤트를 쿼리할 수 있는 기능을 제공합니다.

다음 절에서는 쿠브플로에 있는 몇 가지 주요한 애플리케이션과 요소를 더 자세히 살펴보겠습니다.

쿠브플로 사용자 인터페이스(UI)

쿠브플로 사용자 인터페이스user interface (UI)는 쿠브플로에서 일어나는 사용자 활동을 위한 중앙 허브입니다. [그림 1-6]에서 쿠브플로의 메인 화면을 볼 수 있습니다.

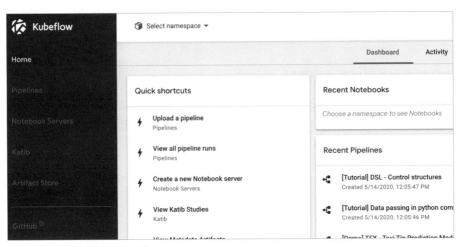

그림 1-6 쿠브플로 사용자 인터페이스

쿠브플로 사용자 인터페이스로부터 파이프라인을 만드는 것, 캐팁Katib에서 하이퍼파라미터 최적화 잡을 실행하는 것, 주피터 노트북 서버를 시작하는 것 등을 시각적으로 실행할 수 있습니다.

---

49 *https://istio.io*
50 *https://argoproj.github.io*
51 *https://prometheus.io*

주피터 노트북

주피터 노트북은 쿠브플로 플랫폼에서 핵심 요소로 포함되어 있습니다. 또한 쉬운 사용법, 보통 파이썬 프로그래밍 언어(특히 머신러닝)와 관련되어 있기 때문에 인기가 많습니다.[52] 보통 주피터 노트북은 코드(예를 들어 파이썬, 자바)와 웹 페이지, 책과 비슷한 효과를 내는 다른 시각적으로 풍부한 텍스트 요소를 포함합니다.

주피터 노트북과 다른 프로그래밍 언어

주피터 노트북 커널이 주피터 노트북의 코드를 실행합니다. 문서에 어떠한 종류의 언어가 있는지에 따라 다른 커널이 있을 수 있습니다.

주피터 라는 이름은 원래 주피터 생태계에서 지원되던 줄리아[julia], 파이썬, R의 합성어입니다. 주피터 노트북이 파이썬과 연관되어 있는 반면 파이썬 기반의 주피터 노트북은 IPython 커널을 사용합니다. 주피터 노트북 앱은 현재 실행되고 있는 주피터 노트북의 언어를 자동으로 감지하고 적절한 커널을 로드합니다.

주피터 노트북의 새로운 측면은 보통 프로그램에서 복잡한 논리와 연관된 메모들과 컴퓨터 프로그램을 합친다는 개념입니다. 이러한 인라인 문서화 특징은 주피터 노트북 사용자가 하는 일을 기록하는 것뿐만 아니라 우리의 코드를 실행하고자 하는 사용자와 더 잘 소통할 수 있게 합니다. 머신러닝 코드의 복잡성을 고려했을 때 이러한 특징은 주피터 노트북이 머신러닝 영역에서 폭발적인 인기를 누리는 이유입니다.

쿠브플로와 주피터 노트북 통합

쿠브플로 애플리케이션 배포에는 주피터 노트북을 시작하고 운영하는 지원을 포함합니다. 주피터 노트북이 쿠브플로 플랫폼에 통합되어 있는 이점은 다음과 같습니다.

- 인증과 접근 통제 관점에서 쿠브플로 인프라스트럭처의 나머지 부분(주피터 노트북을 제외한 쿠브플로 인프라스트럭처의 요소)과 잘 통합됨
- 사용자 간 주피터 노트북 공유 가능

---

52 *https://www.oreilly.com/library/view/python-data-science/9781491912126*

때로는 팀이나 각 사용자의 주피터 노트북 서버를 분리하고 싶을 수 있습니다. 쿠브플로는 주어진 하나의 쿠브플로 배포에 대해 여러 개의 주피터 노트북 서버를 셋업할 수 있도록 해줍니다. 각 주피터 노트북 서버는 하나의 네임스페이스에 속하며 여러 개의 주피터 노트북을 서빙하거나 실행할 수 있습니다. 또한 쿠브플로의 네임스페이스는 여러 사용자를 격리isolation할 수 있습니다. 이 기능은 여러 사용자 그룹이 서로 다른 그룹의 리소스를 볼 수 없게 하여 공유 멀티테넌트 인프라스트럭처상에서 그룹들의 워크스페이스를 망칠 수 없게 해줍니다.

쿠브플로는 각 주피터 노트북 서버를 위해 하나의 컨테이너 이미지를 실행합니다. 주피터 노트북 이미지 컨테이너는 ML 라이브러리나 CPU, GPU 지원을 위한 의존성을 포함합니다.

머신러닝 프레임워크들을 위한 연산자들

쿠브플로에서 지원되는 각 머신러닝 프레임워크는 관련된 컨트롤러(예를 들어 tf-operator)[53]가 있습니다. 예를 들어 TFJob CRD[54]는 쿠버네티스가 분산 텐서플로 잡[55]을 실행할 수 있도록 합니다. TFJob 컨트롤러(`tf-operator`)는 쿠버네티스에서 머신러닝 라이브러리를 가능하게 하기 위해 쿠브플로가 포함하는 애플리케이션 지원과 스캐폴딩의 한 부분입니다.

메타데이터와 아티팩트

쿠브플로의 메타데이터[56] 요소는 사용자가 워크플로에 의해 만들어진 메타데이터를 저장하고 수집하여 ML 워크플로를 추적하고 관리하도록 도와줍니다. 쿠브플로의 메타데이터 시스템으

---

53 _https://oreil.ly/qCcmW_

54 _https://oreil.ly/zxYwo_

55 _https://www.tensorflow.org/guide/distributed_training?hl=ko_

56 _https://oreil.ly/SCAue_

로 워크플로에 대해 수집된 데이터는 실행, 모델, 데이터셋, 그리고 다른 아티팩트artifact를 포함합니다. 쿠브플로는 2장에서 더 논의할 머신러닝 워크플로 구성 요소의 입력과 결과를 형성하는 오브젝트와 파일을 이러한 콘텍스트에서 아티팩트라고 정의합니다.

워크플로의 메타데이터를 수집하는 kubeflow-metadata API가 있는 코드가 실행되면, 쿠브플로 사용자 인터페이스에 있는 아티팩트 탭으로 가서 실행 한 번으로 수집된 메타데이터를 [그림 1-7]과 같이 볼 수 있습니다.

그림 1-7 쿠브플로 사용자 인터페이스의 아티팩트 탭 페이지

하이퍼파라미터 튜닝

하이퍼파라미터 튜닝은 머신러닝 모델을 트레이닝하는 데 최적의(또는 최적에 가까운) 하이퍼파라미터 집합을 찾기 위해 하이퍼파라미터 검색 공간을 탐색하는 것을 포함합니다. 데이터 사이언티스트는 결과적으로 훨씬 더 정확한 모델을 얻기 때문에 이러한 여러 가지 하이퍼파라미터의 조합을 시도해보기 위해 적지 않은 시간을 낭비합니다.

머신러닝, 파라미터, 하이퍼파라미터

몇 개의 머신러닝 용어를 정의하겠습니다. 1장에서 머신러닝을 다음과 같이 정의했습니다.

데이터 예시의 구조적 설명을 얻기 위해 알고리즘을 사용하는 것

머신러닝에서 정답 레이블ground-truth label 집합에 대해 모델의 정확도(또는 가치)를 최대화하는 계수coefficient를 찾고자 합니다. 이러한 함수 계수의 집합은 때로 파라미터라는 이름으로 사용됩니다. 예를 들어 신경망 네트워크에서 파라미터는 레이어의 인공 뉴런들 사이 연결 가중치weight입니다.

머신러닝 콘텍스트에서 다음과 같이 말할 수 있습니다.

머신러닝에서 빠르고 잘되게 하기 위해 튜닝하는 모델 파라미터와 파라미터가 있다. 이러한 튜닝 파라미터를 하이퍼파라미터라고 한다. 이는 최적화 함수나 러닝 알고리즘을 가지고 트레이닝 중 모델 선택을 통제한다.

『Deep Learning』(O'reilly, 2017)[57]

하이퍼파라미터의 예는 다음과 같습니다.

- 학습률learning rate
- 정규화regularization
- 모멘텀momentum
- 희소성sparsity
- 로스 함수loss function의 종류
- 최적화 알고리즘optimization algorithm

하이퍼파라미터 튜닝 과정은 모델이 목표하는 문제에 대해 최고의 모델 정확도를 주는 파라미터 조합을 찾기 위한 것입니다. 이는 위에서 언급한 6가지 하이퍼파라미터 트레이닝 옵션의 여러 조합을 시도해보는 일입니다.

쿠브플로에 포함된 하이퍼파라미터 검색 애플리케이션은 '캐팁'이라고 불립니다.[58] 원래 비지

---

57 https://www.oreilly.com/library/view/deep-learning/9781491924570
58 https://oreil.ly/nhLlg

어^{Vizier}라는 내부 구글 시스템에서 영감을 받아 시작된 캐팁은 머신러닝 프레임워크에 국한되지 않는 것에 집중했습니다. 이를 이용해 하이퍼파라미터 평가 시행을 테스트하는 실험을 여러 개 만들 수 있도록 해줍니다. 현재 캐팁은 랜덤 검색^{random search}, 그리드 검색^{grid search}, 그 외의 탐색 알고리즘을 지원합니다.

파이프라인

쿠브플로 파이프라인[59]은 머신러닝 워크플로를 만들고, 쿠버네티스에서 컨테이너로 실행할 쿠브플로의 논리적 단위로 배포하도록 해줍니다. 많은 경우 하나의 주피터 노트북이나 파이썬 스크립트로 머신러닝 예시를 살펴보지만 보통 머신러닝 워크플로는 하나의 스크립트나 잡이 아닙니다. [그림 1-4] '머신러닝의 숨은 기술 부채'에서 [그림 1-8]을 소개한 적이 있습니다.

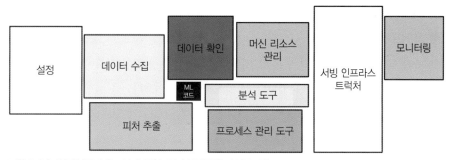

그림 1-8 '머신러닝의 숨은 기술 부채' 논문에서 발췌한 다이어그램

실무에서 머신러닝 시스템 프로덕션에 자신만의 서브워크플로^{subworkflow}를 가지게 되는 것이 다이어그램의 박스들입니다. 예를 들어 데이터 수집과 피처 엔지니어링[60]은 데이터 사이언티스트 팀과 분리되어 각 팀들만의 고유한 워크플로가 될 수 있다는 것입니다. 모델 평가는 트레이닝 단계가 끝난 후 자체 워크플로로 실행되는 것을 종종 볼 수 있는 요소입니다.

[그림 1-9]를 보면 쿠브플로 파이프라인은 파이프라인의 오케스트레이션을 쿠버네티스 인프라스트럭처의 컨테이너로 단순화합니다. 이를 이용해 복잡한 머신러닝 파이프라인을 모듈화한 방식으로 다시 설정하고 배포하여 모델을 더 빠르게 배포하고 프로덕션에 넣을 수 있습니다.

---

59 *https://oreil.ly/RG088*
60 옮긴이_ 피처 추출을 여러 가지 기술을 적용해 엔지니어링을 한다는 의미입니다.

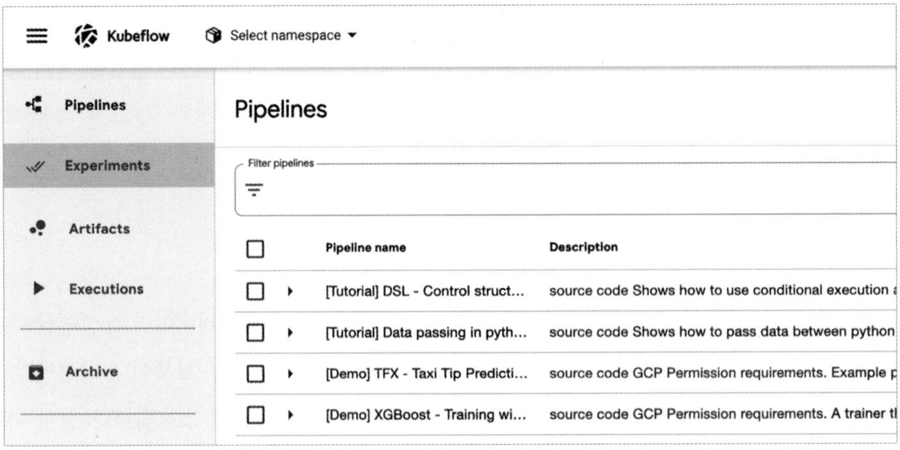

그림 1-9 파이프라인 사용자 인터페이스

쿠브플로 파이프라인 기본 개념

쿠브플로 파이프라인은 워크플로의 모든 요소를 나타내는 방향성이 있고 사이클이 없는 유향 비순환 그래프directed acyclic graph(DAG)입니다. 파이프라인은 파이프라인을 실행시키기 위한 입력 파라미터를 정의하고, 각 요소의 결괏값이 어떻게 그래프 다음 단계 입력값으로 연결되는지를 정의합니다.

파이프라인 요소는 쿠버네티스에서 실행되기 위해 사용자 코드와 의존성을 포함하고 있는 도커 이미지로 정의됩니다. [예제 1-2]에 파이썬으로 된 파이프라인 정의가 있습니다.[61]

예제 1-2 파이썬으로 정의된 쿠브플로 파이프라인

```
@dsl.pipeline(
    name='XGBoost Trainer',
    description='A trainer that does end-to-end distributed training for XGBoost
models.'
)
def xgb_train_pipeline(
    output,
    project,
    region='us-central1',
```

----

61 https://oreil.ly/YdVb7

```
                train_data='gs://ml-pipeline-playground/sfpd/train.csv',
                eval_data='gs://ml-pipeline-playground/sfpd/eval.csv',
                schema='gs://ml-pipeline-playground/sfpd/schema.json',
                target='resolution',
                rounds=200,
                workers=2,
                true_label='ACTION',
        ):
            delete_cluster_op = DeleteClusterOp('delete-cluster',
                project, region).apply(gcp.use_gcp_secret('user-gcp-sa'))
            with dsl.ExitHandler(exit_op=delete_cluster_op):
            create_cluster_op = CreateClusterOp('create-cluster', project, region,
                output).apply(gcp.use_gcp_secret('user-gcp-sa'))
            analyze_op = AnalyzeOp('analyze', project, region, create_cluster_op.output, \
                schema,
                train_data, '%s/{{workflow.name}}/analysis' % \
                    output).apply(gcp.use_gcp_secret('user-gcp-sa'))
            transform_op = TransformOp('transform', project, region, create_cluster_
        op.output,
                train_data, eval_data, target, analyze_op.output,
                '%s/{{workflow.name}}/transform' % \
                    output).apply(gcp.use_gcp_secret('user-gcp-sa'))
            train_op = TrainerOp('train', project, region, create_cluster_op.output, \
                transform_op.outputs['train'],
                transform_op.outputs['eval'], target, analyze_op.output, workers,
                rounds, '%s/{{workflow.name}}/model' % \
                    output).apply(gcp.use_gcp_secret('user-gcp-sa'))
        ...
```

쿠브플로 파이프라인 사용자 인터페이스에 있는 그래프를 보면 [그림 1-10]과 비슷하게 보일
것입니다.

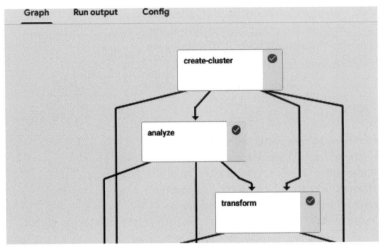

그림 1-10 쿠브플로에서 파이프라인 시각화

쿠브플로 파이프라인 사용자 인터페이스는 실행ʳᵘⁿ마다 입력 파라미터를 정의하고 잡을 실행할 수 있도록 합니다. 파이프라인으로부터 저장된 결괏값은 혼동 행렬ᶜᵒⁿᶠᵘˢⁱᵒⁿ ᵐᵃᵗʳⁱˣ이나 수신자 조작 특성ʳᵉᶜᵉⁱᵛᵉʳ ᵒᵖᵉʳᵃᵗⁱⁿᵍ ᶜʰᵃʳᵃᶜᵗᵉʳⁱˢᵗⁱᶜ(ROC) 곡선과 같은 그래프를 포함합니다.

쿠브플로 파이프라인은 각 실행으로부터 메타데이터와 아티팩트 모두를 생산하고 저장합니다. 파이프라인 실행으로부터 메타데이터는 MySQL 데이터베이스로 저장되고, 아티팩트는 MinIO 서버[62]나 클라우드 저장 시스템과 같은 아티팩트 스토리지에 저장됩니다. MinIO와 MySQL 모두 쿠버네티스의 퍼시스턴트볼륨ᴾᵉʳˢⁱˢᵗᵉⁿᵗⱽᵒˡᵘᵐᵉ(PV)[63]에서 지원합니다.

저장된 메타데이터는 쿠버네티스가 클러스터에서 실행되고 있는 특정 실험이나 잡을 추적하도록 해줍니다. 아티팩트는 각 잡의 실행 성과를 조사할 수 있도록 정보를 저장합니다.

1.3.3 KFServing을 이용한 머신러닝 모델 인퍼런스 서빙

일단 모델을 만들면 애플리케이션에 저장된 모델을 통합해야 합니다. 쿠브플로는 외부 애플리케이션으로 실시간 모델 인퍼런스를 서빙하기 위한 프로세스에 저장된 모델을 로드하는 여러 가지 방식을 제공합니다. 다음과 같은 옵션이 있습니다.

---

62 *https://docs.min.io*

63 *https://oreil.ly/B0Fvt*

- KFServing
- 셀던 코어 서빙^{Seldon Core Serving}
- 벤토ML^{BentoML}
- 엔비디아 트라이튼 인퍼런스 서버^{Nvidia Triton Inference Server}
- 텐서플로 서빙
- 텐서플로 배치 예측^{TensorFlow Batch Prediction}

앞서 언급한 옵션은 다른 머신러닝 라이브러리를 지원하고, 고유의 특화된 특징이 있습니다. 보통 각 옵션은 여러분이 쿠버네티스 리소스로 실행할 수 있고, 모델 리포지토리에서 저장된 모델을 로드할 수 있는 도커 이미지를 가지고 있습니다.

KFServing은 모델 서빙이 프레임워크 간에 표준화된 방식으로 즉시 운영될 수 있도록 디자인되었습니다. 기존의 쿠버네티스나 이스티오 스택에서 쉽게 실행될 수 있고 모델의 해석^{model explainability}, 인퍼런스 그래프 연산, 다른 모델 관리 기능을 제공하는 모델 서빙 시스템에 대한 요구가 있었습니다. 쿠브플로는 데이터 사이언티스트와 데브옵스, MLOps 팀 모두가 모델 생산에서 현대적인 프로덕션 모델 배포까지 협업할 수 있도록 해야 했습니다.

KFServing의 핵심 가치는 다음과 같습니다.

- 통합된 데이터 플레인과 미리 만들어진 모델 서버를 이용해 조직 간 모델 서빙 표준화를 도와준다.
- 배포, InferenceService/서버 모니터링, 인퍼런스 로드 확장을 위한 한 가지의 방식이다.
- 데이터 사이언티스트가 모델을 프로덕션에 배포하는 데 걸리는 시간을 획기적으로 줄여준다.

모델 인퍼런스란?

머신러닝 모델 인퍼런스 서버는 결과를 만들어내기 위해 새로운 입력값을 받아서 벡터 형태로 저장된 모델에 전달합니다. 이러한 결과를 '모델 인퍼런스'라고 합니다.

어떤 경우에는 프레임워크에 특화된 인퍼런스 서버(예를 들어 텐서플로 서빙)가 관련된 프레임워크를 위한특징을 가집니다.

그러나 많은 팀이 다른 프레임워크를 사용할 것이고, 그들의 모델 인퍼런스 서빙 인프라스트럭처를 위해서는 유연성이 필요합니다. 이러한 경우 앞에서 설명한 KFServing이나 셀던 코어를 고려해야 합니다. 8장에서 기본적인 모델을 KFServing에서 배포하는 데 필요한 핵심 개념부터 KFServing에서 모델 배포를 위한 커스텀 모델 서버를 만드는 것까지 KFServing에 대해 더 자세히 다룹니다.

1.3.4 플랫폼과 클라우드

쿠브플로는 공공 클라우드, 온프레미스 쿠버네티스 클러스터, 하나의 머신에 있는 로컬 싱글 노드 쿠버네티스 배포까지 어느 곳이든 쿠버네티스가 배포될 수 있는 유연성을 가집니다.

퍼블릭 클라우드

3개의 주요 클라우드 서비스 공급 업체가 관리형 쿠버네티스와 VM에 수동으로 쿠버네티스를 배포하는 기능을 지원하므로 쿠브플로는 다음과 같은 주요 클라우드 어디든 배포될 수 있습니다.

- 구글 클라우드 플랫폼(GCP)
- 아마존 웹 서비스(AWS)
- 애저 클라우드 플랫폼

앞으로 소개할 장에서 이러한 클라우드의 각 설치법과 설정 세부 사항에 대해 다룹니다. 또한 여러분은 주요 클라우드가 제공하는 것과 클라우드를 위한 관리형 쿠버네티스가 클라우드와 어떻게 통합하는지 배울 수 있습니다. 이를 통해 여러분이 선호하는 클라우드가 쿠버네티스와 쿠브플로를 실행하는 데 얼마나 적절한지 견고한 시각을 얻게 됩니다.

퍼블릭 클라우드에 쿠브플로를 설치할 때 다음과 같은 몇 가지 요구사항이 있습니다.

- 여러분의 고유한 인프라스트럭처를 클라우드 서비스 공급 업체가 어떻게 통합하는지 이해하는 것
- 여러분의 조직을 위해 적합한 쿠버네티스 버전(또는 그 부속 요소)인지 확실히 할 것
- 보안 통합 테마

특정 서비스 공급 업체 선호 이상으로, 인프라스트럭처의 지배적인 내러티브^{narrative}는 기업의 인프라스트럭처에 한 시스템이 어떻게 기존의 레거시 시스템에 통합될 수 있냐는 것입니다. 잘 실행된다면 이러한 내러티브는 어느 기업에도 지속적인 가치를 제공합니다.

클라우드 기반의 쿠브플로를 위한 옵션을 고려하세요

수동으로 쿠브플로를 설치하는 것은 복잡합니다. 만약 여러분이 제공되는 쿠브플로로 하나의 클라우드를 사용한다면 여러분의 팀은 관리형 주피터 노트북, 서버리스 트레이닝과 예측, 서버리스 인프라스트럭처에 파이프라인 단계를 수행해주는 TFX^{TensorFlow Extended}와 같은 지시적^{prescriptive} 파이프라인 접근법을 고려하길 원할 수 있습니다. 이와 같은 예로는 AWS의 세이지 메이커^{SageMaker}[64]나 GCP의 CAIP[65] 등이 있습니다.

여러분이 설치가 복잡한 커스터마이징(예를 들어 커스텀 컨테이너 이미지나 커스텀 네트워크 요구사항 등)을 필요로 한다면 클라우드에서 여러분만의 쿠브플로 설치를 관리하는 것이 더 적절합니다.

클라우드에서 관리형 쿠버네티스

앞서 언급했듯이 세 개의 주요 클라우드는 모두 관리형 쿠버네티스의 오픈소스 호환 버전을 제공합니다.

- 구글 쿠버네티스 엔진(GKE)
- 애저 쿠버네티스 서비스(AKS)
- 아마존 쿠버네티스 엔진(AKE)

각 시스템은 어떻게 쿠브플로를 설치하고 통합하는지 비슷한 점과 다른 점들이 있습니다. 물론 모든 클라우드에 대해서 어떻게 쿠버네티스를 설치할 것인지 다음과 같이 달라질 수 있습니다.

- 스토리지 종류와 전략
- 아이덴티티^{identity} 셋업과 관리
- 컨테이너 관리 전략
- ETL 파이프라인 통합
- 인프라스트럭처와 모델링 비용 계획

---

[64] *https://oreil.ly/iIWzf*
[65] *https://oreil.ly/7jJ6m*

이 책을 통해 각 클라우드가 제공하는 핵심 개념을 소개하고, 각 클라우드 플랫폼에서 어떻게 쿠브플로를 설치하는지 살펴보겠습니다.

온프레미스

쿠브플로는 온프레미스 쿠버네티스 클러스터에서도 배포가 지원됩니다. 주요 클라우드의 쿠브플로와 온프레미스 클러스터 쿠브플로의 주요 차이는 다음과 같습니다. 온프레미스 클러스터에서는 리소스를 동적으로 확장할 때 제한이 있습니다. 그러나 온프레미스 클러스터는 시간제로 비용을 내지 않습니다. 따라서 각 조직이 판단해야 하는 확실한 트레이드오프trade-off가 있습니다.

앞으로 다룰 내용은 온프레미스 쿠버네티스와 클라우드 쿠버네티스의 아이덴티티 통합에 서로 다른 전략이 존재한다는 점입니다.

로컬

어떤 경우에는 주로 테스팅, 개발, 평가를 위해 사용자가 쿠브플로를 로컬 머신이나 VM에서 실행하고자 할 수 있습니다. 이럴 때는 작은 쿠버네티스 클러스터를 로컬에 셋업하기 위해 VM을 사용하거나 Minikube[66] 같은 미리 만들어진 싱글 노드 쿠버네티스를 사용할 수도 있습니다.

> **NOTE_ 쿠버네티스를 로컬에서 실행하는 것은 리소스를 많이 소모할 수 있습니다**
> 보통 Minikube 배포의 쿠브플로는 최소한 12기가바이트의 메모리와 4개의 GPU가 Minikube를 위해 할당되어야 합니다. 정상적으로 여러분의 컴퓨터가 동작하기 위해서는 이 이상으로 리소스가 필요할 수 있습니다.

8장에서 모델 배포를 테스트하기 위해 Minikube에 KFServing을 독립형standalone으로 배포하는 연습을 합니다.

---

66 *https://oreil.ly/oRT4P*

1.4 마치며

1장에서 머신러닝 플랫폼인 쿠브플로의 기초를 다루었습니다. 이 책을 통해 머신러닝 인프라 스트럭처에서 핵심 초석으로 어떻게 쿠브플로 플랫폼에 계획, 설치, 유지, 개발하는지 이해하게 될 것입니다. 2장에서는 운영 내용을 셋업하기 위한 보안 기초와 쿠브플로 아키텍처를 다루겠습니다.

## CHAPTER 2

쿠브플로 아키텍처와 모범 사례

2장에서는 쿠브플로의 아키텍처를 자세히 살펴보면서 1장에서 소개한 개념들을 더 자세히 설명하고 쿠브플로 모범 사례를 소개하며 마무리합니다.

이 장 첫 부분에서는 쿠브플로 아키텍처와 구성 요소들이 플랫폼을 이루기 위해 어떻게 함께 동작하는지 집중하겠습니다. 데브옵스 팀은 복잡한 분산 시스템을 지원할 때 시스템에서 어떤 요소들이 서로 정보를 주고받는지 알아야 합니다. 이를 통해 쿠브플로 클러스터의 전체적인 문제와 그 맥락을 파악하기 쉬워집니다.

쿠브플로 사용의 모범 사례를 소개하는 2.2절의 내용을 이해하기 위해서는 아키텍처 배경을 알아야 합니다. 이후의 장들은 특정 플랫폼에서 쿠브플로를 설치하는 것과 KFServing에서 모델을 배포하는 것에 집중합니다. 커스텀 쿠브플로 플랫폼을 만들 때 아키텍처와 어떻게 시스템을 이용하는 것이 최선인지 이해하는 데 큰 도움이 됩니다.

2.1 쿠브플로 아키텍처 개요

[그림 2-1]은 쿠브플로 상위 단계 아키텍처를 나타냅니다. 이 다이어그램에서 쿠브플로 시스템을 운영하기 위한 요청 흐름이 사용자부터 CLI나 `kubectl`을 이용해 쿠브플로 구성 요소로 이동하는 것을 볼 수 있습니다.

쿠브플로 시스템을 이용해 머신러닝 모델을 만들기 위한 하나 또는 여러 개의 잡을 실행하는 머신러닝 워크플로를 만들 수 있습니다. 쿠브플로 잡은 주피터 노트북일 수도 있고, 파이프라인으로 연결된 여러 개의 잡을 실행하는 파이썬 스크립트일 수도 있습니다. 또한 쿠브플로 잡은 단순히 쿠버네티스에서 kubectl을 이용해 파드에 있는 컨테이너 안에서 파이썬 스크립트를 돌리는 것일 수도 있습니다.

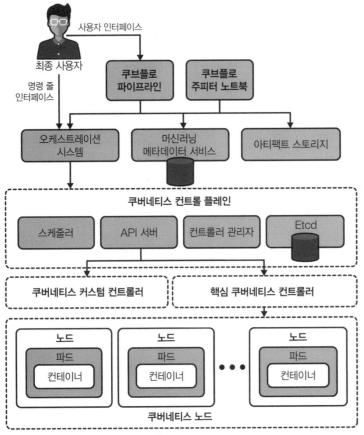

그림 2-1 상위 단계 쿠브플로 아키텍처[1]

---

1   옮긴이_ 분산형 카―값(key–value) 스토리지

[그림 2-1]에 없지만 쿠브플로가 사용하는 숨겨진 구성 요소로는 이스티오, 아르고, 프로메테우스가 있습니다. 이스티오는 네트워크 엔드포인트를 위한 RBAC[2] 같은 기능을 제공하고 쿠브플로의 다른 구성 요소 간 통신을 보안합니다. 아르고는 지속적 통합과 배포 기능을 제공합니다. 프로메테우스는 구성 요소 모니터링과 캡처 데이터에 있는 과거 이벤트들을 쿼리하는 기능을 제공합니다.

쿠브플로는 완전한 머신러닝 플랫폼을 제공하기 위해 서비스 메시[service mesh]의 분리된 구성 요소로 이루어져 있습니다. 이스티오는 보안 통신, 회복, 로드 밸런싱, 장애 복구, 메트릭, 모니터링과 같은 기능을 제공하여 쿠브플로 분산 마이크로서비스 아키텍처 운영을 지원합니다.

쿠브플로 클러스터 운영의 기초는 리소스 접근을 관리하는 것입니다. 쿠브플로는 [그림 2-2]의 사용자 요청 흐름에 보여지는 것과 같이 쿠버네티스와 이스티오 보안 인프라스트럭처에 있습니다.

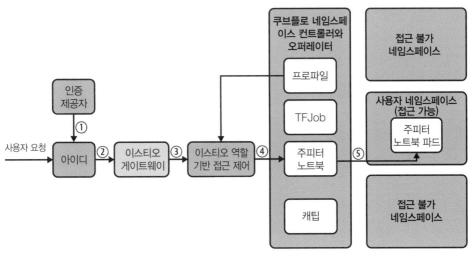

그림 2-2 사용자 요청시 쿠브플로 이스티오 사용

쿠브플로에서 잡을 어떻게 실행하고 관리하는지 배우기 전에 쿠브플로와 쿠버네티스가 어떻게 함께 동작하는지 살펴보겠습니다.

---

2 옮긴이_ RBAC는 역할 기반 접근 제어(role-based acess control)를 의미입니다.

2.1.1 쿠브플로와 쿠버네티스

1장에서 쿠브플로 아키텍처가 쿠버네티스 API를 넘어서 머신러닝 플랫폼 영역의 문제를 어떻게 해결하는지 배웠습니다. 쿠브플로 아키텍처와 구성 요소들은 쿠브플로 시스템을 운영하기 위해 이스티오가 관리하는 통신을 이용해 쿠버네티스에서 함께 동작합니다. 오픈소스 쿠브플로 프로젝트에서 얻을 수 있는 설치 스크립트 중 어떤 것들은 특정 클라우드 서비스 공급 업체에 새로운 클러스터를 만들고, 다른 설치 스크립트는 이미 존재하는 쿠버네티스 클러스터에만 쿠브플로를 설치합니다. 어떤 인스턴스(예를 들어 GCP GPU 풀)에서는 쿠브플로가 비용 효율을 위해 필요한 만큼 쿠버네티스 리소스를 동적 할당합니다. 온프레미스 대부분은 이용가능한 쿠버네티스 워커 노드(리소스)의 수가 고정적이고 정적입니다.

쿠브플로는 시스템을 위한 오케스트레이션과 메타데이터 추적을 제공해 로 레벨 쿠버네티스 API가 컨테이너 오케스트레이션 같은 일을 하도록 합니다. 쿠버네티스는 머신러닝 세부 사항에 대한 정보 없이 더 일반적인 보안, 확장성, 회복 가능 애플리케이션 배포에 집중하고 쿠브플로는 머신러닝에 특화된 동작에 집중합니다.

> **NOTE_ 쿠버네티스 추가 정보**
> 쿠버네티스, 로깅, 디버깅 추가 정보는 부록 A부터 C에 있습니다.

이제 쿠브플로에서 잡을 실행하는 방식을 논의하겠습니다.

2.1.2 쿠브플로에서 잡을 실행하는 방식

쿠브플로에서 머신러닝 잡을 실행하는 방식은 세 가지가 있습니다.

CLI

명령 줄 인터페이스에서 파이썬 스크립트 수행 목적으로 파이썬 컨테이너를 실행하기 위해 kubectl을 사용합니다. 이 스크립트는 쿠브플로 시스템에 다시 메타데이터를 쓸 수 있습니다.

파이프라인

설정 파일configuration file(또는 사용자 인터페이스)에서 연산자 유향 비순환 그래프를 구성하고,

이것을 이용해 쿠브플로에 오케스트레이션되는 잡 여러 개를 스케줄할 수 있습니다.

주피터 노트북

하나 이상의 주피터 노트북을 실행하는 주피터 노트북 서버를 실행할 수 있습니다. 각 주피터 노트북은 같은 주피터 노트북 서버에서 다른 코드를 실행 가능합니다. 이 장 뒤에서 주피터 노트북 서버 런처launcher와 주피터 노트북 서버 시스템의 아키텍처를 자세히 다루겠습니다.

2.1.3 머신러닝 메타데이터 서비스

머신러닝 워크플로와 쿠브플로 잡의 메타데이터는 머신러닝 메타데이터 서비스Machine Learning Metadata Service가 수집되고 저장됩니다. MySQL 데이터베이스가 이런 메타데이터 서비스를 지원합니다.

저장된 메타데이터는 특정 실험이나 클러스터에서 실행되는 잡을 추적하도록 도와줍니다. 아티팩트는 각 잡의 성과를 조사할 때 사용할 수 있는 정보를 저장합니다.

쿠브플로 콘텍스트에서 메타데이터란 다음 내용을 포함하는 아티팩트에 관한 정보를 의미합니다.

- 실행run
- 모델
- 데이터셋

별개로 쿠브플로에서 **아티팩트**artifact란 파이프라인 패키지, 뷰View, 대규모 메트릭large-scale metric(시계열)을 가리킵니다.

쿠브플로 파이프라인 사용자 인터페이스는 실행마다 입력 파라미터를 정의하고 잡을 시작할 수 있도록 합니다. 파이프라인에서 나와 저장된 결과로 혼동 행렬과 ROC[3] 곡선 같은 그래프가 있습니다.

쿠브플로 파이프라인은 각 실행에 대해 메타데이터와 아티팩트를 생성합니다. 파이프라인 실행에서 나온 메타데이터는 쿠브플로 머신러닝 메타데이터 서비스에 저장됩니다.

---

3 옮긴이_ 수신자 조작 특성(receiver operating characteristic)

2.1.4 아티팩트 스토리지

쿠브플로의 아티팩트란 파이프라인 패키지, 뷰, 대규모 메트릭(시계열)을 가리킵니다. 아티팩트는 메타데이터와 다르게 취급되며 MinIO 서버나 클라우드 저장 시스템 같은 아티팩트 스토리지에 저장됩니다.

아티팩드는 오브젝트 스토리지(예를 들어 S3나 GCS)에 최종적으로 저장되어야 합니다. MinIO는 S3나 GCS의 공통적인 인터페이스를 제공하기 위해 사용하거나 인클러스터$^{in-cluster}$ 오브젝트 스토리지(예를 들어 온프레미스에서 실행할 때)를 생성하는 방식으로도 사용합니다.

2.1.5 쿠브플로 이스티오 운영

이스티오는 쿠브플로 배포에서 강력한 아이덴티티 기반 인증과 승인을 사용해 서비스 대 서비스 통신을 보안하는 식으로 쿠브플로의 기초적인 부분으로 사용합니다.

쿠브플로는 또한 할당량과 접근 제어를 지원하기위한 정책 레이어에 이스티오를 사용합니다. 이스티오는 자동 로그, 메트릭, 네트워크 트래픽 트레이스 지원을 위한 클러스터 인그레스^{Ingress}, 이그레스^{Egress} 또한 제공합니다.[4]

[그림 2-2]에서 어떻게 사용자 요청이 다른 보안 요소 그리고 이스티오 구성 요소와 상호작용하는지, 그리고 쿠브플로 서비스 사용자의 상호작용 흐름을 볼 수 있습니다. 사용자 인증 프록시(ID)가 사용자 요청을 인터셉트한 뒤, (1) 통합 인증$^{single\ sign-on}$(SSO) 서비스 제공자(즉 인증 제공자, 예를 들어 AWS의 IAM$^{Identity\ and\ Access\ Management}$, 액티브 디렉터리, LDAP[5] 온프레미

---

4 옮긴이_ 인그레스는 서버 내부로 유입되는 네트워크 트래픽을, 이그레스는 서버 내부에서 외부로 나가는 트래픽을 의미합니다. 일반적으로 네트워크 트래픽은 Ingress와 Egress(잘 사용하지는 않는 단어지만)으로 구분됩니다(출처: *https://url.kr/w8ba9l*).

5 옮긴이_ Light Directory Access Protocol. 네트워크상에서 조직이나 개인정보 혹은 파일이나 디바이스 정보 등을 찾아보는 것을 가능하게 만든 소프트웨어 프로토콜을 의미합니다(출처: *https://yongho1037.tistory.com/796*).

스)와 통신합니다. 사용자 인증이 끝나면 (2) 요청을 이스티오 게이트웨이로 보냅니다. 만약 사용자 요청에 JSON 웹 토큰(JWT)이 없다면 JWT를 첨부하는 OIDC^{OpenID Connect} 제공자로 다시 보냅니다.

리다이렉션^{redirection}은 여러 곳에서 일어날 수 있습니다. JWT 토큰을 첨부할 수 있는 한 방법은 요청이 이스티오 게이트웨이에 도달하기 전입니다. 이 변형 방식은 쿠브플로의 아이덴티티 인지 프록시^{Identity-Aware Proxy}(IAP) 사용될 때 일어나는 것입니다. IAP에서 요청을 구글 클라우드 로드 밸런서^{Google Cloud Load Balancer}(GCLB)로 보내면 GCLB는 사용자 로그인을 얻기 위해 요청을 리다이렉션합니다. 그 후 클라이언트에서 쿠키를 캐시하고 그 후속 요청에 첨부합니다. GCLB는 후속 요청에 JWT를 첨부합니다.

다른 쿠브플로 아키텍처(예를 들어 Dex)에서 이스티오는 JWT가 없는 요청들을 Dex와 같은 아이덴티티 제공자로 리다이렉션합니다.

이스티오 게이트웨이는 사용자 아이덴티티를 포함하는 JWT 헤더 토큰을 포함하도록 요청을 바꿉니다. 서비스 메시를 통과하는 모든 관련 사용자 요청이 이러한 JWT 헤더 토큰을 가지고 있다는 것을 알아두면 좋습니다.

이스티오 게이트웨이가 JWT 토큰을 요청에 첨부한 후에 (3) 이스티오 RBAC 정책이 들어오는 요청의 주어진 네임스페이스 서비스에 접근을 확인하도록 적용됩니다. 만약 이스티오 RBAC 정책이 **DENY**를 돌려보내면, 요청에 에러 응답이 보내집니다.

이스티오 RBAC 정책이 보류 중인 요청 확인에 **ALLOW**를 보내면 요청이 적절한 컨트롤러 구성 요소로 보내집니다. [그림 2-2]에서 (4) 요청이 쿠브플로의 주피터 노트북 컨트롤러로 가는 것을 볼 수 있습니다.

그 후 타겟 컨트롤러는 쿠버네티스 RBAC로 인증을 확인하고 사용자 제공 네임스페이스 안에서 필요한 리소스를 생성합니다. [그림 2-2]에서는 주피터 노트북 컨트롤러가 사용자 네임스페이스 안에 주피터 노트북 파드를 생성합니다.

각각의 사용자의 관련 액션은 모두 같은 확인 단계를 거칩니다. 쿠브플로 1.0에서 프로파일 컨트롤러는 프로파일 생성을 관리합니다(프로파일 생성에 대해서는 다음 절에서 더 자세히 다룹니다). 또한 프로파일 컨트롤러는 적절한 이스티오 정책을 프로파일에 적용합니다.

이스티오와 KFServing

1장에서 KFServing과 모델 호스팅을 소개했습니다. 또한 KFServing 인프라스트럭처로 모델을 어떻게 다룰지에 대한 기초로 이스티오를 사용합니다.

[그림 2-3]에서 어떻게 KFServing이 이스티오를 뒤에서 사용하는지 개요를 볼 수 있습니다.

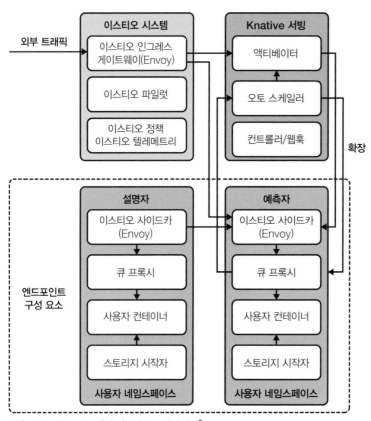

그림 2-3 KFServing에서 이스티오 트래픽 관리[6]

쿠브플로는 이스티오를 특별히 다음과 같은 용도로 사용합니다.

- 아이덴티티 기반 인증과 승인을 통한 쿠브플로 배포에서 서비스 대 서비스 통신 보안
- 배포 내의 트래픽의 메트릭, 트레이스, 로그 자동화

....

6 옮긴이_ 이스티오 정책 이스티오 텔레메트리는 모니터링을 위한 데이터 자동 원격 측정을 말합니다. 또한 이스티오 사이드카는 서비스 간 통신, 모니터링, 보안등을 추상화하는 애플리케이션 디자인 패턴입니다.

8장에서 KFServing과 인퍼런스 서빙 확장 필요성에 대해서 더 자세히 살펴봅니다. 똑같은 여러 개의 서버가, 모두 같은 논리 엔드포인트를 나타내면서, 같은 모델을 서빙할 수 있기 때문에 서비스 메시가 꼭 필요합니다. 이러한 마이크로서비스 그룹을 균일하게 보안하고 모니터하고 연결할 필요가 있습니다. 이스티오가 KFServing에서 이 역할을 하는 데 필수적이라는 것을 8장에서 볼 것입니다.

2.2 쿠브플로 멀티테넌시 아키텍처

쿠브플로에서 멀티테넌시란 여러 사용자가 쿠브플로 설치를 공유하거나 한 개의 쿠버네티스 클러스터에 여러 개의 쿠브플로 설치가 된 것으로 생각할 수 있습니다.

보안 관점에서 완벽한 격리가 필요하다면 각 사용자의 네임스페이스에서 사용자별로 쿠브플로 설치를 배포하면 됩니다. 부분적으로 멀티테넌시를 이루려면 사용자들에게 클러스터에 고유한 네임스페이스를 제공하고 모든 파드, 서비스, 배포, 잡 등이 네임스페이스 안에 포함되어야 합니다. 컨트롤 플레인 보안은 네임스페이스 수준에서 제공되고 애플리케이션 수준 보안은 이 장에서 다뤄질 것입니다.

멀티테넌시는 공유된 리소스의 클러스터를 준비하고 여러 테넌트(사용자)들이 스케줄링으로 클러스터에 접근하게 하는 방식입니다. 멀티테넌트 클러스터를 셋업하는 것에는 간접비overhead 가 존재하지만 운영 관점에서 사용자들에게 각 컴퓨터에 직접 접근을 주는 것보다 선호됩니다. 이제 멀티테넌시 대 사용자 격리의 장점과 트레이드오프를 살펴보겠습니다.

2.2.1 멀티테넌시와 격리

다른 멀티테넌시의 특성은 다음과 같습니다.

- 사용자 스토리지와 워크로드 격리
- 로드 밸런싱
- 하나의 머신 리소스를 사용자들 간 공유

쿠버네티스로 공유 클러스터를 준비하는 것의 장점은 다음을 포함합니다.

- 리소스 스케줄링
- 커버로스와 액티브 디렉터리(AD)로 보안 통합
- 이기종^{heterogeneous} GPU 지원[7]
- 고비용 리소스의 더욱 효율적인 사용
- 특정 종류의 잡들이 우선 순위가 되도록 하는 노드 수준 사용자 접근

데브옵스 팀은 여러 가지를 고려해야 하고 팀의 지시하에 멀티테넌시가 암시하는 것을 다루는 문제를 [그림 2-3]에서 볼 수 있습니다. 데이터 사이언스 팀은 GPU에 파이썬 잡을 실행할 수 있는지만 신경씁니다. 데브옵스 팀은 다른 사용자들과 같이 이런 컨테이너 기반 워크로드를 안전한 스케줄링 환경에서 실행하는 것을 고려하면서 데이터 사이언스 팀의 필요를 수행해야 합니다.

2.2.2 다중 사용자(mult-user) 아키텍처

쿠브플로는 여러 개의 웹 애플리케이션(예를 들어 대시보드, 주피터 노트북, 파이프라인 사용자 인터페이스)과 사용자의 로컬 머신에서 접근 가능한 API(예를 들어 파이프라인과 캐팁 API)로 이루어져 있습니다. 안전한 다중 사용자 배포를 제공하기 위해서는 두 가지 문제를 해결해야 합니다.

- 사용자의 아이덴티티(인증)를 확인
- 아이덴티티(인증)에 기반하여 쿠브플로안의 서비스와 쿠브플로로 접근 제한

동시에 다중 사용자 아키텍처의 목표는 유저가 같은 다른 웹 애플리케이션과 명령 줄 kubectl 액세스 포인트 간 같은 아이덴티티와 RBAC 권한을 가지도록 하는 것입니다.

쿠브플로는 인증과 승인을 다루기 위한 이식 가능 아키텍처를 제공하여 특정 클라우드나 온프레미스 배포에 추천 솔루션을 통합하기 쉽습니다.

쿠브플로 클러스터는 두 개의 사용자−접근 경로가 있습니다.

- 쿠브플로 중앙 대시보드 사용자의 아이덴티티(인증)를 확인
- kubectl 명령 줄 인터페이스

---

7 *https://oreil.ly/p3pL3*

중앙 대시보드는 쿠브플로 툴 세트에 사용자 인터페이스 접근을 지원하고 kubectl은 쿠브플로와 사용하기 위해 쿠버네티스 API로 명령 줄 접근을 지원합니다.

kubectl 경로는 쿠버네티스 API에 대해서도 인증과 승인을 합니다. 앞으로의 세션이 트랜잭션과 연관 지을 JWT 토큰은 HTTP헤더(예를 들어 아이덴티티)에 존재합니다. 브라우저 접근 경로가 아이덴티티 인지 프록시(예를 들어 이스티오 게이트웨이, 구글 클라우드 IAP)의 권한을 인증하면서 이 JWT 토큰을 얻습니다.

> **NOTE_ 인증된 엔티티**
> IAP 인증된 엔티티[8]란 사용자(OIDC, 구글 IAP) 또는 ServiceAccount(TokenReview)[9]를 말합니다.

2.2.3 다중 사용자 인증 흐름

쿠브플로 1.0에서 웹 애플리케이션 인증 경로를 위한 다중 사용자 인증을 위해 시스템은 쿠버네티스 RBAC 허가를 참고합니다. 쿠브플로 웹 애플리케이션은 다음 두 가지 중 한 가지 방식으로 인증을 해결합니다.

- 쿠버네티스 API의 SubjectAccessReview API[10]를 이용
- 쿠버네티스 API의 사용자 가장impersonation[11]을 이용

쿠브플로는 쿠버네티스 RBAC 승인자에 쿼리하고 사용자가 주어진 액션을 할 수 있는지, 승인 모드에 상관없이 동작하는지 확인하기 위해 SubjectAccessReview API를 사용합니다. 확인이 통과하면 요청이 웹 애플리케이션의 자격 증명서credential과 함께 만들어집니다.

웹 애플리케이션의 다른 승인 방식으로는 쿠버네티스 사용자 가장을 통한 사용자 가장 헤더를 사용하는 것입니다. 이때 쿠버네티스 API 서버가 가장된 아이덴티티를 확인합니다. 이 방식은 한 개의 요청만을 사용하고 이 요청이 모든 쿠버네티스의 승인 확인을 통과하며, 어떤 확인들은 SubjectAccessReview API 방식이 확인하지 않을 수 있습니다.

---

8 옮긴이_ 실체, 객체를 의미합니다.

9 옮긴이_ 쿠버네티스 인증에 사용되는 객체를 의미합니다.

10 *https://oreil.ly/buK1y*

11 *https://oreil.ly/6LpP6*

범위와 사용자 가장의 문제 때문에 쿠브플로 팀은 웹 애플리케이션에서 사용자를 승인하는 방 식으로 SubjectAccessReview API를 사용할 것을 추천합니다. 웹 애플리케이션이 특별한 권 한 접근이 있을 때만 사용자 가장을 사용하는 것이 바람직합니다.

2.2.4 쿠브플로 프로파일

쿠브플로의 멀티테넌시는 사용자 네임스페이스(예를 들어 프로파일)에 기반하며 접근을 관리 하기 위해 쿠버네티스 RBAC 정책을 사용합니다. 프로파일은 사용자와 그 사용자의 특정 리소 스 접근을 관리하고 바인딩은 어떤 사용자가 네임스페이스를 편집할 수 있는지 관리합니다.

쿠브플로 프로파일 커스텀 리소스는 사용자의 모든 정책, 역할, 바인딩을 제어하고 일관성을 보장합니다. 때로 쿠버네티스 밖의 리소스나 정책을 관리하고 싶다면 그런 시나리오에 대한 플 러그인 인터페이스를 쿠브플로가 제공합니다. 쿠브플로의 프로파일은 같은 이름의 쿠버네티스 네임스페이스와 관련된 쿠버네티스 리소스를 소유합니다.

프로파일 접근 관리는 쿠버네티스 RBAC와 이스티오 RBAC 접근 제어에 기반해 네임스페이 스 수준 격리를 제공합니다.

프로파일 커스텀 리소스는 다음과 같은 리소스를 관리합니다.

- 프로파일 소유자의 쿠버네티스 네임스페이스
- 쿠버네티스 RBAC 롤바인딩[RoleBinding][12](namespaceAdmin)
- 이스티오 RBAC 승인 정책
- 리소스 할당(v1beta1)
- 커스텀 플러그인(v1beta1)

프로파일은 관련 네임스페이스에 사용자가 생성한 파드에서 사용될 네임스페이스 범위의 서비스 계정 editor와 viewer를 준비합니다.

쿠버네티스 RBAC 롤바인딩은 프로파일 소유자를 관리자로 지정하고 쿠버네티스 API(kubectl)를 이용해 관련 네임스페이스에 접근할 수 있게 합니다.

쿠브플로는 이스티오 없이 동작할 수 없으므로 쿠브플로의 모든 서비스 이용을 위해 이스티오 설정인 clusterRbacConfig를 ON으로 두어야 합니다. 쿠브플로 사용자 프로파일이 생성되면 쿠브플로는 관련 이스티오 승인 정책(전에는 이스티오 RBAC가 생성했던 ServiceRole과 ServiceRoleBinding) 역시 생성합니다.

특히 이스티오 승인 정책은 이스티오 라우팅을 이용해 목표 네임스페이스의 모든 서비스 접근을 허가하기 위해 ns-access-istio라는 이름의 ServiceRole을 생성합니다. 이후 프로파일 소유자가 브라우저를 이용해 이스티오를 거쳐 관련 네임스페이스의 서비스에 접근할 수 있게 됩니다.

쿠브플로 프로파일의 미래

쿠브플로 프로젝트 진화의 관점에서 보았을 때, 프로파일은 네임스페이스, 쿠버네티스 RBAC, 이스티오 RBAC가 함께 잘 동작하도록 조율하는 '슈거'[13]라고 할 수 있습니다. 현재 쿠브플로 프로젝트에서 프로파일의 개념을 재정의하려는 일이 진행 중이고 미래에는 그 개념이 상당히 바뀔 계획입니다.

---

12 옮긴이_ 사용자나 사용자 집합에 역할에 맞는 허가를 주는 쿠버네티스 객체를 의미합니다.
13 옮긴이_ 프로그래밍 언어에서 가독성을 높이기 위한 문법입니다.

2.2.5 다중 사용자 격리

사용자는 쿠브플로가 승인한 리소스만 볼 수 있어야 합니다. 이런 개념을 다중 사용자 격리라고 합니다. 분리된 사용자들은 다른 사용자의 리소스를 우연히 보거나 바꾸는 것을 막기 위해 리소스를 보호하고 격리하기 위한 안전한 방법이 필요합니다. 다중 사용자 격리의 예로는 주피터 노트북 서비스가 있습니다.

쿠브플로의 관리자 계정은 쿠브플로 클러스터를 생성하고 유지합니다. 이 계정은 다른 사용자들에게 접근 권한을 줄 수 있고 쿠버네티스 클러스터의 cluster-admin 역할을 합니다. 쿠브플로를 생성한 사람이나 계정은 쿠브플로 클러스터의 관리자 특권을 가집니다.

보통의 쿠브플로 사용자 계정은 프로파일 리소스가 규정하는 리소스의 집합에 접근할 수 있습니다. 관리자 계정은 사용자 계정이 필요하면 접근 권한을 더 허가할 수 있습니다.

프로파일 접근 정책은 관리자나 프로파일 소유자가 지정하고 프로파일 접근 정책이 주피터 노트북의 생성과 접근을 제어합니다. 사용자들은 유저 인터페이스를 이용해 자신만의 새 워크스페이스를 생성하기 위해 스스로 등록할 수 있습니다. 쿠브플로에 로그인하고 여러분의 일차primary 프로파일에 접근할 때, 여러분의 계정과 관련된 프로파일은 하나의 쿠버네티스 네임스페이스를 소유합니다. 여러분은 일차 프로파일 접근을 보고 변경할 수 있고 쿠브플로 시스템의 다른 사용자와 여러분의 프로파일 접근을 공유할 수도 있습니다.

더 나아가 read나 read/modify 설정을 이용해 어떻게 다른 사용자들이 여러분의 프로파일에 접근하는지도 제어할 수 있습니다. 주피터 노트북 프로파일 접근 정책에 의해 만들어진 같은 접근 권한은 같은 리소스를 상속받게 됩니다.

새로운 사용자가 다른 사용자의 워크스페이스를 공유하도록 초대되면 새로운 사용자는 워크스페이스를 편집하거나 쿠브플로 커스텀 리소스를 실행할 수 있습니다.

> **WARNING_ 쿠브플로 1.0과 격리**
> 쿠브플로 1.0.2에서 모든 구성 요소가 완벽한 격리를 지원하는 것은 아닙니다. 그러나 구성 요소들은 들어오는 요청의 헤더를 이용해 사용자 아이덴티티 접근을 가집니다. 책을 쓰는 이 시점에 주피터 노트북은 다중 사용자 격리를 가지는 처음이자 유일한 서비스입니다.
> 쿠브플로 1.0.2는 격리를 지원하지만 다른 사용자 프로파일을 해킹하기 위한 악의적인 시도에는 취약할 수도 있습니다.

2.3 주피터 노트북 아키텍처

쿠브플로 배포마다 여러 개의 주피터 노트북 서버를 셋업할 수 있습니다. 각 주피터 노트북 서버는 여러 개의 주피터 노트북(.ipynb 파일) 포함할 수 있습니다. 각 주피터 노트북 서버는 하나의 네임스페이스에 속하며 이 네임스페이스는 서버의 프로젝트 그룹이나 팀에 대응됩니다.

쿠브플로는 쿠브플로 환경에 네이티브로 만들어진 주피터 노트북에 새로운 웹 유저 인터페이스를 제공합니다. 쿠브플로의 주피터 노트북이라는 용어는 두 가지 다른 것을 가리킵니다.

- 데이터 사이언티스트 사용자가 실행할 실제 .ipynb 주피터 노트북 파일
- 주피터 노트북을 실행하는 주피터 노트북 서버(주피터 노트북 컨트롤러)

주피터 노트북 서버는 쿠버네티스에서 컨테이너 이미지를 사용해 파드로 실행되고 사용자는 여러 개의 주피터 노트북 서버를 실행할 수 있습니다. 더 나아가 주피터 노트북 서버는 여러 개의 주피터 노트북을 실행할 수 있습니다.

> **NOTE_ 쿠브플로와 주피터 허브**
> 쿠브플로 주피터 노트북 아키텍처는 주피터 허브 프로젝트를 사용하지 않습니다.

주피터 노트북 서버는 두 가지 하위 구성 요소가 있습니다.

- 주피터 노트북 서버 런처 사용자 인터페이스
- 고유 파드로 실행되는 주피터 노트북 컨트롤러, 주피터 노트북 컨트롤러는 여러 개의 주피터 노트북 파일을 실행 가능

앞으로 이 두 개의 하위 구성 요소를 살펴보겠습니다.

2.3.1 주피터 노트북 서버 런처 사용자 인터페이스

주피터 노트북 서버 런처는 깃허브 리포지토리[14]의 쿠브플로 구성 요소 목록에서 주피터 웹 앱으로 지칭됩니다. 쿠브플로 애플리케이션 안의 사용자 인터페이스가 사용자가 주피터 노트북 커스텀 리소스를 실행하도록 해줍니다. 이 인터페이스는 사용자가 쿠브플로 안에서 주피터 노

---

14 *https://oreil.ly/8rXFj*

트북을 생성, 연결, 삭제하도록 해줍니다. 주피터 노트북 서버 런처는 주피터 인스턴스(사용자의 네임스페이스의 쿠버네티스 커스텀 리소스로 실행되는)를 생성하고 삭제하는 사용자 인터페이스를 제공하는 단순한 웹 애플리케이션입니다.

주피터 노트북 서버 런처의 백엔드는 파이썬 플라스크Flask와 앵귤러Angular를 프론트엔드로 사용합니다. 플라스크 서버를 호스팅하는 파드는 적절한 RBAC 리소스가 설정된 관련 ServiceAccount가 있습니다. 이를 이용해 jupyter-web-app 파드가 주피터 노트북 커스텀 리소스와 kubeflow 네임스페이스 안의 퍼시스턴트볼륨클레임PersistentVolumeClaim(PVC)를 관리하도록 해줍니다.

[그림 2-4]에서 주피터 노트북 서버 런처(jupyter-web-app) 사용자 인터페이스를 볼 수 있습니다.

그림 2-4 주피터 노트북 서버 런처 사용자 인터페이스

이 사용자 인터페이스에서 [+NEW SERVER]를 클릭하면 새로운 주피터 노트북 서버를 생성할 수 있습니다. 또한 서버에 연결하거나 기존 서버를 제거하는 등의 기존의 주피터 노트북 서버와 상호작용할 수도 있습니다.

사용자 인터페이스는 주피터 노트북 커스텀 리소스와 관련된 요청만 쿠버네티스 API 서버로 실행합니다. 이 요청이 쿠버네티스 API 서버로 도달하면 자식 리소스(Deployment, Service 등)의 관리와 관련된 모든 요청은 주피터 노트북 커스텀 리소스 컨트롤러가 수행합니다.

이 폼form에서 새로운 주피터 노트북 서버를 생성하기 위해 [+NEW SERVER]를 클릭하면 [그림 2-5]에서 보듯 새로운 주피터 노트북 서버를 위한 PodTemplateSpec 프로퍼티를 설정할 수 있습니다.

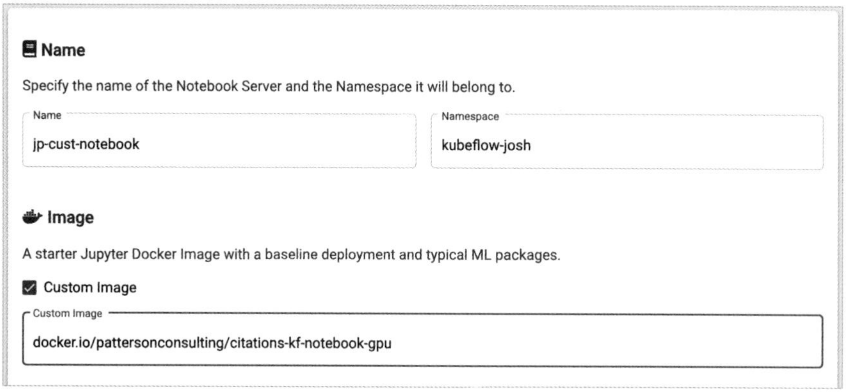

그림 2-5 커스텀 이미지로 주피터 노트북 서버 설정

설정할 수 있는 옵션은 다음과 같습니다.

- 이름
- 네임스페이스
- CPU
- 메모리
- 워크스페이스 볼륨
- 데이터 볼륨
- 그 외 리소스

주피터 노트북 서버 런처 폼의 아래에 있는 버튼을 클릭하면 폼에서 설정한 옵션으로 새로운 주피터 노트북 서버가 `kubeflow` 네임스페이스 안에 생성됩니다. 명시되지 않은 옵션은 기본 값이 적용됩니다.

> **WARNING_ 주피터 노트북 서버가 생성되는 시간 기다리기**
> 때로 주피터 노트북 서버 파드가 성공적으로 생성되기까지 몇 분이 걸립니다. 파드에 정상적으로 연결되기까지 기다리지 않으면 쿠브플로가 트래픽을 올바르게 라우팅하지 못하기 때문에 `upstream connect error` 와 같은 에러가 생깁니다.

폼을 주피터 노트북 서버 런처 애플리케이션에 제출하면 주피터 노트북 CRD 인스턴스를 내보 내고 이것을 쿠버네티스 API에 제출합니다. 이후 주피터 노트북 CRD가 관련 컨트롤러를 이용해 주피터 노트북 서버 파드를 만들어냅니다.

> **NOTE_ 쿠브플로 버전과 주피터 노트북**
>
> 쿠브플로 0.6 이전 버전은 주피터 허브 KubeSpawner를 이용해 주피터 노트북 서버를 실행합니다.

2.3.2 주피터 노트북 컨트롤러

주피터 노트북 컨트롤러[15]는 사용자들이 커스텀 리소스 notebook(주피터 노트북)을 생성할 수 있게 합니다.

뒷편에서 주피터 노트북 컨트롤러는 주피터 노트북 인스턴스와 이것을 위한 서비스를 운영하기 위해 StatefulSet을 생성합니다. 주피터 노트북 서버 디자인은 OIDC 지원과 여러 개 애플리케이션을 위한 멀티테넌시 지원이 가능합니다. 승인된 JWT는 이스티오가 사이드카 안에서 확인합니다. 더 나아가 이스티오는 특정 사용자들에게 HTTP를 이용해 주피터 서버로의 제한된 접근을 제공합니다.

주피터 노트북 서버는 주피터 노트북 커스텀 리소스와 함께 모든 네임스페이스의 관련 PVC를 관리할 수 있는 특별 권한의 ServiceAccount를 사용합니다.

2.4 파이프라인 아키텍처

[그림 2-6]에서 쿠브플로 파이프라인 아키텍처 다이어그램을 볼 수 있습니다.

쿠브플로 파이프라인의 고수준 실행은 정적 설정에서 정적 파이프라인을 생성하기 위해 파이프라인 서비스를 호출합니다. 파이프라인 설정을 위해 Python SDK를 이용해 파이프라인 도메인 특화 언어domain-specific language(DSL)를 써야 합니다. DSL 컴파일러는 여러분의 파이프라인 설정을 YAML 파일(정적 설정)으로 바꿔줄 것입니다.

---

15 *https://oreil.ly/X6E1J*

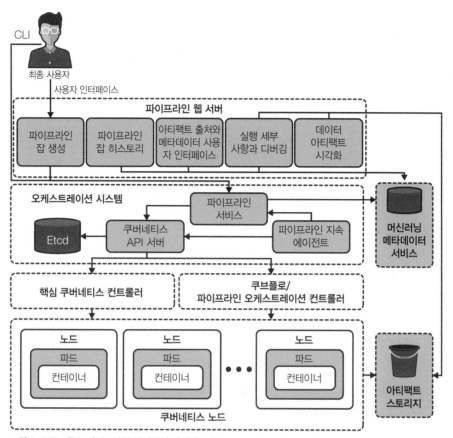

그림 2-6 쿠브플로 파이프라인 아키텍처 다이어그램

여기에서 파이프라인 서비스가 파이프라인 실행에 필요한 쿠버네티스 리소스(CRD)을 준비하고 실행하기 위해 쿠버네티스 API 서버를 호출합니다. 이 중 어떤 리소스는 파이프라인을 완료하기 위해 필요한 컨테이너를 실행하는 오케스트레이션 컨트롤러(예를 들어 아르고 워크플로 컨트롤러)입니다. 쿠버네티스의 파드는 클러스터의 가상 머신에 있는 오케스트레이션 컨트롤러가 운영하는 컨테이너를 실행합니다.

파이프라인의 컨테이너가 쿠버네티스 클러스터에서 실행되는 동안 머신러닝 메타데이터 서비스와 아티팩트 저장 시스템 각각에 메타데이터와 아티팩트를 저장합니다.

파이프라인 지속 에이전트는 파이프라인 서비스가 생성한 리소스를 추적하고 머신러닝 메타데이터 서비스의 리소스 상태를 기록합니다. 입력과 결과는 파이프라인 지속 에이전트가 추적하고 에이전트는 어떤 컨테이너가 실행되었는지 또한 추적합니다.

현재 실행 중인 파이프라인 리스트는 파이프라인 웹 서버가 파이프라인 실행 히스토리와 함께 유지합니다. 파이프라인 웹 서버가 유지하는 다른 뷰View는 다음과 같습니다.

- 데이터 아티팩트 리스트
- 각 파이프라인 실행 디버깅 정보
- 각 파이프라인 실행 상태

여기까지 여러 개의 아키텍처 주제가 다뤄졌습니다. 이제는 플랫폼 사용자들을 위한 모범 사례를 탐색하겠습니다.

2.5 쿠브플로 모범 사례

이 절에서 시스템 사용자들이 더 잘 잡을 실행하도록 돕기 위한 모범 사례들을 제시하겠습니다. 다음과 같은 기본 주제들을 다룰 것입니다.

- 잡 의존성 관리
- 주피터 노트북으로 GPU사용
- 잡에서 나온 메타데이터를 머신러닝 메타데이터 서비스에 기록

잡에 의존성을 더하는 기초부터 시작하겠습니다.

2.5.1 잡 의존성 관리

대부분 빠른 텐서플로 잡을 위해 자주 쓰이는 도커 이미지를 사용하는 것이 가능합니다. 단순히 kubectl을 이용해 쿠버네티스에 파이썬 코드 컨테이너를 실행하는 경우에는 컨테이너 안에 의존성을 만들 수 있습니다. 그러나 도커와 같은 도구가 익숙하지 않은 주피터 노트북 사용자들이 커스텀 의존성을 가진 주피터 노트북 서버를 실행해야 할 수도 있습니다. 쿠브플로 주피터 노트북에서 의존성 관리를 할 수 있는 주요한 두 가지 방법이 있습니다.

- pip을 이용해 주피터 노트북 셀cell안에서 동적으로 의존성 설치하기
- 이미 의존성이 탑재된 커스텀 주피터 노트북 도커 이미지 만들기

여러분의 실행 상황 제약 사항에 따라 이 중에서 하나의 옵션을 선택하게 될 것입니다.

여러분이 같은 의존성을 계속해서 사용할 것이라고 예상한다면 특정 쿠브플로 주피터 노트북을 위한 도커 이미지를 만드는 것이 좋습니다. 도커 이미지를 만들어야 하는 이유는 다음과 같습니다.

- 주피터 노트북에서 pip을 실행할 권한이 환경에 없는 경우
- 쿠브플로 클러스터가 인터넷 접근이 없는 경우

많은 쿠브플로 클러스터가 인터넷 접근이 가능하지만 몇몇 기업의 온프레미스 클러스터 같은 경우 보안 고려 사항 때문에 인터넷 연결이 불가능한 경우도 있습니다.

> **NOTE_ 의존성 모범 사례**
>
> 새로운 도커 이미지를 만드는 것과 주피터 노트북 안에 설치하는 이 두 가지 방법 모두 requirements.txt 파일을 이용해 의존성을 설치하는 것이 모범 사례입니다.

이상적으로는 주피터 노트북 안에서 모든 의존성을 해결할 수 있습니다. 하지만 코드 설치의 까다로운 의존성 때문에,[16] 로컬 이미지 환경에서 어떻게 설치할지에 대한 제어가 더 필요할 수 있습니다. 이 경우에는 다음 절과 마찬가지로 쿠브플로에 GPU 주피터 노트북을 실행할 수 있는 커스텀 도커 이미지를 만들어야 합니다.

커스텀 주피터 노트북 도커 이미지 만들기

[예제 2-1]에서 새로운 도커 이미지를 만들기 위해 필요한 dockerfile 코드를 볼 수 있습니다.

예제 2-1 파이썬 Hello World

```
#데모를 위한 도커 이미지 생성하기
#
# 이 도커 이미지는 기존 주피터 노트북 이미지에 기반합니다.
# 또한 이 도커 이미지는 트레이닝과 배포에 필요한 의존성을 포함합니다.
# 다음과 같은 방식으로 베이스 이미지를 사용할 수 있습니다.

FROM gcr.io/kubeflow-images-public/tensorflow-2.1.0-notebook-gpu:1.0.0
```

----

16 비난할 의도는 없지만 rtree와 같은 예가 있습니다.

```
COPY requirements.txt .

# 시스템 디렉터리에 있는 모든 요구사항을 설치하길 원하기 때문에
# 루트로 스위치해야 합니다.
USER root
RUN apt -y install libspatialindex-dev
RUN pip3 --no-cache-dir install -r requirements.txt
USER jovyan
```

[예제 2-1]의 코드에서 이미 GPU 지원이 되는 기존의 텐서플로 2.1 주피터 노트북 이미지를 사용합니다. 기존 이미지를 활용하는 것은 쿠브플로 팀이 이미지 빌드 프로세스에서 한 일을 이용하고 여러분이 필요한 의존성(이 예제에서는 `libspatialindex-dev`를 이용하는 `rtree`) 을 간단하게 더해줍니다.

여기서부터 여러분의 커스텀 쿠브플로 주피터 노트북 컨테이너를 다음과 같은 커맨드로 로컬에서 만들 수 있습니다.

```
docker build dockerfile
```

그 후에 새로운 컨테이너 이미지를 여러분이 원하는 리포지토리(예를 들어 도커 허브^{Docker Hub})에 푸시^{push}할 수 있습니다. 컨테이너가 리포지토리에 올라가면, [그림 2-7]과 같이 쿠브플로의 주피터 노트북 서버 설정 페이지에 있는 커스텀 이미지 필드에서 이 컨테이너를 사용할 수 있습니다.

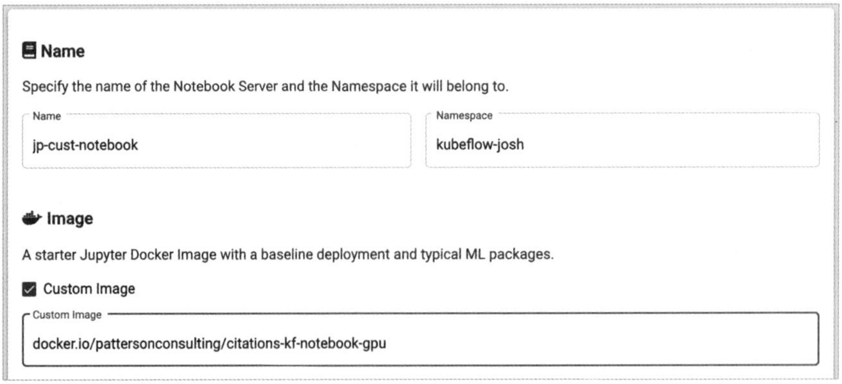

그림 2-7 주피터 노트북 서버 설정을 이용해 커스텀 컨테이너 이미지 사용

이제 쿠브플로와 GPU를 사용하는 모범 사례를 이야기해보겠습니다.

2.5.2 GPU 사용

GPU는 데이터 사이언티스트들이 모델 트레이닝을 가속화하는 주요한 방식입니다. 쿠브플로는 데이터 사이언티스트 팀이 팀 간에 쿠브플로와 쿠버네티스가 관리하는 GPU 리소스를 공유하도록 해줍니다.

주피터 노트북으로 GPU 사용

쿠브플로 주피터 노트북에서 GPU를 사용하기 위해서 다음과 같은 일을 해야 합니다.

> 1 쿠버네티스가 관리하는 하드웨어 클러스터에 GPU가 물리적으로 존재하는지 확인한다.
> 2 GPU와 주피터 노트북에 맞는 주피터 노트북 컨테이너 이미지를 사용한다.

올바른 주피터 노트북 컨테이너 이미지로 주피터 노트북을 실행하려면 쿠브플로 사용자 인터페이스의 주피터 노트북 서버 런처 페이지를 살펴봐야 합니다. 이 페이지에서 쿠브플로 주피터 노트북 탭의 [New Server]를 클릭하면 새로운 주피터 노트북 서버를 설정하기 위한 [그림 2-8]과 같은 페이지를 볼 수 있습니다.

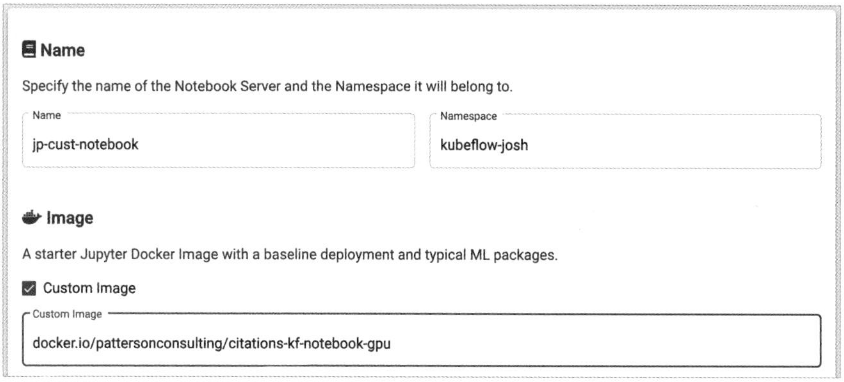

그림 2-8 주피터 노트북 서버 설정 페이지

GPU 지원이 되는 컨테이너 이미지를 사용해야 합니다. 쿠브플로에 GPU를 지원하는 이미 패키징된 표준 컨테이너들이 있습니다.

주피터 노트북 서버의 나머지 설정을 완료한 뒤에 폼 아래에 있는 [Submit]을 누를 수 있습니다. 주피터 노트북 서버 로딩이 끝나면 주피터 노트북 서버 페이지에 있는 여러분의 서버 행에 있는 [Connect]를 클릭할 수 있습니다. 버튼을 클릭하면 여러분의 브라우저에 GPU에 실행할 코드를 쓸 수 있도록 주피터 노트북이 실행됩니다.

주피터 노트북 코드가 GPU를 사용하는지 확인

GPU와 주피터 노트북 서버를 사용해보려면 우리 깃허브 리포지토리에 제공된 주피터 노트북[17]을 로드하면 됩니다. 이 주피터 노트북을 다운로드하고 주피터 노트북 서버에 업로드하면 [그림 2–9]와 같은 화면을 볼 수 있습니다.

단순히 이 주피터 노트북은 로컬 GPU에 접근 가능한 도커 이미지와 옳은 버전의 텐서플로를 확인하기 위한 목적이기 때문에 실행하는 데 많은 시간이 필요하지 않습니다.

주피터 노트북의 아래쪽 셀에서 기초적인 텐서 연산 실행과 `/job:localhost/replica:0/task:0/device:GPU:0`에서 실행되는 것을 보면 코드가 로컬 GPU에 물리적으로 실행되고 있다는 것을 확인할 수 있습니다.

---

17 *https://oreil.ly/vtHmf*

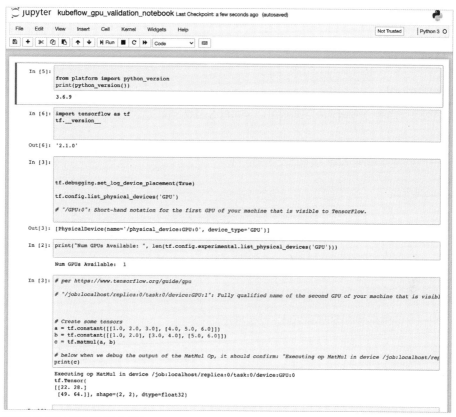

그림 2-9 GPU 확인 주피터 노트북

2.5.3 실험 관리

쿠브플로 플랫폼은 여러분이 시스템에 실행하는 잡과 실험의 여러 가지 측면을 추적할 수 있는 머신러닝 메타데이터 서비스를 포함합니다. 이 절에서 어떻게 머신러닝 메타데이터 서비스 SDK를 사용하는지 기본 개념들을 소개하겠습니다. 기본 용어 몇 개를 소개하면서 시작하겠습니다.

워크스페이스(workspace)

파이프라인, 주피터 노트북 런과 관련 아티팩트와 실행 집합의 그룹

런(run)

워크스페이스나 그룹 실행의 파이프라인이나 주피터 노트북을 캡처

실행(execution)

워크스페이스나 그룹 실행의 파이프라인이나 주피터 노트북 런을 캡처

이 세 가지 개념은 다음과 같은 위계로 연관됩니다.

- 워크스페이스
  - 런
    - 실행

다른 개념으로는 메타데이터 gRPC 서비스에 연결하기 위해 사용하는 SDK 객체인 **store**를
포함합니다. 또한 실행은 입력과 결과인 아티팩트를 로깅하는 객체로 동작하기도 합니다. 다음
으로 메타데이터 SDK를 어떻게 준비하는지 살펴봅시다.

메타데이터 SDK 설치

기존 주피터 노트북에 메타데이터 SDK를 설치하려면 2.5.1 절에서 보았듯 커스텀 주피터 노
트북 이미지를 만들거나 주피터 노트북 처음 부분에서 의존성을 설치할 수 있습니다. 주피터
노트북 윗 부분에서 설치하려면 [예제 2-2]의 커맨드를 사용하면 됩니다.

예제 2-2 쿠브플로 메타데이터 SDK 설치 Pip 커맨드

```
# 최신 'kubeflow-metadata' 라이브러리를 사용하려면 다음을 실행한다.
!pip install kubeflow-metadata --user
# 다른 패키지를 설치한다.
!pip install pandas --user
# 주피터 노트북 커널을 재시작한다.
```

메타데이터 SDK가 주피터 노트북에 설치되고 나면 쿠브플로에 메타데이터를 기록할 수 있습
니다.

기본 메타데이터 SDK 사용

[예제 2-3]의 코드는 메타데이터 SDK사용을 준비하기 위해 사용할 수 있는 기본적인 파이썬 헤더 코드입니다.

예제 2-3 기본 SDK 사용 예제

```
import pandas
from kubeflow.metadata import metadata
from datetime import datetime
from uuid import uuid4

METADATA_STORE_HOST = "metadata-grpc-service.kubeflow"
# 쿠브플로 메타데이터 gRPC 서비스의 기본 DNS.
METADATA_STORE_PORT = 8080
```

어떻게 메타데이터 SDK의 특정 객체를 사용하는지에 대한 예제는 이 주피터 노트북[18]을 참고하세요.

메타데이터 SDK가 어떤 것인지 감을 잡고 나면 쿠브플로 파이프라인과 주피터 노트북과 쿠브플로에서 실행되는 컨테이너 기반 파이썬 코드에 대한 메타데이터도 추적이 가능합니다.

2.6 마치며

이 장에서 쿠브플로 아키텍처의 기본적인 주제와 주피터 노트북과 파이프라인 같은 하위시스템에 대해서 다뤘습니다. 그리고 사용자가 잡을 실행하는 모범 사례를 소개했습니다.

다음 장에서는 조직의 필요에 따라 쿠브플로 배포를 계획하는 방식에 대해서 살펴보겠습니다.

----

18 *https://oreil.ly/vwCpw*

## CHAPTER 3

쿠브플로 설치 계획

새로운 쿠브플로 설치를 계획하는 것은 여러분의 성공적인 머신러닝 운영 플랫폼을 위해 중요한 요소입니다. 이 장에서는 새로운 쿠브플로 클러스터를 계획하는 과정에서 여러분의 팀이 고려해야 할 주제들을 소개하고 다룹니다.

쿠브플로는 쿠버네티스에서 실행됩니다. 쿠버네티스에 대한 깊은 이해는 앞으로 다룰 다양한 주제, 설치, 설정 단계 개요를 진행하는 데 필수적으로 선행될 필요는 없지만 쿠버네티스에 대한 약간의 이해를 도울 수 있습니다.

또한 기존 배포된 쿠버네티스에 쿠브플로를 배포할 수도 있지만, 3장에서는 쿠브플로만을 위해 배포된 새로운 쿠버네티스라고 가정하겠습니다. 제시된 개요는 쿠브플로 설치를 위한 것이지만 기존의 쿠버네티스 환경에 쿠브플로를 배포하는 것에도 적용될 수 있습니다.

이 장에서 여러 유형의 유저를 위한 쿠브플로 설치를 다룹니다. 어떤 구성 요소들을 배포하는지, 어떻게 유저들에게 저장소가 할당되는지, 온프레미스와 클라우드의 설치가 어떻게 다른지, 보안 요구사항, 하드웨어 고려 사항 등을 다룹니다.

3.1 보안 계획

이 절에서는 기업의 쿠버네티스, 특히 쿠브플로와 관련 구성 요소의 보안 통합(인증과 승인)의 현재 상태에 대해서 검토합니다. 모든 구성 요소들의 전체적이고 완벽한 보안 접근 방식으로 제공하면 좋겠지만 이 절에서 '보안'이라는 용어는 컨테이너 보안, 디지털 서명, 암호화 등이 아닌 보통 인증과 승인을 의미합니다.

다양한 쿠브플로 구성 요소와 이들이 쿠버네티스 시스템과 어떻게 상호작용하는지 이해하는 것은 쿠브플로 설치를 운영하고 보안하고 관리하는 유용한 관점을 제공합니다. 상위 수준에서 볼 때, 쿠브플로의 구성 요소들은 두 개의 넓은 카테고리로 나뉠 수 있습니다.

- 쿠버네티스 API를 확장하는 구성 요소
- 쿠버네티스에서 실행되는 애플리케이션 구성 요소

이 장의 뒤에서 이러한 구분이 더욱 중요해질 것입니다. 특히 안전한 쿠브플로 설치를 계획할 때, 또는 다른 보안 시스템과 쿠브플로를 통합할 때 이런 구분은 더 중요해집니다.

3.1.1 쿠버네티스 API를 확장하는 구성 요소

체이너 트레이닝, MPI 트레이닝, 텐서플로 트레이닝 등 대부분 쿠브플로 트레이닝 구성 요소는 커스텀 리소스 정의(CRD)를 제공합니다. CRD의 목적은 쿠버네티스 API를 확장해 쿠버네티스가 이미 제공하는 것을 넘어서는 인프라스럭처 상태를 쓰고 그것을 달성하는 것입니다.

예를 들어 텐서플로 트레이닝 CRD는 주어진 트레이징 잡을 위해 실행되어야 하는 여러 개의 텐서플로 치프chief, 워커worker, 파라미터 서버를 설명하는 TFJob을 정의합니다. 단순히 원하는 상태를 선언하고 실행될 컨테이너를 정의하면 쿠버네티스가 트레이닝 잡에 필요한 수의 치프, 워커, 파라미터 서버의 수에 대한 정보를 얻게 됩니다. TFOperator 구성 요소는 지속적으로 TFJob 객체의 추가나 변경을 모니터링하고 그에 대응하여 쿠버네티스에 추가적인 컨테이너를 배포하고, 텐서플로의 특정 기초 요소를 컨테이너에 주입하는 등의 역할을 합니다.

CRD를 제공하기 때문에 텐서플로 트레이닝 잡(또는 체이너 트레이닝 잡, MPI 트레이닝 잡 등)을 배포하려는 사용자는 쿠버네티스에 원하는 상태의 선언만 제출하고 쿠버네티스는(CRD를 관찰하는 컨트롤러의 도움으로) 배포된 구성 요소들을 원하는 상태로 바꿀 수 있습니다. 따라서 TFJob이 쿠버네티스 API를 확장한다고 말할 수 있습니다.

3.1.2 쿠버네티스에서 실행되는 구성 요소

주피터 노트북, 하이퍼파라미터 트레이닝(캐팁), 파이프라인 등 쿠브플로의 다른 구성 요소들은 쿠버네티스에서 배포된 애플리케이션입니다. 이들은 사실 쿠버네티스 위가 아닌 다른 곳에도 독립적으로 배포될 수 있습니다. 이들은 엔드투엔드end-to-end 머신러닝 시스템을 만들기 위해 쿠브플로의 다른 영역과 통합을 목적으로 특별히 선택된 도구 모음입니다.

설치할 구성 요소 고르기

어떤 구성 요소를 설치할 지 선택하는 것은 주요 유저 커뮤니티와 보안 요구사항이라는 두 가지 요소에 의해 결정됩니다.

예를 들어 파이썬 코드를 쓰는 것이 더 편하고 컨테이너에 코드 패키지를 넣을 수 있는 사용자들은 코드를 CRD(TFJob 같은 것을 활용해서)를 이용해서 실행하는 선택을 할 것이고, 주피터 노트북이 편한 사용자들은 동작하는 주피터 노트북만 제공해도 만족할 것입니다.

보안의 관점에서는 이런 구성 요소들을 보호하기 위한 요건에도 역시 각자의 요구사항과 어려운 점이 있습니다. 이에 대해서는 이 장의 뒤에서 다룹니다.

3.1.3 배경과 동기

다양한 쿠버네티스 구성 요소 때문에 사용할 때마다 구성 요소 간의 환경에 접근하는 방식이 상당히 달라집니다.

쿠브플로는 다음과 같은 주요 사용 패턴이 있습니다.

- 쿠버네티스 API를 확장하는 CRD를 사용해 API를 이용해 쿠브플로 구성 요소와 상호작용하기
- 쿠버네티스에 배포된 애플리케이션 쿠브플로 구성 요소와 상호작용하기

각각의 워크플로는 쿠브플로 환경에서 실행하기 위해, 특히 이들을 안전한 방식으로 실행하고자 할 때 거쳐야하는 특별한 단계들이 있습니다. 구체적인 요구사항은 아니지만 쿠브플로가 올

려진 쿠버네티스 클러스터에 접근하기 위해서 게이트웨이 머신을 주로 사용합니다.

이런 접근 패턴이 쿠브플로에 어떻게 적용되는지 알아보기 전에 쿠버네티스의 애플리케이션과 쿠버네티스 자체에 접근하기 위한 방법을 살펴보는 시간이 필요합니다.

쿠버네티스 컨트롤 플레인으로 가는 모든 접근은 쿠버네티스 API를 이용해 일어납니다. API에 접근하는 가장 일반적인 두 가지 방법으로는 쿠버네티스 명령 줄 유틸리티(kubectl)와 쿠버네티스 대시보드가 있습니다.

쿠버네티스에 애플리케이션이 배포되었을 때 이 애플리케이션으로 접근은 배포 당시에 어떻게 노출되었는가에 따라 정해집니다. 예를 들어 단순한 웹 애플리케이션은 로드 밸런서가 노출하거나 쿠버네티스 인그레스가 노출할 수 있습니다. 두 가지를 구분하는 것은 미묘한 차이입니다. 로드 밸런서 시나리오는 애플리케이션으로 보내지는 요청이 쿠버네티스(쿠버네티스는 네트워킹와 네트워킹 정책 옆의 레이어 7에 있습니다)는 생략하고 지나갑니다. 반면 인그레스 시나리오 접근은 쿠버네티스 기본 요소(인그레스 컨트롤러)의 파이프라인을 통과합니다.

쿠브플로는 어떤 면에서 쿠버네티스를 확장하는 애플리케이션이라고 볼 수 있습니다. 쿠브플로는 또한 쿠버네티스에 애플리케이션을 배포하기도 하고 보안 전략 관점에서 중요한 지점이기도 합니다. 쿠브플로 설치를 적절히 보안하려면 배포된 쿠브플로 애플리케이션(주피터 허브 등)뿐 아니라 쿠버네티스 API, 즉 '컨트롤 플레인' 역시 보안되어야 합니다.

사용자가 어떤 접근 패턴을 선택하든, 보안 목표는 클러스터 접근을 보안하는 것입니다. 이러한 보안 요구사항의 근본적인 이유는 회사 정책부터 고객 데이터 보안 감사까지 다양합니다. 보안 요구사항의 주요 동기는 특히 데이터 보안입니다. 쿠브플로 설치 사용자는 매우 민감한 정보에 대한 접근(정확한 모델을 만드는 데 이 요소가 중요합니다)이 필요합니다. 또한 설치 사용자가 의도적이든 아니든 어떠한 정보를 공유할 수 있는 기능은 극도로 제한되어야 합니다.

또한 쿠브플로 특화 인프라스트럭처를 사용자가 어떻게 배포하는지에 상관없이 데이터는 HTTP 서비스와 같은 것에 부주의로 노출되지 않도록 제어해야 합니다.

3.1.4 쿠브플로와 배포된 애플리케이션

애플리케이션이 쿠버네티스에 배포되고(사용자에게 배포, 파드, 서비스를 배포하는 데 필요한 승인이 있습니다) 시작되면, 서버나 서비스가 인증과 승인에 대한 방식을 제공해야 합니다.

즉, 쿠버네티스는 사용자가 애플리케이션 인프라스트럭처에 원하는 상태를 제출하는 것을 허락할지 말지 결정하는 인프라스트럭처의 관점에서만 인증과 승인을 합니다. 그러나 이것이 승인되고 나서는 애플리케이션이 인증과 승인이 필요할 경우 스스로 이것들을 제공해야 합니다. 쿠버네티스는 이 부분은 지원하지 않습니다.

쿠버네티스 대시보드를 예로 들겠습니다. 대시보드는 쿠버네티스 API를 그래픽 사용자 인터페이스(GUI)로 사용자가 상호작용할 수 있게 하는 자바스크립트 애플리케이션입니다. 이전에 언급했듯 API 서버는 요청을 인증하도록 요구합니다. 대시보드는 인증 토큰(예를 들어 베어러bearer 토큰)[1]을 넘기지만 스스로는 그런 토큰을 얻는 자체적인 방식이 없습니다. 클라이언트고client-go[2] 인증 플러그인이 kubectl 명령어에 의해 사용될 수 있지만 대시보드에서 제공하는 그런 메서드는 없습니다.

비슷한 경험을 제공하기 위해 대시보드 HTTP 엔드포인트가 보통 리버스 프록시[3]인 인그레스를 이용해 쿠버네티스 클러스터 바깥 어디에나 노출되어 있습니다. 대시보드 애플리케이션에 요청을 포워드하기 전에 인그레스는 사용자가 인증되었는지 확인하기 위해 호출하는 OAuth 프록시를 가지고 있습니다. OAuth 프록시가 토큰이 있는지를 확인하고 없는 경우 OIDC 흐름을 시작합니다. 토큰이 브라우저 기반으로 얻어지고, 인그레스가 토큰을 확인하면 이것을 대시보드로 가는 업스트림upstream 요청으로 복사합니다. 대시보드는 그 후에 단순히 이 요청을 얻은 토큰과 함께 API 서버로 보내고 흐름은 kubectl 상호작용과 마찬가지로 지속됩니다.

다시 한번 쿠버네티스 대시보드는 쿠버네티스나 컨트롤 플레인의 핵심 구성 요소가 아니라는 것을 알아야 합니다. 대시보드는 필수 사항이 아니라 다른 배포된 애플리케이션과 마찬가지로 API 서버와 상호작용하는 자바스크립트 애플리케이션일 뿐입니다.

반대로 쿠브플로는 쿠버네티스에 배포된 애플리케이션의 집합입니다. 예를 들어 노출된 HTTP 서버인 주피터 허브(그리고 주피터 노트북)는 쿠브플로 배포의 한 부분입니다. 이러한 노출된 서버는 독립적으로 인증과 승인을 설정해야 합니다. 또한 쿠브플로 대시보드(또 다른 HTTP 서비스)는 쿠브플로의 한 부분으로 배포되며, 역시 인증과 승인을 따로 설정해야 합니다.

---

1 옮긴이_ OAuth 2.0에서 핵심적인 액세스 토큰을 말합니다(출처: *https://zetawiki.com/wiki/Bearer_Token*).

2 옮긴이_ 쿠버네티스 클러스터와 통신하기 위한 Go 클라이언트를 말합니다(출처: *https://github.com/kubernetes/client-go*).

3 옮긴이_ 컴퓨터 네트워크에서 클라이언트를 대신해서 한 대 이상의 서버로부터 리소스를 추출하는 프록시 서버의 일종을 말합니다.

여기서의 도전 과제는 이런 애플리케이션을 둘러싼 보안입니다. 승인된 사용자만 쿠브플로가 노출한 이런 애플리케이션에 접근하도록 보장해야 합니다. 이것은 컨트롤 플레인 수준에서는 다룰 수 없고 각 구성 요소(또는 아직 정해지지 않은 더 높은 수준/롤업^{roll-up}[4] 방식을 이용해서)가 해결해야 합니다.

아직 고려해야 할 추가적인 요소가 있습니다. 사용자가 본인의 컨테이너를 배포하고 그 컨테이너를 이용해 HTTP 서비스를 잠재적으로 노출할 때입니다. 이런 엔드포인트 또한 유저의 입장에서 작거나, 설정이 거의 필요 없는 보안이 필요합니다.

어떤 쿠브플로 구성 요소는 이스티오 통합을 이용해 이것을 다룰 수도 있고 다른 부분들은 커스텀 통합이 필요할 수도 있습니다.

3.1.5 통합

컨트롤 플레인 수준에서 다음을 포함하는 여러 형태의 통합이 가능합니다.

- X509 인증서
- OIDC 코넥터

X509 인증서는 다른 PKI 인증 인프라스트럭처와 같은 방식으로 동작하고 클라이언트가 쿠버네티스 컨트롤 플레인으로 인증하기 위해 유효한 인증서를 요구합니다. PKI 인프라스트럭처의 관리, 발행, 취소 그리고 다른 측면은 또 다른 주제이고 문서화가 잘 되어 있습니다.

OIDC 통합은 커버로스 티켓을 인증하고 OIDC 토큰으로 교환하는 기존의 아이덴티티 제공자 설치를 이용해 할 수 있습니다. 추가적으로 쿠브플로는 사용자들이 다양한 인증 방식을 사용하게 해주는 오픈소스 OIDC 연합 Dex와 잘 통합됩니다.

다음은 Dex가 제공하는 통합입니다.

- LDAP
- 깃허브
- SAML 2.0
- OIDC

----

[4] 옮긴이_ 매번 인증을 위해서 새로운 토큰을 발행하는 방식을 말합니다.

- 링크드인
- 마이크로소프트

보안 관련 기술 배경을 더 알고 싶다면 부록 A를 참고하세요.

3.2 사용자

쿠브플로 설치를 계획하기 전에 설치, 관리, 운영을 관장하는 사용자들과 머신러닝을 목적으로 매일 쿠브플로를 사용할 사용자 커뮤니티를 고려하는 것이 중요합니다.

이런 다른 사용자 커뮤니티의 다양한 스킬셋과 쿠브플로가 어떻게 이런 잠재적인 차이를 메울 수 있을지 이해하는 것은 각 그룹의 의견이나 지원을 증진하는 데 도움이 됩니다.

3.2.1 사용자 프로파일링

역사적으로 데이터 사이언스는 데이터 사이언티스트가 각자의 랩톱 컴퓨터와 개인 서버를 가지고 많은 경우가 아나콘다와 같은 도구를 로컬에서 사용하면서 섬처럼 떨어져 혼자 일하는 영역이었습니다. 결국에 데이터 사이언티스트가 상당한 양의 노력을 한 후에 비즈니스 라인에 유용한 모델이 만들어집니다. 데이터 사이언티스트는 프로덕션 파이프라인이나 애플리케이션에 모델이나, 모델의 결과를 애플리케이션에 통합하기 위한 방법을 찾습니다.

데이터 사이언스 워크플로와 모델 배포에 대한 기대가 더 복잡해지고 이 때문에 조직들은 모델 트레이닝과 모델 배포를 하는 인프라스트럭처를 유지하는 오버헤드로 고생합니다. 이 복잡성은 운영 팀이 지원하거나 통합하기 어려운 도구로 데이터 사이언티스트가 따로 개발을 한 후, 나중에 모델을 통합하려고 할 때 더 복잡해집니다.

이런 고전적인 예로는 데이터 사이언티스트가 특정 텐서플로 버전으로 모델을 만든 후에 고정된 웨이트의 모델 그래프를 운영 팀에 보낼 때가 있습니다. 운영 팀은 텐서플로 전문가가 아니기 때문에 보통의 웹 서버나 데이터베이스 시스템을 배포하는 표준화된 방식처럼 받은 모델을 로드할 수 없습니다. 이때 운영 팀에게 두 가지 옵션이 있습니다.

- 커스텀 모델 서빙 프로세스를 디자인, 배포, 유지하기
- 모델 결과와 통합하고자 하는 각 애플리케이션에 모델 복제하기

이 시나리오는 종종 데이터 사이언스 팀과 운영 팀을 대치하게 합니다. 데이터 사이언티스트는 모델에 특화된 배포를 기대를 하는 반면 운영 팀은 유지를 쉽게 하기 위해 배포를 일반화하고자 시도합니다.

데이터 사이언티스트와 운영 팀 간의 관계를 더 복잡하게 하는 다른 요소들로는 다음과 같은 것이 있습니다.

- 데이터 사이언티스트가 사용하는 워크플로의 도구 버전
- 모델 잡들이 GPU로 접근을 공유
- 민감한 기업 데이터와 고객 데이터로의 안전한 접근
- 공유 인프라스트럭처에 분산 트레이닝을 실행하고자는 데이터 사이언티스트
- 컨테이너 관리
- 이식성: 데이터 사이언티스트들이 퍼블릭에서 워크로드를 시도한 뒤 다시 온프레미스로 옮기는 것 또는 그 반대

더 높은 수준에서 보면 다음과 같은 요구사항을 만족하면 대부분 문제는 해결이 가능합니다.

- 데이터로 안전한 접근 제공
- 공유 멀티테넌트 컴퓨팅 인프라스트럭처 제공(예를 들어 CPU, GPU)
- 도구 버전 유연성 제공
- 모델을 배포하고 통합하기 위해 일반적으로 지원 가능한 방법 사용
- 민감한 기업 데이터와 고객 데이터로의 안전한 접근
- 모델 트레이닝과 인퍼런스가 실행되는 장소(온프레미스 대 클라우드 등) 이식성 관리하기

다행히도 적절히 설치되고 동작하는 쿠브플로 시스템은 앞서 언급한 잠재적인 문제들을 완화해줍니다. 쿠브플로는 이 모든 항목에 대한 도구를 제공합니다. 운영자로서 여러분이 집중해야 할 것은 '쿠브플로 시스템 자체와 쿠브플로가 어떻게 다양한 사용자에 영향을 미치는가'입니다.

3.2.2 다양한 스킬셋

사용자 특성을 더 잘 파악하기 위해서 사용자들을 세 가지 주요 그룹으로 나눌 수 있습니다.

- 데이터 사이언티스트
- 데이터 엔지니어[5]
- 데브옵스 엔지니어

데이터 사이언티스트는 보통 로컬에서 동작하는 파이썬 코드를 가지고 데이터 접근이 가능한 더 강력한 하드웨어에서 실행하기를 원합니다. 이러한 코드는 자신의 랩톱 컴퓨터나 서버로 옮길 수 없습니다.

데이터 사이언티스트는 보통 다음과 같은 기본 기술들을 이해합니다.

- 터미널이나 셸 스크립트로 일하기
- 파이썬
- 주피터 노트북
- 머신러닝 기초

데이터 사이언티스트는 데이터 엔지니어와 데브옵스 엔지니어의 지원을 받습니다.

데이터 엔지니어[6]는 데이터 사이언티스트[7]와 같이 일합니다(조직도 관점에서 데이터 웨어하우스 팀 하에 있거나 같은 데이터 사이언스 팀에 있을 수도 있습니다). 데이터 엔지니어는 보통 다음과 같은 것을 알고 있습니다.

- 기록 시스템의 어디에서 특정 데이터를 얻는지
- 벡터화할 수 있는 형태로 데이터를 얻는 ETL 잡 만들기
- SQL, 하둡, 카프카, 스파크, 하이브, 스쿱 그리고 다른 ETL 도구

데이터 엔지니어들은 많은 경우 데이터 웨어하우스 시스템(시스템 기록이 존재하는 곳)의 인터페이스이자 그 시스템과 데이터의 소비자입니다. 데이터 엔지니어와 데이터 사이언티스트가 함께 일할 수 있는 플랫폼이 필요하지만, 이 시스템이나 플랫폼을 만들고 지원하는 것은 또 다른 팀인 데브옵스 팀입니다.

데브옵스 엔지니어는 보통 다음과 같은 스킬이 있습니다.

- 하드웨어 관리(GPU, 드라이버, 스토리지, 네트워크)

---

5 *https://oreil.ly/S0GTp*
6 *https://oreil.ly/Xp2FV*
7 *https://oreil.ly/pZsQG*

- 네트워크
- 클러스터를 위한 공유 인프라스트럭처 관리(예를 들어 쿠버네티스, 하둡)
- 컨테이너 관리
- 일반적인 리눅스나 다른 운영체제 스킬
- 일반적인 애플케이션과 네트워크 보안에 대한 개요

데브옵스 엔지니어는 광범위한 도전 과제를 안게 됩니다. 도전 과제 중 하나는 여러 버전의 머신러닝 라이브러리를 지원하는 것입니다. 문제가 더 복잡해지는 이유는 민감한 고객 데이터를 보안하는 방식을 제공하면서 동시에 데이터 엔지니어가 데이터 사이언티스트 지원하는 워크플로를 만드는 데 유연성을 제공하는 것이 어렵기 때문입니다.

주피터 노트북 대 파이썬 코드와 같이 다른 워크플로 전략을 지원하는 인프라스트럭처를 지원하는 것 또한 균형을 맞추기 어렵습니다. 어떤 팀은 온프레미스와 클라우드 사이에 이식성을 제공하는 소프트웨어(또는 하드웨어) 스택를 운영하는 기능을 원합니다. 공유 멀티테넌트 환경에 있는 ASIC나 TPU같이 새로이 등장하는 하드웨어(그리고 관련 소프트웨어 드라이버)를 지원하는 것 또한 데브옵스 엔지니어들이 해결해야 하는 일반적인 문제입니다. 마지막으로 데브옵스 팀은 항상 멀티테넌트 환경 안에서 사용자 기반으로 안전하고 분리된 스토리지를 제공해야 합니다.

어떻게 보면 데브옵스가 가장 힘든 일이라고 볼 수도 있습니다. 머신러닝 요구사항, 데이터 보안, 시스템 이식성을 제공하는 인프라스트럭처를 제공해야 하기 때문입니다. 이 때문에 쿠버네티스와 같은 컨테이너 관리 시스템이 오늘날의 모습에 이르게 되었습니다. 또한 이것이 쿠버네티스가 계속 플랫폼으로 성장하리라 예상하는 이유입니다.

3.3 워크로드

쿠브플로가 지원할 목표 워크로드에 대해서 생각해보는 것은 어떻게 스토리지를 할당할 것인지, 즉 인프라스트럭처 위치를 고려하는 것을 도와줍니다. 여러분은 스토리지와 다른 운영 필요를 어떻게 할당할 것인지 고민해야 합니다.

이 절에서 쿠브플로의 두 가지 사용 패턴 개요를 살펴봅니다. 첫 번째는 데이터를 투입ingest하고 보관^{house}하는 것과 머신러닝을 하는 데 사용하는 패턴입니다. 두 번째는 머신러닝 기능을 제공하는 도구로 여기지만, 데이터 스토리지로는 사용하지 않는 패턴입니다.

3.3.1 클러스터 활용

쿠브플로 클러스터에 어떤 구성 요소가 설치되어 있는가에 따라 쿠브플로는 많은 문제를 해결할 수 있습니다. 다음과 같은 세 가지의 하부 패턴으로 이런 문제들을 나눠볼 수 있습니다.

- 애드혹$^{ad\ hoc}$ 탐색 데이터 사이언스 워크플로
- 매일 실행되거나 특정 시간 패턴[8]으로 실행되는 ETL과 데이터 사이언스 모델링 워크플로
- 모델 서빙(인퍼런스) 트랜잭션

이 패턴들을 더 분석하면 두 개의 그룹으로 분류할 수 있습니다.

- 배치(또는 분석) 워크로드
- 트랜잭션 워크로드

탐색 데이터 사이언스 워크로드나 시간 패턴 ETL과 데이터 사이언스 워크플로 모두 배치 워크로드$^{batch\ workload}$입니다. 배치 워크로드란 시작되고 몇 분에서 몇 시간 정도 실행되는 워크로드를 의미합니다. 이런 워크로드는 트랜잭션 워크로드보다 리소스 집합을 보통 더 긴 시간 동안 소비하는 경향이 있지만 트랜잭션 워크로드에 비해 하드웨어를 사용하는 관점에서 더 효율적입니다. 배치 워크로드는 더 많은 양의 데이터를 보통 다루기 때문에 '데이터를 디스크에서 순차적으로 읽어 디스크 송신률로 동작한다'와 같은 식으로 동작하는 것이 가능합니다. 이것은 작은 디스크 탐색보다 훨씬 효율적입니다.

> **NOTE_ 제프 딘의 'Numbers Everyone Should Know'**
> 분산 시스템에서 소프트웨어를 쓰고 하드웨어를 더 효율적으로 사용하는 것을 배우고 싶다면 제프 딘$^{Jeff\ Dean}$[9]의 글 '모두가 알아야 할 숫자'[10]를 읽어보길 추천합니다.

---

8 *https://oreil.ly/amRY0*
9 *https://oreil.ly/f0BlY*
10 *https://oreil.ly/N0lsL*

만약 쿠브플로가 외부 애플리케이션에 인퍼런스를 서빙한다면 이것은 트랜잭션 작업의 전형적인 예입니다. 트랜잭션 작업은 아주 짧은 시간 동작하고 빠른(500ms 이하) 데이터 연산을 하는 경향이 있습니다. 트랜잭션 작업을 더 효율적으로 하는 것은 그 자체로 큰 도전 과제입니다(이 주제에 대해 쓰인 많은 책들이 있습니다).

모델 인퍼런스는 입력 데이터(벡터나 텐서)가 예측 결과를 얻기 원하는 모델 사본을 호스팅하는 모델 서버로 보내지는 트랜잭션입니다. 모델 서버는 들어오는 데이터를 모델의 입력으로 사용하고 네트워크로 결과를 전송합니다. 작은 모델들(예를 들어 10만 개 파라미터의 신경망 네트워크)은 인퍼런스 레이턴시$^{inference\ latency}$가 나쁘지 않습니다(어떤 경우에는 결과를 직렬화와 역직렬화하는 시간이 대부분을 차지합니다). 그러나 큰 모델을 다룰 때(예를 들어 텐서플로 R-CNN)[11] 인퍼런스 레이턴시가 엔비디아 타이탄 X와 같은 GPU를 사용하는 데도 몇 백 밀리세컨이 걸립니다. 애플리케이션 인퍼런스 로드를 계획하는 것은 8장에서 더 다룰 것입니다. 모델 서버 인스턴스는 보통 특정 리소스 집합(예를 들어 GPU가 있는 하나의 머신)에 고정되어 있어 대부분 그냥 로드를 예측하고 모델 서버 프로세스를 실행하기 위해 특정 수의 인스턴스를 따로 준비해둘 수 있습니다.

3.3.2 데이터 패턴

데이터 활용의 종류에 따라 필요한 데이터 양이 달라집니다. 설치를 계획할 때 쿠브플로가 데이터 리포지토리(데이터 사일로$^{data\ silo}$)가 될 것인지 아니면 즉시 처리가 필요한 일시적인 스토리지만 제공할 것인지 고려하는 것은 중요합니다.

전용(dedicated) 대 일시용(transient)

사용자가 쿠브플로에 대용량의 데이터를 저장하기를 원하는 경우, 전용 데이터 스토리지를 위한 계획이 필요합니다. 이때 스페이스 프로비저닝$^{space-provisioning}$, 할당량, 그리고 전통적인 데이터 문제에 대한 질문들이 나타납니다.

쿠브플로를 데이터 리포지토리로 쓸지 말지 고려할 때, 다른 데이터 레이크나 더 큰 데이터 리포지토리가 존재하는지, 그리고 쿠브플로가 데이터를 저장하기에 맞는 장소인지를 고려해야

---

11 옮긴이_ 지역 기반 합성곱 신경망으로, 물체 탐지를 위한 모델을 말합니다(*https://oreil.ly/cVaxC*).

합니다. 만약 다른 데이터 웨어하우스나 데이터 레이크가 있다면 데이터를 여러 곳에 중복으로 복제하는 것은 의미가 없습니다. 그리고 쿠브플로는 머신러닝 목적으로 쓰일 때 필요한 데이터만 저장해야 합니다. 즉 데이터는 데이터 웨어하우스나 데이터 레이크에만 있고 그 중 하위 집합만 처리를 위해 쿠브플로로 옮겨져야 합니다. 아니면 벡터화된 데이터만 쿠브플로에 도달해야 하고 벡터화는 다른 곳에서 준비해야 합니다.

반면 쿠브플로 안에서 쓰이는 데이터가 처리된 데이터거나 저장할 곳이 없다거나 머신러닝 목적으로 특별히 처리된 데이터인 경우 쿠브플로에 장기적으로 저장하는 것이 적절합니다.

궁극적으로 쿠브플로든 다른 곳이든 데이터가 어디에 위치해야 하는지 결정하는 것은 쿠브플로가 단지 애플리케이션 레이어로 기능할 것인지 아니면 인프라스트럭처와 같이 데이터 스토리지, 컴퓨팅, 처리 기능 모두를 제공할 것인지를 고려하는 것입니다.

3.4 GPU 계획

쿠브플로 클러스터를 계획하려면 사용자들이 워크플로를 지원할 때 필요한 처리 기능을 이해해야 합니다. 프로세싱을 다루는 기본은 CPU지만 새로운 워크로드는 선형대수학 처리가 더 필요하기 때문에 오늘날에는 GPU가 점점 흔해지고 있습니다. 산업이 성장하면서 FPGA나 ASIC(텐서 처리 장치, TPU)와 같은 새로운 프로세싱 칩이 등장하고 있습니다. 이런 새로운 칩들은 현재 흔하게 사용하지는 않지만, 어느 시점이 되면 이런 칩들도 고려해야 합니다. 이제 쿠브플로 클러스터의 GPU 워크로드를 위해 고려해야 할 사항에 대해 살펴보겠습니다.

3.4.1 GPU 계획

쿠브플로의 핵심 유스 케이스는 멀티테넌트 환경에서 GPU 클러스터로 안전하면서 스케줄된 접근을 하는 것입니다. GPU를 텐서플로와 함께 사용하는 세 가지 방식이 있습니다.

- 하나의 머신, 하나의 GPU
- 하나의 머신, 여러 개의 GPU
- 하나의 GPU를 가진 여러 개의 머신

- Horovod[12]와 여러 개의 GPU를 가진 여러 개의 머신

어떤 GPU 트레이닝 전략을 취할지는 다음과 같은 고려 사항에 달려 있습니다.

- 트레이닝 데이터 사이즈
- GPU 하드웨어 셋업

많은 경우 데이터가 하나의 머신에 맞아들어갈 것이고 이때는 하나의 머신에 한 개나 여러 개의 GPU를 사용해야 합니다. 이렇게 하는 이유는 여러 개의 GPU를 가진 하나의 머신은 GPU 간 통신을 활용해서 분산 트레이닝보다 더 빠르기 때문입니다. 분산 트레이닝의 네트워크 오버헤드는 GPU 간 통신에 비교했을 때 레이턴시가 훨씬 큽니다.

그러나 하나의 머신에 저장하기에 너무 큰 데이터를 다룰 때는(1페타바이트 정도) 분산 트레이닝이 유일한 옵션입니다.

> **NOTE_ 여러 GPU와 규모 확장**
> 모든 모델 아키텍처가 머신러닝 트레이닝을 실행할 때 GPU를 더한다고 해서 선형 함수에 비례해서 빨라지는 것은 아닙니다.

GPU 유스 케이스

GPU는 다음과 같은 세 가지 주요 분야에서 워크로드를 도울 수 있습니다.

- 전통적인 HPC 애플리케이션(예를 들어 유체역학이나 단백질 접힘)
- 딥러닝과 머신러닝 모델링
- GPU를 특별히 사용하도록 만들어진 애플리케이션(예를 들어 엔비디아의 RAPIDS[13] 시스템)

대부분 딥러닝 모델은 GPU 사용에 적합한 후보입니다. 몇몇 전통적인 머신러닝 모델들 또한 GPU로 속도 향상을 할 수 있는 후보이며 아래에서 몇 개의 인기 있는 모델들에 대해 다루겠습니다. 또한 워크로드 중 HPC나 머신러닝이 아니지만 엔비디아의 새로운 RAPIDS 시스템을 이용해 속도 향상을 하고자 GPU로 이식되는 것도 있습니다.

---

12 *https://oreil.ly/Ehxij*
13 *https://rapids.ai*

GPU를 여러분의 잡에 활용하기 위한 최선의 방식은 여러분이 하고자 하는 일이 GPU 가속화에 적합한지 확인하는 것입니다. 그 일이 GPU에 적합한 후보가 아니지만 클러스터의 데이터로 접근이 필요하다면 쿠브플로에 CPU로 처리하도록 컨테이너 잡을 실행하면서 데이터를 안전하게 처리할 수 있습니다.

> **WARNING_ 쿠다 코드를 직접 써야 하나요?**
>
> 쿠다(Compute Unified Device Architecture)(CUDA) 코드를 직접 쓰는 것은 추천하지 않습니다. 선형대수학 가속화를 위해 쿠다 백엔드로 이루어진 머신러닝과 딥러닝 라이브러리가 이미 많이 있기 때문입니다.

GPU 안티 유스 케이스

GPU가 복잡한 선형대수학 문제를 가속화하기 때문에 임의의 시스템도 가속화할 수 있으리라고 가정하는 오류는 흔합니다. 시스템이 쿠다를 인식하고 쓰인 라이브러리[14]가 아니라면 GPU가 도움이 되지 않을 것입니다.

3.4.2 GPU 혜택을 받는 모델

GPU 사용의 관점에서 모델이 얼마나 내부적으로 연결되어 있는지, 모델의 메모리 스페이스가 얼마나 큰지를 고려하는 것이 중요합니다. 여러분의 모델이 수천 개의 완전히 독립적인 알고리즘/방정식이라면 각 GPU가 스스로의 문제를 빨리 풀 수는 있지만 워크로드 관리자로 결과를 보낸 뒤, 다른 배치의 할 일을 받아 와야 합니다. 인터넷을 통해 일을 얻어 오고 분산하는 SETI@Home[15] 모델을 생각해보세요. 이런 워크로드는 GPU가 많이 필요하지만 GPU끼리 통신을 할 필요는 없습니다.

대부분 딥러닝 모델은 극도로 내부가 연결되어 있으므로, GPU끼리 상호 연결되는 것이 중요합니다(하나의 모델에 여러 개의 GPU를 사용하는 경우). 엔비디아의 NVLink는 GPU가 서로 통신할 수 있도록 거대한 대역폭을 제공합니다. 그래서 여러분이 수백만 개의 입자가 서로

---

14 *https://oreil.ly/L7513*

15 옮긴이_ SETI 프로그램의 일환으로 분산 컴퓨팅 기술을 활용하여 인터넷에 연결된 컴퓨터들을 이용해 외계 지적 생명체를 탐구하는 프로젝트를 말합니다.

충돌하는 시뮬레이션을 하거나 뉴런들이 서로 신호를 주고받는 합성곱 신경망convolutional neural network(CNN)을 이용할 때, 이런 상호 연결은 중요해집니다. DGX-1, DGX-2 그리고 시스코의 HPE 박스 같은 8방향 V100 NVLink 박스에 이러한 기능이 있습니다.

예로 DGX-2는 각 GPU(각각이 6개의 NVLink 레인lane이 있습니다) 간 최대 대역폭을 제공하는 NVSwitch가 있다는 점에서 유일합니다. GPU 간 한 개 또는 두 개의 레인만 있는 일대일 연결 대신 비차단 스위치가 임의의 GPU에서 다른 GPU로 6개의 레인을 제공합니다. 이것은 모든 시스템에 512기가바이트의 메모리 스페이스를 노출하는 이차적인 이득이 있어 메모리 스페이스 간 복사를 담당하는 쿠다 메모리 관리 기능을 이용할 필요 없이 GPU가 다른 GPU의 메모리에 접근할 수 있습니다. 여러분이 GPU 메모리가 병목 현상을 일으키는 특정한 모델(NLP와 같은)을 사용한다면 이 시스템은 트레이닝을 10배까지 가속화할 수 있습니다.

알아 둘 만한 주요 딥러닝 아키텍처는 다음과 같습니다.

- 합성곱 신경망(CNN)
- 트랜스폼 아키텍처(예를 들어 트랜스포머transformer(BERT)의 양방향 인코더 표현representation)
- 장단기 메모리long short-term memory(LSTM) 네트워크

이런 모델들은 오늘날에 흔하게 쓰이고 GPU 사용을 위한 훌륭한 후보입니다. 다음 하위 절에서 아키텍처를 위한 GPU 사용에 대한 세부 사항을 살펴볼 것입니다.

CPU를 이용해서 어떤 딥러닝 모델이든 트레이닝할 수 있지만 어떤 워크로드는 GPU를 사용하는 것이 훨씬 적은 시간이 걸립니다. 딥러닝의 많은 파라미터 수와 연결 때문에 딥러닝이 보통 GPU 사용과 연관됩니다.

분산 대 멀티 GPU 트레이닝

멀티 GPU 트레이닝을 논의할 때, 때로는 분산 방식으로 트레이닝하는 것(여러 개 물리적인 머신을 사용하는 것)과 멀티 GPU 트레이닝(하나의 머신에서 여러 개의 GPU를 사용하는 것)

을 구분해야 합니다.

예를 들어 분산 텐서플로는 보통 사용자가 쿠브플로와 TFJob CRD를 사용해서 GPU가 있거나 없는 여러 개 머신에 분산 트레이닝 잡을 실행하는 것을 가리킵니다. 더 구분을 확실히 하기 위해 이렇게도 생각해볼 수 있습니다. '멀티 GPU'는 하나의 머신에 여러 개의 GPU가 탑재된 것으로 정의하고, '분산 GPU'는 GPU가 없거나 한 개 이상인 여러 개의 머신으로 정의하겠습니다.

분산 트레이닝 잡은 특히 텐서플로를 이용할 때 각 하나의 GPU를 여러 개의 호스트(분산 멀티 GPU라고 지칭하여 구별하겠습니다)를 사용하는 시나리오와 혼재해서 사용되기 때문에 앞서 언급한 정의를 특별히 강조하고 싶습니다. 분산 멀티 GPU는 엄밀히 따지자면 멀티 GPU 셋업에 속하지만, 이 경우에는 다른 실행 의미를 가지기 때문에 다른 명칭을 붙이겠습니다.

대부분('8개 이하의 GPU를 사용하는 경우'[16]로 정의합니다) 여러 개의 GPU를 탑재한 하나의 머신에서 트레이닝하는 것이 하나의 GPU를 사용하는 경우와 GPU 여러 개와 분산 텐서플로[17]를 사용하는 경우보다 빠릅니다. 네트워크 오버헤드 때문에 분산된 GPU 16개를 사용하는 것과 GPU 8개를 탑재한 한 개의 머신을 사용하는 것이 성능이 같습니다.

여러 개의 머신에서 분산 트레이닝을 해야 하는 시점은 8개 이상의 GPU를 한 번에 사용해야 할 때이고 이 시점에 16개 이상의 GPU를 사용하면 네트워크 오버헤드를 상쇄하고 확장된 규모만큼 속도 이득이 생기게 됩니다.

3.5 인프라스트럭처 계획

쿠브플로 설치를 계획할 때 쿠브플로를 실행하는 기저 인프라스트럭처 또한 고려해야 합니다. 쿠브플로는 쿠버네티스에서 실행되지만 이 절에서 설명하는 주제들이 어느 정도 핵심 쿠버네티스 개념과 겹치는 부분이 있습니다. 하지만 요구사항이나 사고 과정이 일반적인 쿠버네티스의 관점보다는 쿠브플로의 관점에서 설명될 것입니다.

---

16 *https://oreil.ly/5gWpv*

17 *https://oreil.ly/2XADm*

3.5.1 쿠버네티스 고려 사항

온프레미스든 클라우드든 어떻게 쿠브플로 설치를 할 것인지 논의의 구조를 잡으려면 논리적인 관점에서 먼저 어떻게 쿠버네티스 클러스터를 보통 마련하는지를 살펴봐야 합니다. [그림 3-1]에서 다른 종류의 클러스터가 논리 레이어로 나뉘어진 것을 볼 수 있습니다(쿠버네티스 문서 사이트에서 발췌).[18]

클라우드, 온프레미스 등 선택된 경로가 쿠버네티스, 결과적으로 쿠브플로를 만들고 관리하는 데 드는 비용을 결정합니다.

그림 3-1 쿠버네티스 클러스터를 위한 프로덕션 환경 옵션

3.5.2 온프레미스

온프레미스 인프라스트럭처에 쿠브플로 설치하는 것은 다른 온프레미스 하드웨어 설치와 같은 모든 요구사항이 필요합니다. 데이터 센터와 하드웨어, 네트워크, 소프트웨어 등을 관리하는 인력이 필요합니다. 온프레미스에 쿠브플로를 배포하는 것은 여러 사용자가 값비싼 인프라스트럭처를 공유하는 멀티테넌트 방식으로 기존의 하드웨어를 사용한다는 것을 의미합니다.

----

18 *https://oreil.ly/HDQmq*

이 절에서 '온프레미스'가 무엇을 의미하는지 설명하기 위해 온프레미스 클러스터를 사용할 수 있는 다양한 방식을 살펴보겠습니다.

엔비디아 DGX

엔비디아 DGX[19]는 딥러닝 애플리케이션을 가속화하기 위해 특화된 일반 연산 GPU를 사용하는 엔비디아 생산 서버와 워크스테이션 상품입니다. 서버는 NVLink 메시 네트워크로 연결된 HBM 2 메모리가 있는 파스칼이나 볼타 도터카드 기반 GPU가 8개 있습니다.

이 상품 라인은 딥러닝 워크로드를 위해 특화된 특별 기능이 있는 장치를 이용해 GPU와 AI 가속기의 간격을 줄이고자 했습니다. 엔비디아는 쿠브플로가 사용자를 관리하기 위한 훌륭한 방식이라고 추천합니다.

> 엔비디아 DGX 서버를 위해 쿠버네티스는 사용자들이 일을 클러스터에 효율적으로 분산하는 데 특히 유용한 방식입니다. 예를 들어 딥러닝(DL) 트레이닝 잡을 제출하면 8개의 GPU를 사용하도록 요청하고 쿠버네티스가 클러스터의 GPU가 사용 가능해지면 그에 맞춰 스케줄링합니다. 잡이 완료되면 같은 GPU를 사용하는 다른 잡이 시작할 수 있습니다. 또 다른 예로는 실시간 입력 데이터를 받고 인퍼런스 결과를 결괏값으로 내는 장기 서비스를 셋업할 수 있습니다.

> 쿠버네티스를 배포하고 DGX 서버를 클러스터로 형성하는 것은 약간의 셋업이 필요하지만 사용자들에게 각자의 머신으로 직접적인 접근을 제공하므로 선호되는 방식입니다. 사용자가 서버를 예약할 필요 없이 쿠버네티스가 사용자 일의 스케줄링을 처리합니다. 또한 쿠버네티스는 한 개의 노드를 여러 사용자가 동시에 사용할 수 있도록 나눌 수 있습니다. 이런 방식으로 GPU를 최대한 효율적으로 사용할 수 있습니다. 클러스터의 사용자 접근을 관리할 수 있고 특정 노드를 특별 사용으로 태그할 수 있으며 특정 잡이 다른 잡보다 우선순위 차지하고 잡이 네트워크 스토리지에 저장될 수 있습니다.

보통 텐서플로를 사용하고 GPU를 로컬에서 사용한다면 GPU에 직접적으로 실행하기 위해 텐서플로 설정[20]을 이용할 수 있습니다.

---

19 *https://oreil.ly/bKVsj*
20 *https://oreil.ly/wR4V2*

그러나 쿠브플로에서 실행하거나 DGX-1의 GPU를 사용할 때에는 특정 플래그가 있는 커스텀 잡 CRD YAML 파일과 쿠다 의존성이 설치된 컨테이너를 셋업하면 됩니다.

데이터 센터 고려 사항

GPU는 엄청난 양의 전력을 사용하고 어마어마한 열이 생성됩니다. 랙마다 다룰 수 있는 전력의 양과 열 분산에 따라 GPU(특히 DGX의 수)가 달라집니다. 42U 랙에 두 개의 GPU만 있는 것은 흔합니다. 엔비디아는 DGX-1과 더불어 DGX-2와 DGX-A100[21]도 판매합니다. 구성과 스토리지에 따라 추가적인 고려를 해야 합니다. 예를 들어 플래시 기반 스토리지를 인피니밴드를 통해 제공한다면 상호 연결 간의 거리, 필요한 스위치 하드웨어 등을 고려해야 합니다.

3.5.3 클라우드

GPU 워크로드가 애드혹(예를 들어 가끔 GPU를 2일 내내 실행한다)이면, GPU가 탑재된 클라우드에 머신러닝 워크로드를 실행하는 것이 더 합리적입니다. 3개의 주요 클라우드 모두 GPU를 제공합니다.

- 구글 클라우드[22]
- 마이크로소프트 애저[23]
- AWS[24]

이 클라우드에서 제공되는 통상의 엔비디아 GPU로는 다음과 같은 것이 있습니다.

- K80
- P4
- T4
- P100
- V100
- A100

---

21 *https://oreil.ly/HYaQF*
22 *https://oreil.ly/Z_srd*
23 *https://oreil.ly/Lg2xG*
24 *https://oreil.ly/Vc0Xh*

여러분은 어떤 GPU에 여러분의 워크로드를 실행할지 고려해야 하고 어떤 인스턴스(예를 들어 애저 GPU[25])에 워크로드를 실행할지도 고려해야 합니다.

> **딥러닝 클라우드 이미지 실행하기**
>
> 데이터 사이언티스트가 '클라우드에서 GPU 실행'하는 것을 흔하게 들을 수 있지만 이미지를 실제로 실행하는 것은 생각보다 어려울 수 있습니다. 시작할 때 유용한 팁은 설치할 때 생길 수 있는 많은 골칫거리를 생략할 수 있도록 선택한 클라우드를 위해 이미 만들어진 이미지(예를 들어 'Deep Learning VM'[26])를 찾는 것입니다.

클라우드 특성상 전통적인 데이터 센터를 위한 고려 사항이 없습니다. 하지만 클라우드로 데이터를 전송하는 것(데이터는 다른 데이터 센터나 다른 온프레미스에서 온다고 가정했을 때)은 여전히 고려해야 합니다. 많은 클라우드 제공사들이 정확히 그 목적을 위해 자사 클라우드 전용 상호 연결을 제공합니다.

클라우드에서 GPU를 사용할 때 고려해야 할 또 다른 사항은 GPU가 처리할 수 있는 데이터의 속도입니다. GPU 클러스터가 플래시, 초저 레이턴시 고속 스토리지로 상호 연결된 완전한 온프레미스 설치에서 GPU는 데이터를 매우 빠르게 얻을 수 있습니다. 클라우드는 특히 클라우드 제공사에 따라, 몇십 배, 몇백 배의 추가적인 오버헤드가 있을 수 있습니다. 이런 결과는 트레이닝 시간과도 연관되어 아주 큰 모델이나 방대한 양의 데이터에 트레이닝할 때만 문제가 될 수 있습니다.

3.5.4 위치

쿠브플로 그리고 쿠버네티스를 위한 인프라스트럭처 위치 선택은 자본 대 운영비(CapEx[27] 대 OpEx[28])의 문제로 치환될 수 있습니다. 확실히 클라우드는 탄력성이나 유연성에 커다란 이점이 있고, 온프레미스 솔루션은 다른 비즈니스나 규제 요구사항 문제를 해결할 수 있다는 이점

---

25 *https://oreil.ly/zH2Mz*

26 *https://oreil.ly/aiMTf*

27 옮긴이_ 설비 투자 비용

28 옮긴이_ 운영 비용

이 있습니다.

궁극적으로는 어디에 기저 인프라스트럭처가 놓이든 쿠브플로는 쿠버네티스에서 실행되고 이때문에 이식성의 정도가 커집니다. 어떤 시점에서든 쿠브플로 설치가 클라우드에서 온프레미스로, 또는 온프레미스 설치에서 클라우드로, 또는 심지어 둘 사이로 확장이 가능하다고 할 수 있습니다.

3.6 컨테이너 관리

컨테이너 이미지를 위한 퍼블릭 레지스트리와 프라이빗 레지스트리가 있습니다. 도커는 현재 가장 인기 있는 컨테이너 플랫폼이고 'Dockerhub.com'은 퍼블릭 컨테이너를 위한 주요 리포지토리입니다. 도커 허브는 컨테이너 이미지를 저장하고, 검색하고, 찾는 리포지토리를 제공합니다.

다른 리포지토리로는 구글의 컨테이너 레지스트리와 온프레미스 아티팩토리Artifactory 설치가 있습니다. 특별히 명시되지 않으면 도커 허브는 도커가 이미지를 추출하는 기본 장소입니다.

여러 종류의 잡(예를 들어 파이썬에서 텐서플로로 모델을 트레이닝하는 기본적인 잡)은 도커 허브나 구글 컨테이너 레지스트리[29]를 활용할 수 있습니다. 그러나 여러분의 코드가 더 민감한 경우, 아티팩토리와 같은 온프레미스 레지스트리같이 다른 방식을 고려해야 합니다.

3.7 Knative를 이용한 서버리스 컨테이너 운영

쿠브플로가 내부적으로 사용하는 핵심 구성 요소는 Knative입니다. 이 절에서는 사용자가 Knative의 역할에 대해서 일반적으로 인지할 수 있도록 Knative 라이트를 다루겠습니다.

Knative는 서버리스, 선언형, 컨테이너 기반 워크로드를 쿠버네티스에서 실현하는 구성 블록입니다. 제공되는 기초 구성 블록은 다음을 포함합니다.

---

29 *https://oreil.ly/M3Boj*

- 쿠버네티스 이벤트 트리거event-triggered 기능
- 0에서 확장하거나 0으로 규모 축소
- GPU와 TPU를 위한 큐queue 기반 오토스케일링

전통적인 워크로드 스케일링은 규모 대비 비용이 계단 함수step-function입니다. 이것은 Knative가 선형적인 방식으로 서버리스 스케일링을 할 수 있는 기능과 대비됩니다. Knative는 핵심 미들웨어 구성 요소부터 어디에서나(온프레미스, 클라우드) 실행할 수 있어 현대적이고, 소스 중심적이며, 컨테이너 기반인 애플리케이션을 만드는 것까지 제공합니다.

또한 Knative는 쿠브플로에서 Blue-Green 배포[30]를 이용해 트래픽을 라우팅하고 관리합니다. 쿠브플로는 KFServing에서 트래픽 지시에 따라 오토스케일 워크로드를 동적으로 증가시키고 감소시키는 데 Knative를 사용합니다.

Knative의 핵심 요소는 다음과 같습니다.

- 이벤팅Eventing: 이벤트 관리와 전달
- 서빙Serving: 요청에 의한 컴퓨팅(0으로 규모 축소)

Knative 이벤팅을 사용하면 이벤트 소스에 선언적으로 구독을 생성할 수 있고, 엔드포인트로 이벤트를 라우팅할 수 있습니다. Knative 서빙은 쿠버네티스에 상태가 없는 서비스를 더 쉽게 제공합니다. Knative 서빙은 오토스케일링, 네트워크, 롤아웃rollout[31]을 관리하기 쉽게 합니다.

3.8 규모와 성장

예측forecasting은 이전에 배운 개념을 '규모 확장에 적용하는 연습'이라고 할 수 있습니다. 만약 3.7절에서 다룬 내용처럼, 여러분의 클러스터에서 볼 법한 사용자 그룹이 프로파일링된 워크로드를 요약하면 다음과 같이 말할 수 있습니다.

- 사용자가 데이터 사이언스를 하면서 다른 아이디어를 시도해보거나 몇 분에서 몇 시간이 걸리는 배치 트레이닝 잡을 시작하는 기간이 있을 것입니다.

....

30 옮긴이_ Blue-Green 배포는 애플리케이션 또는 마이크로서비스의 이전 버전에 있던 사용자 트래픽을 이전 버전과 거의 동일한 새 버전으로 점진적으로 이전하는 애플리케이션 릴리스 모델입니다(출처: 레드햇 문서).
31 옮긴이_ 새로운 제품, 서비스, 시스템을 처음으로 접근 가능하게 하는 것

- 배치 워크로드가 매일 실행되는 잡의 그룹(ETL, 데이터 사이언스)이 있습니다.
- 리소스 집합을 유지하며 항상 모델 서버 프로세스를 실행하는 트랜잭션 워크로드가 있습니다.

그래서 모델 서버(트랜잭션) 부분을 제외하면, 애드혹 잡이나 스케줄링된 잡을 위한 배치 워크로드를 모델링하는 것에 집중할 수 있습니다.

애드혹 탐색 데이터 사이언스 잡은 이상적으로 서로 다른 사용자 하위 그룹 레인을 생성해서한 명의 사용자가 클러스터를 거대한 잡 하나로 독차지할 수 없게 합니다. 이런 탐색 잡은 데이터 사이언스 조직의 미래 결과를 나타내지만, 현재 조직의 성과를 희생하면서까지 실행할 수는없습니다. 그래서 매일 실행되어야 하는 스케줄링된 잡과 정해진 시간 안에 끝내야 하는 스케줄링된 잡을 위해 따로 레인을 생성해야 합니다.

3.8.1 예측

컴퓨팅 시간을 계획하는 연습으로, 24시간 구간이 있고 각 행이 사용자 그룹([그림 3-2]를 참고)인 스프레드시트를 만드는 것이 좋습니다. 일상적으로 실행하는 잡을 그 자체의 그룹으로잡고, 첫 번째 그룹으로 입력합니다.

	A	B	C	D	E	F	G
1							
2							
3		시간	1:00 AM	2:00 AM	3:00 AM	4:00 AM	5:00 AM
4		매일 실행되는 잡	5	5	5	0	0
5		탐색 데이터 사이언스	0	0	2	2	8
6							
7							

그림 3-2 클러스터 예측 스프레드시트 예제

생각나는 다른 그룹을 스프레드시트 다음 행에 나열합니다. 각 셀에는 해당 시간에 각 그룹이필요할 GPU 인스턴스 수를 더합니다. 다른 겹치는 시간 구역과 근무 팀이 잡을 실행하는 시간대 때문에 24시간 시간 블록으로 연습을 하는 것이 좋습니다.

모든 그룹을 행에 적고, 그룹당 모든 시간 블록을 채우고 나면 같은 열에 있는 숫자들을 더합니다. 가장 큰 값을 가진 셀의 숫자가 여러분 조직에서 일반적인 날의 최고 GPU 사용량입니다.

여러분의 팀이 지금으로부터 1년 후 필요를 예측하기 위해 이 스프레드시트를 복사하고 셀당 성장 메트릭(그룹마다 다를 것입니다)을 더합니다. 이 두 개의 스프레드시트가 오늘날 그리고 지금으로부터 1년 후의 최고 사용량을 제시합니다.

이 두 숫자는 쿠브플로를 클라우드에서 운영하는 클라우드 비용이든 온프레미스 하드웨어 비용이든 GPU를 어떻게 계획할 지에 대한 좋은 예측치를 제시합니다.

3.8.2 스토리지

쿠브플로 클러스터는 컴퓨팅이 많은 워크로드를 다루는 경향이 있고 이 절에서 지금까지는 사용자들이 필요하게 될 컴퓨팅 비용에 대한 규모에 집중했습니다. 그러나 컴퓨팅은 데이터 없이 존재할 수 없고 그래서 얼마나 많은 양의 데이터를 처리할지 고려해야 합니다.

스토리지를 위한 핵심 고려 요소들은 다음과 같습니다.

- 데이터 인제스트율(하루당, 일 년당)
- 저장 시스템의 현재 전체 데이터 크기
- 잡당 평균 데이터 크기
- 잡당 중간 데이터 평균 크기
- 디스크에 있는 파일 크기 압축 효과
- 저장 시스템의 레플리케이션 요인[32]

이런 사용되는 이런 요인들의 예시는 [그림 3-3]에서 볼 수 있습니다.

----

32 *https://oreil.ly/rz7Mk*

고려 사항	값	단위
데이터 투입률(하루당, 일 년당)	100	MB / day
현재 저장 시스템 전체 데이터 크기	30	GB
잡당 평균 데이터 크기	500	MB
잡당 중간 데이터 평균 크기	100	MB
	0%	no compression
디스크에 있는 파일 크기 압축 효과	1	
평균 동시 사용자 수	5	
추산된 연말 전체 데이터 사이즈	65.64	GB
예측된 저장 데이터 연 성장률	118.82	%
추산된 필요 잡 데이터 스토리지 양	2.93	GB
예상 전체 필요 스토리지	68.57	GB

그림 3-3 클러스터를 위한 스토리지 예측 스프레드시트 예제

하루당 인제스트율을 365일로 곱하고 기존의 저장된 데이터에 더하면 연말에 얼마나 공간이 필요할지 대략적으로 알 수 있습니다. 저장된 데이터 이상으로 잡을 실행하는 데 필요한 공간 (잠재적으로는 데이터를 처리하면서 필요한 데이터 복제본)과 잡이 만들어내는 중간 결과물인 데이터도 고려해야 합니다. 이 세 개의 숫자를 모두 더하면 연말에 필요한 전체 데이터 스토리지를 위한 예측을 얻습니다.

이 숫자는 완벽하지는 않지만 대략적인 예측치를 제시합니다. 또한 여러분은 저장하는 것 외에도 운영을 위해 추가적인 공간이 필요하다는 것도 고려해야 합니다. 그래서 하드웨어를 구매할 때(또는 클라우드 프로비전을 구매할 때) 이 숫자(예측값)보다 더 많은 양의 공간을 염두에 두어야 합니다.

3.8.3 스케일링

지속적으로 실행되는 대부분의 시스템을 위해서 규모나 성장 계획을 세우고 난 뒤 어떤 종류로, 얼마나 많은 머신이 필요한지 직접적인 고려를 합니다. 이것을 직접적 예측에 기반한 '계획된 스케일링planned scaling'이라고 부르고 대부분 시스템은 이런 식의 계획이 필요합니다.

이와 대비되는 개념은 시스템에 배포된 특정 종류의 코드나 기능에 대해 자동적으로 프로비저

닝하는 동적 스케일링dynamic scaling 시스템입니다. 동적 스케일링의 예로는 변화하는 요구에 따라 더 많은 트래픽을 다루기 위해 더 많은 웹 서버를 그룹에 추가하는 AWS[33]가 있습니다.

더 많은 수용력을 필요로 하면 온프레미스에서 클라우드로 워크로드가 이동하는 새로운 디자인 패턴도 있지만 대부분 산업 인프라스트럭처를 다룰 때에는 계획된 스케일링 상황을 이야기합니다.

> **WARNING_ 스케일링을 과장 광고하는 경우**
>
> '스케일링'이라는 용어는 종종 여기저기서 발견되고 혼재된 의미로 사용됩니다. 산업의 어떤 서비스 공급 업체들은 그들의 애플리케이션이 한계 없이 스케일할 수 있다는 이미지를 주고 싶어합니다. 네트워크 스위치에 한계가 있기 때문에 보통 이것은 사실이 아닙니다. 하나 이상의 컴퓨팅 노드에 연산을 병렬화하는 것은 다음과 같은 병목 현상을 겪을 수 있습니다.
>
> - 알고리즘 디자인
> - GPU 메모리 전송률
> - 신경망 네트워크 아키텍처 디자인
> - 통신 오버헤드
>
> 대가가 없는 향상은 있을 수 없기 때문에 항상 주의해서 스케일링 보장을 이해해야 합니다.

3.9 마치며

이 장에서 보안에 대한 논의로 시작해 쿠브플로 배포를 계획할 때 생각해야 할 주제들을 순차적으로 다뤘습니다. 이 장의 어떤 부분은 상황에 따라 달라지는 정보(배경지식)이지만, 쿠브플로 배포를 디자인할 때 주의해야 하는 인사이트를 제공합니다.

다음 장에서는 실제로 쿠브플로 배포 방법에 대해 알아보겠습니다.

---

33 https://oreil.ly/jGyRL

## CHAPTER 4

온프레미스에 쿠브플로 설치

4장에서는 쿠브플로를 기존의 온프레미스 쿠버네티스 클러스터에 설치하는 기초를 살펴보겠습니다. 이 장은 여러분이 이미 쿠버네티스에 대한 배경지식과 온프레미스나 클라우드 등 기존 쿠버네티스 클러스터로 접근이 가능하다는 것을 가정합니다. 또한 Minikube[1], kubeadm-dind[2]와 같은 러닝 환경 옵션도 존재합니다.

그리고 여러분이 소프트웨어 인프라스트럭처 설치 과정에 익숙하고 명령 줄 인터페이스로 일할 수 있다고 가정합니다. 복습이 필요하다면 다음 절에서 쿠버네티스를 위한 기본 명령어 몇 개를 복습하겠습니다.

4.1 쿠브플로 명령어

쿠브플로가 쿠버네티스와 긴밀하게 통합되어 있으므로 어떤 설치를 하든 쿠버네티스 핵심 명령어 몇 개를 알아야 합니다. 이 절에서는 다음과 같은 명령어를 살펴봅니다.

- kubectl
- docker

---

1 *https://oreil.ly/qxeMk*
2 *https://oreil.ly/-_kn1*

이 장에서 쿠버네티스의 어떤 부분을 온프레미스 설치 시 신경써야 하는지 세부 사항을 안내하겠습니다. 먼저 핵심 명령 줄 도구부터 설치하면서 시작하겠습니다.

4.1.1 kubectl 설치

kubectl은 쿠버네티스 클러스터 관리자를 제어합니다. kubectl은 쿠버네티스 클러스터에 명령을 실행하는 커맨드라인 인터페이스입니다. kubectl을 이용해서 쿠버네티스에 애플리케이션을 배포하고 관리합니다. kubectl을 사용하면 다음과 같은 일을 할 수 있습니다.

- 클러스터 리소스 검사
- 구성 요소 생성
- 구성 요소 삭제
- 구성 요소 업데이트

더 완벽한 kubectl의 기능 목록은 이 웹 페이지[3]에서 확인하면 됩니다.

kubectl은 쿠버네티스와 쿠브플로 운영의 기초 도구이고 쿠브플로 구성 요소를 배포하고 잡을 실행하는 과정에서 많이 사용됩니다.

macOS에 kubectl 설치

macOS에 kubectl을 설치하는 쉬운 방법은 brew 명령어[4]를 사용하는 것입니다.

```
brew install kubernetes-cli
```

kubectl을 설치하면 쿠버네티스 클러스터와 통신하기 위한 허가가 필요합니다.

Kubectl과 콘텍스트 이해

kubectl은 디스크에 저장된 로컬 콘텍스트 파일을 이용하여 원격 클러스터에 어떻게 통신할지 알아냅니다. 공통 ID 아래에 있는 접근 파라미터 그룹을 확인하는 데 사용되는 kubectl 파

---

3 *https://oreil.ly/_7vWy*

4 *https://oreil.ly/wpoIr*

일의 엔트리를 kubectl 콘텍스트라고 정의하겠습니다. 각 접근 파라미터 그룹 또는 콘텍스트에는 다음과 같은 3개의 파라미터가 있습니다.

- 클러스터
- 네임스페이스
- 사용자

로컬 kubeconfig 파일의 기본 위치는 ~/.kube/config(또는 $HOME/.kube/config)입니다. KUBECONFIG라는 변수를 이용하거나 --kubeconfig[5] 플래그[6]를 이용해 이 위치를 정할 수 있습니다.

여러 개의 설정 파일을 사용할 수 있지만 현재는 기본 설정 파일만 고려하겠습니다. 어떤 경우에는 여러 개의 클러스터를 가지고 일해야 하고, 그 클러스터들의 콘텍스트 정보가 이 파일에 있습니다.

현재 kubectl 설정을 보기 위해서는 다음과 같은 명령어를 사용합니다.

```
kubectl config view
```

결괏값은 아래와 같습니다.

```
apiVersion: v1
clusters:
- cluster:
    certificate-authority: /home/ec2-user/.minikube/ca.crt
    server: https://172.17.0.3:8443
  name: kubeflow
contexts:
- context:
    cluster: kubeflow
    user: kubeflow
  name: kubeflow
current-context: kubeflow
kind: Config
preferences: {}
```

---

5 *https://oreil.ly/kYaR0*

6 *https://oreil.ly/n5oV6*

```
users:
- name: kubeflow
  user:
    client-certificate: /home/ec2-user/.minikube/profiles/kubeflow/client.crt
    client-key: /home/ec2-user/.minikube/profiles/kubeflow/client.key
```

로컬 파일에 현재 몇 개의 콘텍스트가 있는지에 따라 달라질 수 있지만 결괏값의 내용은 어떤 클러스터에 지금 연결되어 있는지, 그리고 현재 콘텍스트에 어떤 설정이 되어 있는지를 보여줍니다. kubectl로 콘텍스트 시스템에 할 수 있는 명령어에 대한 정보를 더 얻으려면 온라인 리소스[7]을 확인하는 것을 추천합니다.

kubectl 콘텍스트 파일을 이용해 다음과 같은 정보를 정리할 수 있습니다.

- 클러스터
- 사용자
- 네임스페이스
- 인증 방식

이제 콘텍스트 파일과 kubectl를 사용하는 몇 가지 구체적인 방식을 살펴보겠습니다.

현재 콘텍스트 받기

현재 콘텍스트를 알고 싶다면 다음과 같은 명령어를 사용합니다.

```
kubectl config current-context
```

결괏값은 다음과 비슷할 겁니다.

```
kubeflow
```

이 결괏값은 컨텍스트 파일에 있는 콘텍스트 그룹의 ID를 제공합니다. kubectl은 그 ID로 나타나는 클러스터에 쿠버네티스 명령어를 보낼 것입니다.

---

7 *https://oreil.ly/v1TNQ*

콘텍스트 파일에 클러스터 추가

로컬 콘텍스트 파일에 새로운 쿠버네티스 클러스터를 추가하려면 set-cluster, set-credentialis, set-context 명령어를 사용합니다.

```
kubectl config \
  set-cluster NAME \
  [--server=server] \
  [--certificate-authority=path/to/certificate/authority] \
  [--insecure-skip-tls-verify=true]
kubectl config \
  set-credentials NAME \
  [--client-certificate=path/to/certfile] \
  [--client-key=path/to/keyfile] \
  [--token=bearer_token] \
  [--username=basic_user] \
  [--password=basic_password] \
  [--auth-provider=provider_name] \
  [--auth-provider-arg=key=value] \
  [--exec-command=exec_command] \
  [--exec-api-version=exec_api_version] \
  [--exec-arg=arg][--exec-env=key=value] \
  [options]
kubectl config \
  set-context [NAME ¦ --current] \
  [--cluster=cluster_nickname] \
  [--user=user_nickname] \
  [--namespace=namespace] \
  [options]
```

set-context 명령어에서 NAME 파라미터는 set-credentials 명령어를 사용해서 설정된 인증서 이름입니다.

뒷부분에서는 퍼블릭 클라우드에서 어떻게 인증서를 가져오고 자동으로 로컬 콘텍스트 파일로 쿠버네티스 콘텍스트를 추가하는지 살펴보겠습니다.

콘텍스트 바꾸기

기본 콘텍스트를 바꿔서 다른 쿠버네티스 클러스터를 가리키게 하려면 다음 명령어를 사용합니다.

```
kubectl config use-context [my-cluster-name]
```

이제 kubectl을 통한 모든 명령어가 이전에 ID [my-cluster-name]으로 추가한 클러스터로 갈 것입니다.

4.1.2 kubectl 사용

이제 다음과 같은 몇 가지 클러스터 정보를 얻는 명령어를 실행해서 kubectl를 사용합니다.

- 현재 실행 중인 서비스
- 클러스터 정보
- 현재 실행 중인 잡

현재 실행 중인 서비스 얻기

클러스터가 동작하고 구성 요소들이 실행 중인 것을 확인하기 위해서 다음 명령어를 사용합니다.

```
kubectl -n kubeflow get services
```

클러스터에 설치한 구성 요소들과 일치하는 실행 중인 구성 요소 목록을 볼 수 있습니다(예제 4-1).

예제 4-1 명령어로 확인한 서비스 목록

```
NAME                                          TYPE        PORT(S)           AGE
admission-webhook-service                     ClusterIP   443/TCP           2d6h
application-controller-service                ClusterIP   443/TCP           2d6h
argo-ui                                       NodePort    80:30643/TCP      2d6h
centraldashboard                              ClusterIP   80/TCP            2d6h
jupyter-web-app-service                       ClusterIP   80/TCP            2d6h
katib-controller                              ClusterIP   443/TCP,8080/TCP  2d6h
katib-db-manager                              ClusterIP   6789/TCP          2d6h
katib-mysql                                   ClusterIP   3306/TCP          2d6h
katib-ui                                      ClusterIP   80/TCP            2d6h
kfserving-controller-manager-metrics-service  ClusterIP   8443/TCP          2d6h
kfserving-controller-manager-service          ClusterIP   443/TCP           2d6h
```

```
kfserving-webhook-server-service.              ClusterIP   443/TCP            2d6h
metadata-db.                                   ClusterIP   3306/TCP           2d6h
metadata-envoy-service.                        ClusterIP   9090/TCP           2d6h
metadata-grpc-service.                         ClusterIP   8080/TCP           2d6h
metadata-service.                              ClusterIP   8080/TCP           2d6h
metadata-ui.                                   ClusterIP   80/TCP             2d6h
minio-service                                  ClusterIP   9000/TCP           2d6h
ml-pipeline                                    ClusterIP   8888/TCP,8887/TCP  2d6h
ml-pipeline-ml-pipeline-visualizationserver    ClusterIP   8888/TCP           2d6h
ml-pipeline-tensorboard-ui.                    ClusterIP   80/TCP             2d6h
ml-pipeline-ui.                                ClusterIP   80/TCP             2d6h
mysql                                          ClusterIP   3306/TCP           2d6h
notebook-controller-service                    ClusterIP   443/TCP            2d6h
profiles-kfam                                  ClusterIP   8081/TCP           2d6h
pytorch-operator                               ClusterIP   8443/TCP           2d6h
seldon-webhook-service                         ClusterIP   443/TCP            2d6h
tensorboard                                    ClusterIP   9000/TCP           2d6h
tf-job-operator                                ClusterIP   8443/TCP           2d6h
```

이것으로 여러분이 배포한 서비스들이 현재 실행 중인 것을 확인할 수 있습니다.

클러스터 정보 얻기

실행 중인 클러스터의 상태를 다음의 명령어로 확인할 수 있습니다.

```
kubectl cluster-info
```

[예제 4-2]와 비슷한 결과를 볼 수 있습니다.

예제 4-2 kubectl 클러스터 정보 결과

```
Kubernetes master is running at https://172.17.0.3:8443
KubeDNS is running at https://172.17.0.3:8443/api/v1/namespaces/kube-system...
To further debug and diagnose cluster problems, use kubectl cluster-info dump.
```

현재 실행 중인 잡 얻기

보통 kubectl 명령어로 YAML 파일에 기반해 잡을 실행할 수 있습니다.

```
kubectl apply -f https://github.com/pattersonconsulting/tf_mnist_kubflow_3_5...
```

이제 쿠브플로 클러스터에 잡이 실행되었습니다. 원격 클러스터이기 때문에 잡이 실행되고 콘솔에 출력이 되지는 않습니다. 잡의 상태를 다음과 같은 명령으로 확인할 수 있습니다.

```
kubectl -n kubeflow get pod
```

콘솔의 결과는 [예제 4-3]과 비슷하게 나타날 겁니다.

예제 4-3 현재 실행 중인 잡의 kubectl 결괏값

NAME	READY	STATUS	RESTARTS	AGE
admission-webhook-deployment-f9789b796-95rfz.	1/1	Running	0	2d6h
application-controller-stateful-set-0	1/1	Running	0	2d6h
argo-ui-59f8d49b9-52kn8	1/1	Running	0	2d6h
centraldashboard-6c548fc6dc-pzskh	1/1	Running	0	2d6h
jupyter-web-app-deployment-657bf476db-v2xgl.	1/1	Running	0	2d6h
katib-controller-5c976769d8-fcxng	1/1	Running	1	2d6h
katib-db-manager-bf77df6d6-dgml5	1/1	Running	0	2d6h
katib-mysql-7db488768f-cgcnj.	1/1	Running	0	2d6h
katib-ui-6d7fbfffcb-t84xl	1/1	Running	0	2d6h
kfserving-controller-manager-0	2/2	Running	1	2d6h
metadata-db-5d56786648-ldlzq.	1/1	Running	0	2d6h
metadata-deployment-5c7df888b9-gdm5n	1/1	Running	0	2d6h
metadata-envoy-deployment-7cc78946c9-kcmt4	1/1	Running	0	2d6h
metadata-grpc-deployment-5c8545f76f-7q47f	1/1	Running	0	2d6h
metadata-ui-665dff6f55-pbvdp.	1/1	Running	0	2d6h
minio-657c66cd9-mgxcd.	1/1	Running	0	2d6h
ml-pipeline-669cdb6bdf-vwglc	1/1	Running	0	2d6h
ml-pipeline-ml-pipeline-visualizationserver...	1/1	Running	0	2d6h
ml-pipeline-persistenceagent-56467f8856-zllpd.	1/1	Running	0	2d6h
ml-pipeline-scheduledworkflow-548b96d5fc-xkxdn	1/1	Running	0	2d6h
ml-pipeline-ui-6bd4778958-bdf2x	1/1	Running	0	2d6h
ml-pipeline-viewer-controller-deployment...	1/1	Running	0	2d6h
mysql-8558d86476-xq2js.	1/1	Running	0	2d6h
notebook-controller-deployment-64b85fbc84...	1/1	Running	0	2d6h
profiles-deployment-647448c7dd-9gnz4	2/2	Running	0	2d6h
pytorch-operator-6bc9c99c5-gn7wm.	1/1	Running	30	2d6h
seldon-controller-manager-786775d4d9-frq9l	1/1	Running	0	2d6h
spark-operatorcrd-cleanup-xq8zb.	0/2	Completed	0	2d6h

```
spark-operatorsparkoperator-9c559c997-mplrh.    1/1    Running    0     2d6h
spartakus-volunteer-5978bf56f-jftnh.            1/1    Running    0     2d6h
tensorboard-9b4c44f45-frr76.                    0/1    Pending    0     2d6h
tf-job-operator-5d7cc587c5-tvxqk                1/1    Running    33    2d6h
workflow-controller-59ff5f7874-8w9kd            1/1    Running    0     2d6h
```

텐서플로 잡이 텐서플로 연산의 확장으로 실행되므로, 다른 쿠브플로 구성 요소와 함께 파드로 나타납니다.

4.1.3 도커 사용

도커는 쿠버네티스와 같은 컨테이너 오케스트레이션 시스템에서 가장 흔하게 사용되는 컨테이너 시스템입니다. 컨테이너를 시작하기 위해서는 이미지를 실행해야 합니다. 이미지에는 실행 가능한 이미지로 애플리케이션을 실행하는 데 필요한 모든 것(코드, 런타임, 라이브러리 등)이 포함됩니다. 텐서플로 잡은 각 컨테이너 안에서 실행할 텐서플로 라이브러리 의존성과 파이썬 트레이닝 코드 같은 것을 포함합니다.

도커 허브[8]는 컨테이너 이미지를 저장하고, 검색하고, 추출하기 위한 리포지토리를 제공합니다. 다른 리포지토리로는 구글 컨테이너 레지스트리[9]와 온프레미스 아티팩토리 설치[10]가 있습니다.

기본 도커 설치

어떻게 도커를 설치하는지에 대한 과정은 도커 문서 페이지[11]를 참조하세요.

도커가 설치된 것으로 가정하고 이제부터 몇 가지 기본 도커 명령어에 대해 알아보겠습니다.

----

8 *https://hub.docker.com/*

9 *https://oreil.ly/mhxjQ*

10 *https://oreil.ly/vy458*

11 *https://oreil.ly/g0PVW*

기본 도커 명령어

build 명령어 세부 사항은 도커 문서 페이지[12]를 참고하세요.

다음의 명령어는 로컬 디렉터리에 있는 dockerfile을 이용해 이미지를 만들고 [account]/[repository]:tag: 태그를 부여합니다.

```
docker build -t "[account]/[repository]:[tag]" .
```

이 도커 명령어로 만든 컨테이너를 리포지토리에 푸시하기 위해서는 다음과 같은 명령어를 사용합니다.

```
docker push mike/kubeflow:dist_tf_estimator
```

다음의 명령어는 이전 단계에서 만든 컨테이너 이미지를 가져와 쿠브플로 리포지토리 아래의 아티팩토리안의 mike 계정에 푸시합니다. 또 dist_tf_estimator라는 태그를 추가합니다.

```
docker push mike/kubeflow:dist_tf_estimator
```

이제 도커를 이용해 텐서플로 컨테이너를 만드는 부분으로 넘어가겠습니다.

도커를 이용한 텐서플로 컨테이너

기존 텐서플로 컨테이너 이미지 기반으로 도커 컨테이너 이미지를 만들 때 다음을 주의해야 합니다.

- 원하는 텐서플로 버전
- 컨테이너 이미지가 파이썬2 기반인지 파이썬3 기반인지
- 컨테이너 이미지가 CPU를 사용할 것인지 GPU를 사용할 것인지

여러분이 기존 텐서플로 컨테이너를 사용해 만들거나 또는 gcr.io나 도커 허브에서 다운로드한다고 가정하겠습니다. 기존 텐서플로 컨테이너 이미지의 좋은 예들을 도커 허브의 텐서플로

---

12 *https://oreil.ly/n-z8a*

리포지토리[13]에서 확인할 수 있습니다.

> **NOTE_ 컨테이너, GPU, 파이썬 버전**
>
> 파이썬2와 파이썬3의 이름을 짓는 규칙은 리포지토리마다 다를 수 있기 때문에 각 컨테이너 리포지토리를 확인해야 합니다. 컨테이너 이미지 안에서 GPU 연결을 위해서는 **-gpu** 태그가 있는 옳은 베이스 이미지를 사용해야 합니다.

이제 명령 줄에서 실행하는 쿠브플로 설치 과정을 살펴보겠습니다.

4.2 기본 설치 과정

쿠브플로 기본 설치 과정은 다음과 같습니다.

- 쿠브플로 아티팩트 시작하기
- 아티팩트 커스터마이징하기
- 쿠브플로 아티팩트를 클러스터에 배포하기

다음 절에서 각각의 단계들을 더 자세히 설명하겠습니다.

4.2.1 온프레미스에 설치

쿠브플로를 온프레미스에 설치하기 위해서는 다음과 같은 주제들을 고려해야 합니다.

- 쿠버네티스 클러스터를 만들 때 고려 사항
- 클러스터로의 게이트웨이 호스트 접근
- 액티브 디렉터리 통합과 사용자 관리
- 커버로스 통합
- 러닝 대 프로덕션 환경
- 스토리지 통합

---

13 https://oreil.ly/F-sF_

쿠버네티스 클러스터를 셋업하는 여러 가지 방식에 대해서 살펴보며 시작하겠습니다.

4.2.2 쿠버네티스 클러스터를 만들 때 고려 사항

온프레미스에 쿠브플로 설치를 어떻게 셋업할 것인지 논의하려면 클러스터가 어떻게 논리 레이어로 나뉘는지 설명한 다이어그램을 다시 볼 필요가 있습니다(그림 4-1).

그림 4-1 쿠버네티스 클러스터를 위한 프로덕션 환경 옵션(출처: 쿠버네티스 문서)[14]

쿠브플로는 클러스터의 애플리케이션 레이어에 존재하고 쿠브플로를 장기적인 파드와 서비스의 집합으로 설치합니다.

> **NOTE_ 쿠버네티스 용어 사전**
> 쿠버네티스에 대해 알아야 할 용어나 개념이 많습니다. 이런 용어들이 헷갈릴 때는 쿠버네티스 프로젝트 웹사이트에 있는 문서의 쿠버네티스 표준 용어집[15]을 참고하세요.

---

14 *https://oreil.ly/xR_Mf*
15 *https://oreil.ly/OgQVr*

따라서 쿠브플로는 기존의 쿠버네티스 클러스터에 설치해야 합니다. 컨트롤 플레인이나 클러스터 인프라스트럭처의 위치는 다음과 같은 설치 디자인 결정에 많은 영향을 미칠 수 있습니다.

- 네트워크 토폴로지^{topology}
- 액티브 디렉터리 통합
- 커버로스 통합

이제 클러스터로 가는 게이트웨이 호스트 접근을 셋업하는 데 필요한 것들을 살펴보겠습니다.

4.2.3 쿠버네티스 클러스터 게이트웨이 호스트 접근

대부분의 공유 멀티테넌트 엔터프라이즈 시스템에는 클러스터에 접근하는 데 사용되는 게이트웨이 호스트가 있습니다. 쿠버네티스 시스템에 쿠브플로를 설치하는 목적으로 같은 패턴의 셋업이 필요합니다.

보통 게이트웨이 호스트 머신은 다음과 같은 리소스가 필요합니다.

- 쿠버네티스 클러스터로의 네트워크 접근
- kubectl을 설치하고 로컬에 설정하기

kubectl이 명령을 네트워크를 통해서 보내야 하기 때문에 쿠브플로가 설치된 쿠버네티스 클러스터로의 네트워크 접근이 필요합니다. 게이트웨이 호스트가 아닌 방식으로 머신에 컨테이너를 만드는 방법들이 있지만 IT 부서가 어떻게 셋업을 해두었는지에 따라 달라집니다.

게이트웨이 호스트가 이런 요구사항을 만족하는 로컬 머신인 것도 좋습니다.

4.2.4 액티브 디렉터리 통합과 사용자 관리

대부분 조직에서 액티브 디렉터리 설치로 사용자들을 관리합니다. 대부분 기업의 소프트웨어 시스템은 사용자들이 쿠버네티스나 쿠브플로 같은 시스템을 사용하도록 액티브 디렉터리 설치와 통합이 필요합니다.

액티브 디렉터리와 통합된 쿠버네티스 클러스터에 접근하는 조직의 사용자 경험을 살펴봅시다.

쿠버네티스, kubectl, 액티브 디렉터리

쿠버네티스 클러스터에 접근하려면 사용자는 보통 기업 IT 팀에 클러스터 접근 요청을 정식으로 해야 합니다. 접근 권한을 받은 후, 사용자가 클러스터 접근을 위한 적절한 액티브 디렉터리 그룹에 추가됩니다.

인증서 집합을 사용해서 사용자가 게이트웨이 호스트에 접근하고 일반 인증서를 사용해 즉시 로그인 한 후에 커버로스 티켓이 부여됩니다. 나중에 쿠버네티스 클러스터에 인증에 이 티켓을 사용합니다.

필요한 바이너리들(kubectl과 플러그인), 필요한 kubeconfig(쿠버네티스 설정)을 사용자들이 설정해야 합니다. kubeconfig가 설정되고 나면, 사용자들은 적절한 kubectl 명령어에만 신경 쓰면 됩니다.

4.2.5 커버로스 통합

기업의 IT 팀은 커버로스가 클라이언트/서버 애플리케이션(예를 들면 쿠버네티스 노드)에 사용되도록 고안되었기 때문에 비밀 키 암호화를 사용하는 강한 인증을 제공하기 위해 커버로스를 네트워크 인증 프로토콜에 흔히 사용합니다. 커버로스 웹사이트에는 다음과 같이 설명되어 있습니다.

> 커버로스는 MIT에서 네트워크 보안 문제의 해결책으로 만들었습니다. 커버로스 프로토콜은 강력한 암호화를 사용해 클라이언트가 서버에(그 반대도) 아이덴티티를 증명합니다. 클라이언트와 서버가 커버로스를 이용해 아이덴티티를 증명한 후에는 프라이버시와 데이터 무결성을 확실히 지키기 위해 모든 통신을 암호화할 수도 있습니다.

쿠버네티스는 OpenID Connect(OIDC)라는 더 현대적인 접근에 기반해 있기 때문에 기본적으로 쿠버네티스는 커버로스를 직접 통합하는 방식을 제공하지 않습니다.

커버로스를 쿠버네티스와 함께 사용하는 한 방식은 OIDC 토큰과 커버로스 티켓을 교환하는 것입니다. 먼저 기존 커버로스 인증서를 사용해 OIDC 토큰 제공자에 인증을 받고 커버로스 인증을 사용해 OIDC 토큰으로 교환 받습니다. kubectl 플러그인을 사용해서 이 과정을 이루는 것이 이 예제[16]를 통해 확인 가능합니다.

4.2.6 스토리지 통합

기본적인 쿠브플로는 특별히 데이터 스토리지의 개념이 없고 기저의 쿠버네티스 클러스터가 어떤 스토리지 옵션이 있는지 정의하도록 합니다.

쿠브플로 설치와 실행 중인 잡을 셋업할 때 다음을 고려해야 합니다.

- 클러스터에서 접근 가능한 스토리지 종류
- 잡에 가장 적합한 데이터 접근 패턴
- 데이터 스토리지를 위한 보안 고려 사항

데이터를 저장하는 방식은 데이터에 어떻게 접근하느냐와 밀접한 관련이 있으므로 스토리지를 디자인할 때는 데이터에 어떻게 접근할지를 생각해야 합니다. 데이터 접근 패턴과 관련된 잡의 종류는 다음과 같습니다.

- 쿠버네티스에서 하나의 컨테이너로 실행될 파이썬(또는 다른) 코드
- 특정 쿠브플로 오퍼레이터(예를 들어 TFOperator 또는 PyTorchOperator)에 실행되는 컨테이너
- 주피터 노트북에서 실행되는 파이썬 코드

세 개의 잡 모두 다음과 같은 두 가지 측면을 고려해야 합니다.

- 실행 중인 코드의 모델링 파워에 충분한 대역폭을 잡에 제공하고 있는가?
- 파일시스템 시맨틱이나 네트워크 호출을 이용해 스토리지 레이어를 통합하고 있는가?

쿠브플로 잡을 위한 잡 대역폭과 스토리지에 대해서 살펴보겠습니다.

쿠브플로 잡 대역폭 생각하기

2장에서 하나부터 여러 개까지, 그리고 분산 GPU가 어떻게 잡에 영향을 미치는지 이야기했습니다. GPU는 데이터가 필요하므로 굉장히 빠른 스토리지 하위시스템을 제공하는 것은 중요합니다. 여러분은 GPU가 데이터를 기다리는 상황을 원치않습니다.

---

16 *https://oreil.ly/7SWux*

주어진 잡이 많은 데이터를 가지고 트레이닝을 한다면 이 잡이 GPU 필요를 충족하는 높은 대역폭의 스토리지 솔루션이 필요하다고 여길 수 있습니다. 반면 잡이 컴퓨팅이 많아서 데이터가 GPU에 도착하는 속도가 중요하지 않을 수도 있습니다. 이런 경우는 이 잡을 저대역폭의 잡이라고 생각할 수 있습니다.

쿠브플로 잡의 일반적인 스토리지 접근 패턴

쿠브플로 잡이 스토리지에 접근하는 두 가지 주요한 방식이 있습니다.

- 네트워크나 인터넷을 통한 네트워크 호출 사용
- 파일시스템 시맨틱을 사용

잡이 사용자의 인증서(코드나 설정에 인증서를 저장하는 것이 상관없다면)를 사용해 네트워크/인터넷을 통해 데이터를 가져온다면 파일시스템 시맨틱이나 쿠버네티스 수준에서 쿠버네티스 마운트 지점을 신경 쓰지 않아도 됩니다.

이 경우 코드가 데이터를 로컬에 가져오기 위해 모든 네트워크 호출을 처리하지만 클러스터의 호스트가 외부로의 네트워크 연결이 필요합니다. 이런 예제는 S3, SFTP, 서드 파티 시스템 등에서 스토리지 접근을 하는 것 일 수 있습니다.

로컬 마운트 지점을 이용해 데이터 파티션(예를 들어 랩톱 컴퓨터 로컬에 있는 파이썬이나 주피터 노트북이 로컬 파일시스템을 사용하는 방식과 비슷하게)에 접근하고 싶다면 쿠버네티스 파드와 컨테이너 레벨에서 퍼시스턴트볼륨클레임(PVC)을 이용해 스토리지를 프로비저닝해야 합니다.

쿠브플로 스토리지를 위한 옵션

쿠버네티스 자체는 저장 메커니즘을 충분하게 제공합니다. 더 많은 정보는 여기[17]에서 찾을 수 있습니다. 가장 기본적인 수준에서 스토리지는 특정 쿠버네티스 워커 노드에 로컬로 연결된 스토리지(예를 들어 로컬 연결 임시 볼륨) 또는 특히 스토리지 하위시스템이 제공하는 퍼시스턴트 스토리지의 레이어로 생각할 수 있습니다.

쿠브플로 콘텍스트에서는 광섬유로 연결된 스토리지 어레이와 같은 빠른 속도의 스토리지 하

---

17 https://oreil.ly/Kw49W

위시스템을 선호합니다. 이런 스토리지는 GPU의 필요를 충족시키는 일정한 고대역폭의 스토리지 매개체를 제공합니다.

그러한 고대역폭 시스템의 몇 가지 예로는 다음을 포함합니다.

- 넷앱NetApp AFFA800
- 시스코 플렉스파드Cisco FlexPod
- 플레시블레이드FlashBlade

5장부터 7장에서 퍼블릭 클라우드의 관리형 쿠버네티스를 위한 각 핵심 저장 시스템의 세부 사항을 더 제공하겠습니다.

퍼시스턴트볼륨클레임과 쿠브플로 스토리지

쿠브플로는 기본적으로 퍼시스턴트볼륨(PV)[18]과 퍼시스턴트볼륨클레임(PVC)을 저장에 사용합니다. 한예로, 사용자가 주피터 노트북 서버를 배포하면, 동적으로 스토리지를 할당하거나 기존의 퍼시스턴트볼륨클레임을 사용하는 옵션이 주어집니다.

할당된 '1기가바이트의 공간'과 같이 PV가 단순히 어딘가에 있는 스토리지를 나타낸다는 것은 PVC와의 차이점입니다. 실제로 그 저장 공간을 활용하려면 그 스토리지에 대한 클레임을 만들어야 합니다. 클레임이 만들어지면 쿠버네티스가 그 클레임의 수명 동안 특정 보증을 제공하고 기저 스토리지가 보존됩니다. 그러므로 쿠버네티스 콘텍스트에서 단순히 PV를 얻는 것만으로 충분치 않고 그 스토리지에 대해서도 PVC를 얻어야 합니다.

사용자가 스토리지를 동적으로 프로비저닝한다면 쿠브플로는 자동적으로 새로 할당된 스토리지의 PVC를 생성하고 나중에 이것이 여러 가지 파드, 주피터 노트북 등에 사용 또는 재사용될 수 있습니다. 만약 사용자가 주피터 노트북과 같은 쿠브플로 환경을 셋업할 때 기존의 PVC를 제공하고 싶다면 쿠브플로에 제공되는 것은 PV가 아니라 PVC입니다.

4.2.7 컨테이너 통합과 아티팩트 리포지토리

컨테이너 이미지가 저장될 장소가 필요하기 때문에 컨테이너 관리는 쿠브플로와 쿠버네티스

---

18 *https://oreil.ly/Hv2Im*

(또는 컨테이너 오케스트레이션 시스템)가 핵심입니다. 컨테이너 이미지는 컨테이너 이미지를 정의하는 설정 파일(예를 들어 도커 파일)과 다르다는 것을 확실히 알아야 합니다. 설정 파일(도커 파일)을 github.com과 같은 소스 제어 리포지토리에 푸시할 수 있지만 바이너리 아티팩트(예를 들어 컨테이너 이미지)를 관리할 다른 리포지토리가 필요합니다.

특히 이후 쿠버네티스에 배포하기 위해 모든 컨테이너 애플리케이션 이미지를 저장하고 관리할 장소가 필요합니다.

컨테이너 이미지를 위한 두 가지 종류의 아티팩트 리포지토리가 있습니다.

- 퍼블릭 컨테이너 이미지 리포지토리(또는 레지스트리)
- 프라이빗(그리고 온프레미스) 컨테이너 이미지 리포지토리(또는 레지스트리)

퍼블릭 리포지토리/레지스트리는 보통 인터넷에서 접근하고 모든 사람이 컨테이너를 볼 수 있습니다(최소한 프리 티어free tier에서는). 가장 인기 있는 퍼블릭 아티팩트 리포지토리/레지스트리는 도커 허브로 알려진hub.docker.com입니다.

프라이빗 리포지토리/레지스트리 역시 인터넷 호스팅될 수 있거나 온프레미스에 호스팅일 수도 있습니다. 프라이빗 리포지토리와 레지스트리를 생성하고 관리하는 세부 사항과 구현은 각 구현마다 다릅니다.

쿠브플로의 중요한 핵심은 모든 컨테이너 이미지를 컨테이너 리포지토리의 어디에선가 풀pull 한다는 것을 이해하는 것입니다. 기본적으로 쿠브플로는 모든 컨테이너 이미지를 구글 컨테이너 레지스트리(gcr.io)에서 풀합니다. 쿠브플로는 컨테이너 레지스트리 장소를 지정하는 메커니즘을 제공합니다.

내부 컨테이너 리포지토리 셋업

JFrog 아티팩토리 OSS[19]는 온프레미스 컨테이너 애플리케이션 레지스트리를 위한 오픈소스 옵션입니다(오픈소스 버전[20]에서 상업 업그레이드 버전도 있습니다).

아티팩토리(또는 도커 이미지)를 다운로드하기 위해 웹사이트[21]를 확인하세요. 아티팩토리를

----

19 *https://oreil.ly/qkP4c*
20 *https://oreil.ly/bI57S*
21 *https://oreil.ly/gQi7W*

온프레미스에 설치하려면 컨플루언스 문서[22]를 확인하세요. 아티팩토리는 다음을 지원합니다.

- 솔라리스
- macOS
- 윈도우
- 리눅스

아티팩토리 의존성은 로컬 데이터베이스(기본은 임베디드 더비 데이터베이스), 파일스토어 (로컬 FS가 기본) 그리고 HTTP 서버 통합을 포함합니다.

4.3 쿠브플로 접근과 상호작용

쿠브플로를 이용해 일하는 주요한 두 가지 방식이 있습니다.

- CLI, 주로 kubectl 도구 또는 kfctl 도구를 사용
- 웹 브라우저, 쿠브플로 웹 사용자 인터페이스 사용

각각의 세부 사항을 다음 하위 절에서 다루겠습니다.

쿠브플로를 설치하는 것, 쿠브플로 구성 요소를 업그레이드하는 것 등의 쿠브플로 관리는 kfctl 도구를 이용한다는 것을 기억해야 합니다. 반면 클러스터가 현재 어떤 일을 하는지 kubectl 도구를 통해 확인할 수 있습니다.

4.3.1 자주 쓰이는 명령어

kubectl은 쿠브플로의 명령 줄 옵션에서 기본적인 도구입니다. 4.1절에서 kubectl을 이용해 쿠버네티스 기반 클러스터에서 할 수 있는 주요한 일들을 다시 살펴보았습니다. 쿠브플로에 kubectl로 실행할 수 있는 관련 오퍼레이션은 다음과 같습니다.

- 클러스터에 보통 파이썬 또는 다른 코드가 있는 기본 컨테이너 실행하기
- TFJob과 같은 특수한 쿠버네티스 오퍼레이터에 컨테이너 그룹을 실행하기

---

22 *https://oreil.ly/25K8f*

첫 번째 경우, 많은 실무자들이 GPU에서 파이썬 코드를 실행하고 싶어합니다. 이때 적절한 의존성을 가진 컨테이너를 생성하고 이것을 쿠브플로가 있는 쿠버네티스 클러스터에 실행해야 합니다.

두 번째 경우, 잡 YAML 파일에 TFJob과 같은 목표 쿠버네티스 커스텀 오퍼레이터에 지시하면 텐서플로 분산 트레이닝과 같은 특별한 컨테이너 코디네이션coordination 모드를 활용할 수 있습니다.

4.3.2 웹 사용자 인터페이스 접근

쿠브플로가 제공하는 핵심 웹 리소스는 쿠브플로 대시보드 사용자 인터페이스입니다. 이것은 쿠브플로가 제공하는 모든 웹으로 접근이 가능한 리소스의 링크가 있습니다. [그림 4-2]에서 대시보드가 어떻게 보이는지 확인할 수 있습니다.

1장에서 논의했듯 이 대시보드는 쿠브플로 사용자들에게 웹에서 접근 가능한 다른 관련 리소스를 효율적으로 보여주는 빠른 테이블입니다.

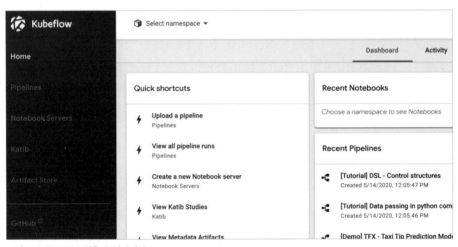

그림 4-2 쿠브플로 사용자 인터페이스

4.4 쿠브플로 설치

이 절에서는 쿠브플로 설치에 요구되는 단계들을 논의하겠습니다.

4.4.1 시스템 요구사항

이 글을 쓰는 시점에 쿠버네티스 클러스터는 다음과 같은 최소한의 요구사항을 만족해야 합니다.

- CPU 4개
- 50GB 스토리지
- 12GB 메모리

추천하는 쿠버네티스 버전은 1.14입니다. 쿠버네티스 1.14에서 쿠브플로가 검증되고 테스트 되었습니다. 여러분의 클러스터는 최소 쿠버네티스 버전 1.11에서 실행되어야 하며, 쿠브플로 는 쿠버네티스 1.16에서는 동작하지 않습니다.

4.4.2 셋업과 배포

쿠브플로를 설치하는 것은 다음과 같은 단계가 필요합니다.

- kfctl 도구 다운로드 받기
- 쿠브플로 아티팩트 준비하기
- 아티팩트를 클러스터에 배포하기

호환되는 시스템(리눅스나 macOS)을 사용해 깃허브[23]의 쿠브플로 배포 페이지에서 kfctl 도구를 다운로드합니다. [예제 4-4]를 참고하세요.

예제 4-4 kfctl 바이너리 다운로드하고 언팩하기[24]

```
$ cd ~/bin
$ curl -LOJ https://github.com/.../kfctl_v1.0.2-0-ga476281_linux.tar.gz
$ tar zxvf kfctl_v1.0.2-0-ga476281_linux.tar.gz
```

---

23 *https://oreil.ly/vwCYT*

24 *https://github.com/kubeflow/kfctl/releases/download/v1.0.2/kfctl_v1.0.2-0-ga476281_linux.tar.gz*

도구를 다운로드 받은 후, 아티팩트를 포함하고 쿠브플로를 위한 모든 커스터마이징이 된 작업 디렉터리가 생성됩니다. [예제 4-5]에서 사용자의 홈 디렉터리에 있는 **kf** 디렉터리를 사용하겠습니다(**~/kf**).

예제 4-5 작업 디렉터리 생성하기

```
$ mkdir ~/kf
$ cd ~/kf
```

아직 쿠브플로를 설치할 준비되지 않았습니다. [예제 4-6]과 같이 다운로드하고 준비할 첫 번째 매니페스트manifest를 지정하면 됩니다.

예제 4-6 쿠브플로 설치 준비하기[25]

```
$ cd ~/kf
$ ~/bin/kfctl build -V -f "https://raw.githubusercontent.com/..."
```

명령어는 **kustomize** 디렉터리를 생성하고, 디렉터리는 쿠브플로가 배포할 모든 템플릿들을 포함합니다. 이 단계에서 어떤 커스터마이징이든 할 수 있습니다.

예를 들어 사용할 커스텀 컨테이너 레지스트리를 설정하려면 **kfctl** 도구를 사용할 수 있습니다. [예제 4-7]의 명령어가 기본 컨테이너 레지스트리를 **gcr.io**에서 **hub.docker.com**으로 바꿔줍니다.

예제 4-7 커스텀 컨테이너 레지스트리 지정하기

```
$~/bin/kfctl alpha set-image-name hub.docker.com
```

준비가 되면, [예제 4-8]와 같이 쿠브플로를 **kfctl apply** 명령어를 이용해 배포할 수 있습니다.

예제 4-8 쿠브플로 배포하기

```
$ ~/bin/kfctl apply -V -f kfctl_istio_dex.v1.0.2.yaml
```

----

25 *https://raw.githubusercontent.com/kubeflow/manifests/v1.0-branch/kfdef/kfctl_istio_dex.v1.0.2.yaml*

4.5 마치며

이 장에서 쿠브플로를 온프레미스에 배포하는 실질적인 단계를 살펴보았습니다. 많은 사용자
들이 클라우드로 바로 넘어가길 원하지만 여전히 많은 기업의 상황에 온프레미스 설치가 필요
합니다. 다음 장에서는 클라우드 배포를 위한 설치를 다루고, 4장에서 소개한 개념을 더 상세
히 배워보겠습니다.

## CHAPTER 5

구글 클라우드 쿠브플로 운영

5장에서는 이미 배웠던 개념과 주제를 계속 적용하고, 클라우드에 쿠브플로를 배포하는 방법에 대해 살펴보겠습니다. 대부분의 조직은 기술의 차이나 특정 제공 업체의 역사와 신념 등을 바탕으로 3대 주요 클라우드를 선호합니다. 보통 '어떤 클라우드를 조직이 선호하는가?'라는 질문을 하는 경우가 매우 많습니다.

호스팅된 VM을 제공하는 곳은 많지만 쿠브플로 운영 목적을 논의하기 위해 다음의 주요 3대 클라우드 제공 업체에 집중하도록 하겠습니다.

- 구글 클라우드 플랫폼(GCP)
- 애저 클라우드 플랫폼
- 아마존 웹 서비스(AWS)

다른 제공 업체들도 관리형 쿠버네티스를 서비스로 제공하고 있고, 쿠브플로를 배포하기에 좋은 후보 업체가 될 수 있지만 여기서는 '빅 3' 클라우드에 집중하겠습니다. 각 클라우드마다 어떻게 관리형 쿠버네티스가 배포되는지, 클라우드의 어떤 제품이 통합과 관련있는지에 집중하겠습니다.

이 장에서 구글 클라우드를 위한 쿠브플로 운영에 관련된 구성 요소를 살펴보고, 클라우드의 구체적인 부분도 살펴봅니다. 쿠브플로는 관리형 구글 쿠버네티스 엔진Google Kubernetes Engine(GKE)을 이용해 GCP에서 실행될 수 있습니다. 먼저 GCP를 살펴보며 시작하겠습니다.

5.1 구글 클라우드 플랫폼 개요

구글 클라우드 플랫폼(GCP)은 다음을 포함하는 모듈 서비스의 집합입니다.

- 컴퓨팅
- 데이터 스토리지
- 데이터 분석
- 머신러닝

이런 서비스들은 서버, 메모리, 하드디스크, 가상 머신과 같은 가상 리소스 등의 물리적 자산의 집합을 나타냅니다. 이런 자산은 세계 곳곳의 구글 데이터 센터에 있고, 각 데이터 센터는 글로벌 리전^{region}에 속합니다.

각 리전은 존^{zone}의 집합이고 같은 리전 안의 다른 존[1]들과는 분리되고 구별됩니다. 존 식별자는 리전 ID와 리전 안의 존을 나타내는 글자의 조합입니다. 예로 리전 'us-east1'의 존 'c'의 전체 ID는 us-east1-c입니다.

다른 리전은 다른 종류의 리소스가 접근 가능합니다(예를 들어 어떤 리전은 특정 종류의 GPU나 다른 스토리지 옵션이 없습니다).

> **NOTE_ 전 세계 구글 클라우드 위치 확인하기**
> 구글 클라우드의 위치 페이지[2]에서 접근 가능한 모든 리전과 존을 확인할 수 있습니다.

기본 클라우드 인프라스트럭처에 제공되는 주요 서비스는 다음과 같습니다.

- 구글 앱 엔진^{Google App Engine}(GAE)
- 구글 컴퓨팅 엔진^{Google Compute Engine}(GCE)
- 구글 쿠버네티스 엔진(GKE)
- 구글 클라우드 스토리지^{Google Cloud Storage}
- 클라우드 DNS
- 클라우드 콘솔
- 클라우드 셸

---

1 *https://oreil.ly/Jus_-*
2 *https://oreil.ly/k4T1Y*

- 클라우드 API
- 클라우드 IAM[Identity and Access Management]
- 클라우드 아이덴티티 인지 프록시[Identity-Aware Proxy](IAP)

모든 서비스를 나열한 것은 아니지만 GCP에 있는 서비스 중 쿠브플로와 쿠버네티스 운영과 관련된 서비스들을 강조했습니다. 다음 세부 절에서는 쿠브플로와 관련된 몇 가지 서비스들을 더 자세히 살펴보겠습니다.

5.1.1 스토리지

구글 클라우드 스토리지는 데이터를 저장하고 접근하게 해주는 구글 클라우드 플랫폼을 위한 객체 스토리지 서비스입니다. 구글 클라우드 스토리지는 서비스형 인프라스트럭처[infrastructure as a service](IaaS)이며 구글 클라우드 플랫폼의 보안 기능과 함께 확장성과 성능 조합을 제공합니다. 아마존 S3가 셋업되는 것과 비슷하게 구글 클라우드 스토리지도 유일한 키로 식별되는 버킷으로 나뉩니다. 각각의 버킷에는 개별적인 객체가 있습니다.

모든 객체는 다음 패턴과 같은 HTTP URL을 사용해서 주소를 지정 가능합니다.

- http://bucket.storage.googleapis.com/object
- https://storage.cloud.google.com/bucket/object
- https://storage.googleapis.com/bucket/object

구글 스토리지 서비스는 4가지 종류의 스토리지[3]를 제공합니다.

- 멀티 리전[multi-region] 스토리지
- 리전[region] 스토리지
- Nearline 스토리지[4]
- Coldline 스토리지[5]

이 모든 종류의 스토리지가 로 레이턴시[low-latency]와 높은 내구성을 제공합니다. 특정 데이터셋을 위해서 어떤 스토리지를 사용할지 결정할 때, 얼마나 자주 그 데이터셋에 접근하는지를 중

---

3 *https://oreil.ly/MOnfD*

4 *https://oreil.ly/TmzVQ*

5 *https://oreil.ly/0B5hM*

요하게 고려해야 합니다.

만약 여러분이 글로벌 서비스를 만들고 있고 여러 지역에서 같은 데이터에 접근한다면 멀티 리전 스토리지를 사용할 것입니다. 예를 들어 글로벌 서비스에서 비디오 파일을 서빙하고 있다면 유럽의 사용자들이 미국 데이터 센터에서 데이터를 가져오는 것은 좋지 않기 때문에 멀티 리전 버킷을 사용하는 것이 적합합니다. 하나의 리전에서 실행 중이라면(트레이닝의 경우 이것이 일반적입니다) 리전 스토리지로 충분합니다.

구글 클라우드 DataProc이나 구글 컴퓨팅 엔진 인스턴스로 데이터를 처리할 때는 리전 스토리지를 사용하는 것이 좋습니다. 데이터를 한 달에 한 번만 접근하는 경우 Nearline 스토리지를 사용하는 것이 좋습니다. 데이터를 일 년에 한 번만 접근하도록 계획한 경우(예를 들어 장애 복구) 4개의 옵션 중 가장 저렴한 Coldline 스토리지를 사용하면 됩니다.

> **NOTE_ 객체 스토리지 대 블록 스토리지**
> GCP 객체 스토리지[6]와 GCP 블록 스토리지를 모두 고려하고 있는 경우, 블록 스토리지의 주요 이점은 쿠버네티스 PVC를 이용해서 마운트할 수 있다는 점입니다. 결과적으로 블록 스토리지는 POSIX 시맨틱을 제공하고 POSIX 호환 파일 라이브러리(예를 들어 파이썬 File 라이브러리)를 이용할 수 있습니다. 반면 GCS 읽기/쓰기에는 특별한 라이브러리가 필요합니다.

구글 스토리지 업로드 작업은 원자적[atomic][7]이어서, 업로드 작업을 하기 위한 강력한 쓰기 후 읽기 일관성[strong read-after-write consistency][8] 모델을 제공합니다. 앞에서 설명했듯 구글 스토리지 API는 스토리지 종류에 관계없이 일관성이 있습니다.

> **NOTE_ 구글 스토리지 가격 정책 이해하기**
> 구글 클라우드 스토리지의 가격 정책이 어떤지 세부 사항을 확인하기 위해 구글 클라우드 페이지[9]를 확인하세요.

---

6 *https://oreil.ly/1gf9Z*

7 옮긴이_ 방해받지 않고 실행되는 작업을 '원자적'이라고 합니다.

8 옮긴이_ *https://aws.amazon.com/ko/blogs/korea/amazon-s3-update-strong-read-after-write-consistency*

9 *https://oreil.ly/v_cvq*

5.1.2 구글 클라우드 아이덴티티 인지 프록시(IAP)

쿠브플로는 사용자들이 로컬 머신에서 접근할 수 있는 여러 개의 웹 애플리케이션(예를 들어 쿠브플로 대시보드, 주피터 노트북, 파이프라인 사용자 인터페이스 등)과 API(예를 들어 파이프라인, 캐팁 API)로 이루어져있습니다. 안전한 다중 사용자 배포를 제공하려면 다음 두 가지 문제를 해결해야 합니다.

인증

사용자의 아이덴티티를 확인할 수 있고, 사용자의 아이덴티티를 안 뒤 그 사용자에 적합한 특정 정보를 보여줄 수 있어야 합니다(예를 들어 사용자가 만든 주피터 노트북이나 파이프라인만 그 사용자에게 보여줍니다).

승인

쿠브플로와 쿠브플로 안의 서비스 접근을 사용자의 아이덴티티에 따라 제한합니다.

쿠브플로는 인증과 승인을 다루는 이식 가능 아키텍처를 제공합니다. 이 아키텍처는 특정 클라우드나 온프레미스 배포를 위해 추천되는 솔루션을 통합하기 쉽게 합니다.

구글 클라우드 플랫폼에서는 클라우드 IAP를 인증과 승인을 위해 추천합니다. 쿠브플로가 IAP로 보안이 되면 IAP 보안 웹 앱 사용자 IAM 역할이 있는 사용자만이 쿠브플로에 접근할 수 있습니다. 이외의 모든 접근은 거절됩니다. 더 나아가 이 모든 접근은 실제 쿠브플로 서비스에 도달하기도 전에 구글 클라우드의 확장성이 좋은 IAM 서비스에서 다루게 됩니다.

[그림 5-1]에서 어떻게 클라우드 IAP가 인증과 승인 흐름을 관리하는지 확인할 수 있습니다.

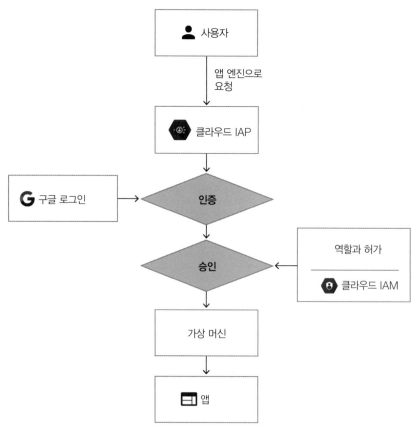

그림 5-1 구글 클라우드 IAP 인증과 승인 흐름

IAP는 서명된 JSON 웹 토큰(JWT)를 요청에 추가합니다. 쿠브플로 서비스는 이 JWT를 사용해서 다음과 같은 일을 합니다.

- 사용자 식별하기(예를 들어 사용자 특화된 커스텀 리소스 뷰를 생성하기 위해)
- 세분화된 승인 수행하기

[그림 5-1]에서 볼 수 있듯 애플리케이션으로 사용자 접근을 허가한 뒤 사용자가 클라우드 IAP 보안이 적용된 애플리케이션에 접근하려고 할 때마다 클라우드 IAP가 인증과 승인 확인을 실행합니다.

5.1.3 구글 클라우드 보안과 클라우드 아이덴티티 인지 프록시

구글 클라우드 앱 엔진 표준 환경, 앱 엔진 가변형 환경, 컴퓨팅 엔진, GKE에서 실행되는 애플리케이션 접근을 관리하기 위해 구글은 클라우드 IAP를 사용하는 것을 추천합니다. 클라우드 IAP가 HTTP로 접근하는 쿠브플로와 같은 애플리케이션을 위한 중앙 승인 레이어central authorization layer를 만들기 때문에 애플리케이션 수준 접근 제어 모델을 사용할 수 있습니다. 이것은 네트워크 수준의 방화벽을 사용하는 것을 대체할 수 있습니다.

사용자가 애플리케이션과 리소스에 대한 접근 제어 정책을 사용하도록 하려면 클라우드 IAP를 사용해야 합니다. IAP를 이용하면 예를 들어 데이터 사이언티스트 그룹과 같은 하나의 그룹만 시스템에 접근할 수 있고 다른 시스템으로 일하는 엔지니어 그룹은 쿠브플로를 사용할 수 없도록 그룹 정책을 셋업할 수 있습니다. [그림 5-2]에서 클라우드 IAP가 인증과 승인 흐름을 어떻게 제어하는지 확인할 수 있습니다.

그리고 [그림 5-2]에서 확인할 수 있듯 일단 사용자가 애플리케이션 접근을 허가받으면 클라우드 IAP 보안이 된 애플리케이션에 접근하려 할 때 클라우드 IAP가 인증과 승인을 확인합니다.

클라우드 IAM에서 역할[10]은 누가 클라우드 IAP가 보호하는 시스템에 접근할 수 있는지를 제어합니다. '역할'을 이용하면 VPN 없이 쿠브플로와 같은 제품이나 리소스 사용자를 위한 세분화된 제어를 할 수 있습니다.

---

10 *https://oreil.ly/Y37Nt*

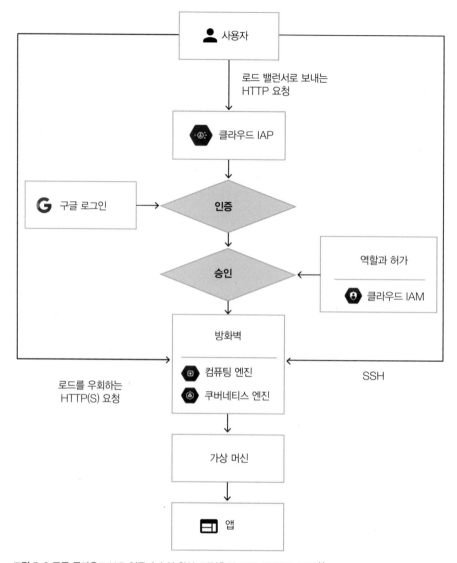

그림 5-2 구글 클라우드 IAP 인증과 승인 확인 흐름(출처: 구글 클라우드 문서)[11]

---

11 *https://oreil.ly/0F0hD*

인증

시스템은 인증 방식을 통해 클라이언트의 아이덴티티를 결정합니다. 보통의 사용자 계정을 사용하거나 GCP 서비스 계정을 이용해 GCP API로 인증을 받을 수 있습니다. 뒷부분에서 서비스 계정을 상세히 다룹니다.

쿠브플로 같은 GKE 애플리케이션의 경우 쿠브플로로 보내지는 HTTPS 요청은 로드 밸런서로 보내지고 클라우드 IAP로 라우팅됩니다. 클라우드 IAP가 활성화되면 요청 헤더나 쿠키에 있는GCP 프로젝트 번호, 요청 URL, 클라우드 IAP 인증서 같은 클라우드 IAP 인증 서버에 쿠브플로 정보를 조회합니다.

OAuth 2.0는 구글 계정 로그인 시스템을 관리하고 쿠브플로 사용자의 브라우저 쿠키에 있는 토큰을 이후에 사용할 목적으로 설정합니다.

> **NOTE_ 클라우드 IAP와 OAuth 2.0**
> 클라우드 IAP는 인증서를 찾을 수 없을 때 사용자가 지시하는 구글 계정 로그인 흐름을 관리하는 데 OAuth 2.0을 사용합니다. 사용자가 로그인하면 토큰을 나중에 사용할 목적으로 로컬에 저장합니다. 모든 구글 클라우드 플랫폼 애플리케이션은 인증과 승인을 위해 OAuth 2.0 프로토콜을 사용합니다.

클라우드 IAP는 현재 사용자의 브라우저 인증서를 확인하고, 만약 없다면 사용자를 구글 계정 로그인 웹 페이지로 리다이렉트합니다. 일반적으로 이러한 접근 흐름은 여러분의 랩톱 컴퓨터에서 `gcloud skd` 도구 명령어를 사용해 인증하면서 시작됩니다.

```
gcloud auth login
```

이 명령어가 [그림 5-3]에 보이는 페이지를 로드한 브라우저 윈도우를 보여줍니다(여러분이 여러 개의 Gmail 계정이 있다면 이 화면을 보기 전에 계정을 선택해야 하는 화면을 먼저 볼 수도 있습니다).

시스템은 요청 인증서가 시스템에 저장되어 있는지를 확인한 후 그 인증서를 사용해서 사용자의 아이덴티티를 추출합니다. 사용자 아이덴티티는 이메일 주소나 사용자 ID로 정의됩니다. 사용자 아이덴티티를 추출하는 것 외에 시스템은 사용자의 클라우드 IAM 역할을 확인하여 사용자가 주어진 리소스에 접근이 가능한지 확인합니다.

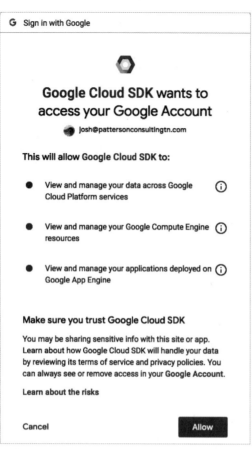

그림 5-3 구글 클라우드 SDK 접근 확인 화면

승인

승인[12]은 사용자가 특정 리소스에 접근할 수 있는지를 확인하고 인증된 클라이언트가 어떤 GCP 리소스에 접근할 수 있는지 결정합니다. 승인을 위해 어떤 사용자가, 어떤 리소스에, 어느 정도까지 접근하는지 보여주는 정책을 생성해야 합니다.

GCP에서 사용자가 원하는 리소스에 접근하는 것이 가능한지 확인을 위해 클라우드 IAP가 관련된 클라우드 IAM 정책을 적용합니다. 예를 들어 GCP 콘솔 프로젝트에 로그인 할 때 시스

---

12 *https://oreil.ly/U8uGn*

템은 여러분이 IAP 보안이 된 웹 앱 사용자 역할이 있는지 확인합니다. 만약 있다면 여러분은 GCP 콘솔 프로젝트에 접근할 수 있습니다.

쿠브플로 사용자가 쿠브플로 애플리케이션에 접근하고 싶다면 GCP 콘솔 프로젝트에 적절한 IAP 보안이 된 웹 앱 사용자 역할이 필요합니다.

5.1.4 애플리케이션 배포를 위한 GCP 프로젝트

GCP에 실행하고자 하는 애플리케이션을 포함하는 GCP 프로젝트가 필요합니다. 명령 줄이나 [그림 5-4]와 같은 웹 사용자 인터페이스를 이용해 GCP에 접근할 수 있습니다.

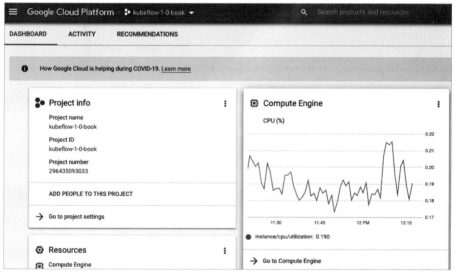

그림 5-4 메인 GCP 콘솔 화면

GCP 콘솔에서 임의의 애플리케이션을 포함하는 프로젝트를 생성할 수 있습니다. 쿠브플로를 위해 쿠브플로애플리케이션과 관련된 모든 리소스를 포함한 프로젝트가 필요합니다. 현재 프로젝트 목록이나 새로운 GCP 프로젝트를 생성하려면 위 그림의 'Google Cloud Platform' 로고 오른쪽에 있는 프로젝트 드롭다운 메뉴를 클릭합니다. 그러면 [그림 5-5]와 같은 팝업 대화창이 보일 것입니다.

뒷부분에서 쿠브플로를 여러분의 GCP 계정에 셋업할 때 GCP 콘솔과 GCP 프로젝트 화면 모두를 사용합니다. 서비스 계정과 함께 GCP 플랫폼의 개요를 계속 살펴보겠습니다.

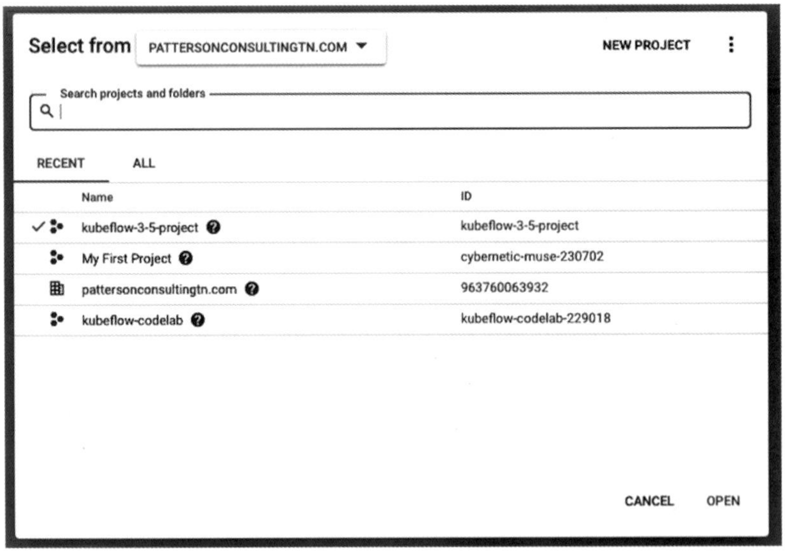

그림 5-5 GCP 콘솔 애플리케이션의 프로젝트 선택 대화창 화면

5.1.5 GCP 서비스 계정

때로 GCP 계정이 특정 사용자 대신 애플리케이션을 나타내길 원할 수 있습니다. 이를 위해서 GCP의 서비스 계정service account을 사용합니다. 서비스 계정은 애플리케이션이 여러분 대신 다른 GCP API에 접근할 수 있도록 합니다. 서비스 계정은 모든 GCP 애플리케이션에서 지원되며 대부분의 서버 애플리케이션에서 사용하기를 추천합니다.

> **NOTE_ 서비스 계정 사용**
> GCP에 서버 애플리케이션을 배포할 때 서비스 계정을 사용하는 것이 모범 사례입니다. 로컬이든 프로덕션 시스템이든 관계없이 일시적인 사용자 계정이나 프라이빗 API 키(예를 들어 구글 프로젝트 ID)에서 하드코딩[13]하지 않도록 서비스 계정을 사용하는 것을 고려해야 합니다.

---

[13] 옮긴이_ 프로그램의 소스 코드에 데이터를 직접 입력해서 저장하는 것을 말합니다(출처: *https://woowacourse.github.io/ javable/post/2020-05-07-avoid-hard-coding*).

쿠브플로가 GCP 프로젝트에서 장기적으로 실행되는 애플리케이션이기 때문에 서비스 계정을 사용하기 좋은 후보입니다.

> **WARNING_ 인스턴스를 실행한 채 두지 않도록 주의해야 합니다**
> 쿠브플로는 GCP 리소스를 빠르게 소비할 수 있습니다. 쿠브플로를 셋업하고 GCP 리소스를 할당했다는 사실을 잊기 쉽습니다. 만약 쿠브플로를 장기간 사용할 계획이 아니라면 쿠브플로 설치를 제거해야 합니다. 그렇지 않으면 월말에 예상치 못한 큰 GCP 요금을 내야할 수도 있습니다.

5.1.6 구글 클라우드 플랫폼 가입

아직 구글 클라우드 플랫폼(GCP) 계정이 없다면 홈페이지[14]에서 가입해야 합니다.

> **WARNING_ 쿠브플로 1.0은 GCP 프리 티어에 설치할 수 없습니다**
> 프리 티어free-tier는 쿠브플로를 실행하기에 충분한 리소스를 지원하지 않습니다. GCP에 쿠브플로 1.0을 배포하려면 청구 정보를 제공해야 합니다.

5.2 구글 클라우드 SDK 설치

구글 클라우드 SDK는 GCP에서 작업하도록 도와주는 클라이언트 측 도구의 집합입니다. 주요 명령 줄 도구는 다음을 포함합니다.

- gcloud
- gsutil
- bq

이런 도구들은 다음과 같은 서비스를 이용하도록 해줍니다.

- 구글 BigQuery

---

14 _https://cloud.google.com_

- 구글 클라우드 스토리지
- 구글 컴퓨팅 엔진

구글 클라우드 플랫폼을 위한 견고한 웹 사용자 인터페이스 여러 개가 있고 거의 모든 기능이 명령 줄 또는 웹 사용자 인터페이스 어느 옵션에서든 실행 가능합니다.

5.2.1 파이썬 업데이트

구글 클라우드 SDK를 설치하기 전에 문제(예를 들어 보안 소켓 레이어Secure Sockets Layer(SSL) 문제)를 피하기 위해 최신 버전의 파이썬으로 업그레이드하는 것이 좋습니다. 파이썬과 그 의존성을 관리하는 방식은 여러 가지가 있으며 어떤 플랫폼에 실행하느냐에 따라 달라집니다. macOS 사용자들(일반적인 클라이언트)에게는 다음과 같은 패키지 관리자가 필요합니다.

- 아나콘다Anaconda
- python.org의 패키지 인스톨러package installer
- brew

다른 운영체제에는 다른 옵션이 있습니다. 그러나 플랫폼과 상관없이 파이썬을 최신 버전으로 업데이트해야한다는 것을 기억해야 합니다.

5.2.2 구글 클라우드 SDK 다운로드와 설치

파이썬을 업데이트한 뒤 GCloud SDK 실행을 위한 지시사항[15]을 살펴봐야 합니다. macOS 사용자는 인터렉티브 인스톨러interactive installer[16]를 간단하게 사용할 수 있습니다.

GCloud SDK가 동작하면 명령 줄에서 gcloud auth 도구[17]를 사용해서 GCloud 계정에 로그인합니다.

```
gcloud auth login
```

---

15 https://oreil.ly/YOzZW
16 https://oreil.ly/otbmm
17 https://oreil.ly/X2BgF

이후에는 웹 브라우저에 여러 개의 화면이 순차적으로 보여지며, 구글 클라우드 플랫폼에 접근할 수 있는 GCloud 도구에 대해 OAuth 허가를 요청합니다.

5.3 구글 클라우드 플랫폼에 쿠브플로 설치

쿠브플로 설치 과정은 대략 다음과 같은 단계로 요약됩니다.

1 GCP 프로젝트 생성하기
2 프로젝트(요금, API 등) 설정하기
3 리소스 할당 확인하기
4 OAuth 인증서 셋업하기
5 쿠브플로 배포하기

GCP에 기본 쿠브플로를 셋업할 때 쿠브플로 설치 스크립트의 한 부분에서 GKE 클러스터 부분을 다루도록 하는 허용하는 옵션이 있습니다.

> **WARNING_ 프로덕션 쿠브플로 설치**
> 프로덕션 쿠브플로 엔터프라이즈 설치는 쿠버네티스 셋업을 더 제어해야 합니다. 두 방식 모두를 어떻게 셋업하는지 이 장에 모두 포함했습니다.

이제 쿠브플로 설치의 각 단계를 어떻게 수행하는지 자세히 살펴보겠습니다.

5.3.1 GCP 콘솔에서 프로젝트 생성

쿠브플로 설치를 포함하려면 새로운 GCP 프로젝트를 생성해야 합니다. [그림 5-6]에서는 앞에서 본 프로젝트 대화창의 윗부분을 살펴보겠습니다.

그림 5-6 구글 컴퓨팅 엔진 프로젝트 대화창

새로운 프로젝트를 생성하기 위해 대화창 오른쪽 위에 있는 [New Project] 버튼을 클릭합니다. 그러면 [그림 5-7]과 같은 새 프로젝트 대화창이 나타납니다.

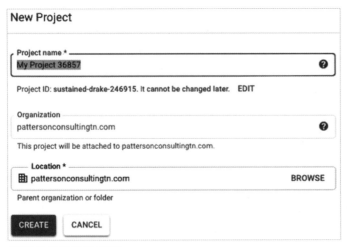

그림 5-7 새 프로젝트 대화창

GCP에서 새로운 프로젝트를 생성하면 몇 가지를 설정해야 합니다. 다음 절에서 특정 API를 활성화하는 방법에 대해 살펴보겠습니다.

> **NOTE_ 선택 사항: 관리형 GKE 클러스터를 직접 생성하기**
> 가장 쉬운 쿠브플로 설치는 GKE 클러스터 설치를 자동으로 해주기 때문에 이에 대한 지시사항은 지금은 생략해두겠습니다.

5.3.2 프로젝트를 위해 API 활성화

새 프로젝트를 위해서 다음과 같은 API를 활성화해야 합니다.

- 컴퓨팅 엔진_{Compute Engine} API[18]
- 쿠버네티스 엔진_{Kubernetes Engine} API[19]
- IAM_{Identity and Access Management} API[20]
- 클라우드 배포 관리자_{Cloud Deployment Manager} API[21]
- 클라우드 리소스 관리자_{Cloud Resource Manager} API[22]
- 클라우드 파일스토어_{Cloud Filestore} API[23]
- AI Platform Training and Prediction API[24]
- 클라우드 빌드_{Cloud Build} API(쿠브플로 클러스터에서 페어링[25]을 사용할 계획이라면 필요)[26]

컴퓨팅 엔진 API는 가상 머신을 GCP에 생성하고 실행합니다. 쿠버네티스 엔진 API는 도구로 GCP에 쿠버네티스 클러스터를 생성하고 관리하도록 해줍니다. IAM API는 사용자들을 관리하게 해줍니다. 마지막으로 구글 클라우드 배포 관리자 API는 구글 클라우드 서비스를 설정하고, 배포하고, 보는 것을 프로그래밍하여 실행할 수 있게 합니다.

기본적으로 대부분의 프로젝트를 위한 API는 새로운 GCP 프로젝트를 위해 비활성화 되어 있기 때문에 쿠브플로가 정상적으로 동작하려면 각각의 이런 API를 활성화해야 합니다. API를 활성화하는 페이지를 찾으려면 왼쪽 위의 드롭다운 네비게이션 패널을 사용해 GCP의 'APIs & Services' 메인 페이지로 가면 됩니다.

메인 페이지로 가면, [그림 5-8]에서 보는 것과 같이 [Enable APIS and Services] 버튼이 위에 있는 것을 확인할 수 있습니다.

---

[18] *https://oreil.ly/1fVEY*
[19] *https://oreil.ly/Xn1rl*
[20] *https://oreil.ly/3_Fj3*
[21] *https://oreil.ly/j2UJe*
[22] *https://oreil.ly/seu3f*
[23] *https://oreil.ly/Z_hrC*
[24] *https://oreil.ly/69spv*
[25] *https://oreil.ly/ocB0r*
[26] *https://oreil.ly/L-_98*

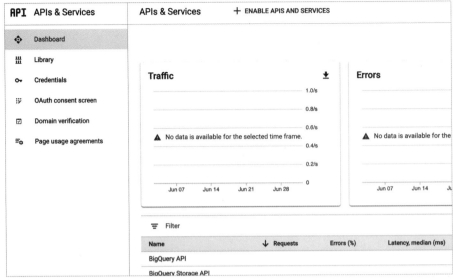

그림 5-8 GCP의 APIs & Services 화면

[Enable APIS and Services] 버튼을 누르면 GCP API 라이브러리 페이지로 이동합니다. 활성화할 특정 API 페이지를 찾기 위해 앞에서 제시한 링크를 이용하거나 [그림 5-9]과 같이 API 라이브러리의 검색창을 이용할 수 있습니다.

그림 5-9 GCP API 라이브러리 검색창

각 API를 활성화할 때 [그림 5-10]과 같은 화면을 볼 수 있습니다.

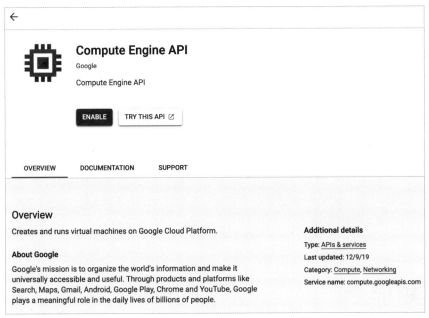

그림 5-10 컴퓨팅 엔진(Compute Engine) API를 활성화하는 패널

> **NOTE_ 리소스와 할당**
>
> 어떤 리소스는 할당량이 있습니다. 주기적으로 이 할당량을 모두 채우면 쿠브플로를 이용해서 할 수 있는 일이 제한됩니다. 프로젝트에 제한이 된다면 서비스 할당량 증가 요청을 해야 합니다. 어떻게 리소스 할당을 확인하고 조절하는지는 구글 클라우드 문서[27]를 확인하세요.

5.3.3 GCP 클라우드 IAP를 위한 OAuth 셋업

GCP에 쿠브플로 설치 과정에서 클라우드 IAP를 셋업하는 단계에 대해 살펴보겠습니다. 클라우드 IAP는 프로덕션 쿠브플로 설치를 위해 사용합니다.

클라우드 IAP를 셋업할 때 GCP에 클라우드 IAP를 위한 OAuth 클라이언트를 생성하여 사용자의 이메일 주소를 통해 아이덴티티를 확인합니다. 클라우드 IAP가 쿠브플로와 같이 동작하기 위해서는 다음 4가지 일을 해야 합니다.

---

27 *https://oreil.ly/c3MsJ*

1 OAuth 동의 화면 셋업하기

2 인증서 탭을 설정하기

3 리다이렉트 URI 확인하기

4 클라이언트 ID와 클라이언트 보안 비밀번호를 나중에 클라우드 IAP 활성화에 사용하도록 저장하기

이제 각 4단계를 하나씩 살펴보겠습니다.

WARNING_ GCP에서 쿠브플로와 비밀번호로만 인증하기

이전 버전의 쿠브플로는 클라우드 IAP 대신 기본 인증 방식(예를 들어 사용자명과 비밀번호)을 사용하도록 지원했습니다. 하지만 이후 버전들은 비밀번호로만 인증하는 기능을 완전히 제거할 것입니다. 클라우드 IAP 가 GCP에서 쿠브플로를 배포할 때 추천되는 방식입니다.

OAuth 동의 화면 셋업

클라우드 IAP를 처음 동작시키려면 동의 화면을 셋업해야 합니다. 이 페이지는 GCP 포털[28]에서 찾을 수 있습니다.

사용자의 이메일 계정에 접근을 요청할 때 클라우드 IAP를 식별하는 OAuth 클라이언트 ID를 생성해야 합니다. 쿠브플로가 이메일 주소를 사용해 사용자 아이덴티티를 식별합니다.

이 화면에서 쿠브플로 사용자가 프라이빗 데이터 접근에 허가를 내줄 것인지 아닌지를 선택할 수 있습니다. GCP 프로젝트와 관련된 모든 애플리케이션은 이와 같은 동의 화면을 통해 동작합니다. OAuth 동의 화면 설정 패널은 [그림 5-11]에서 확인할 수 있습니다.

이 화면에서 여러분은 몇 개의 특정 필드를 채워야 합니다.

- 애플리케이션 이름(애플리케이션에 부여하는 이름)
- 지원 이메일(여러분의 이메일 주소 또는 조직의 IT 지원 이메일 주소)
- 승인된 도메인

---

28 *https://oreil.ly/uuMnv*

그림 5-11 OAuth 동의 화면

승인된 도메인에는 <GCP Project ID>.cloud.goog 같은 패턴을 사용합니다. <GCP Project ID>는 [그림 5-11]에서 알 수 있듯 쿠브플로 배포를 포함하는 GCP 프로젝트의 ID입니다. [그림 5-11]에서 프로젝트 ID로 입력된 승인 도메인이 kubeflow-1-0-book인 것을 확인할 수 있습니다.

> **NOTE_ 프로젝트 ID 찾기**
> GCP 콘솔에서 오른쪽 위 드롭다운 메뉴의 'project setting' 링크를 클릭하면 언제든지 프로젝트 ID를 찾을 수 있습니다.

어떤 프로젝트 설정은 승인 도메인 설정에 나타나지 않습니다. 만약 여러분만의 도메인을 사용하고 있다면 그것도 추가하세요. [그림 5-11]의 승인 도메인은 다음과 같습니다.

- kubeflow-1-0-book.cloud.goog

OAuth 동의 화면에서 설정 필드를 채우고 나면, [Save] 버튼을 클릭하세요.

인증서 탭 설정

OAuth 동의 화면 탭과 같은 페이지에 인증서 탭도 있습니다. 이 탭을 클릭하면 [그림 5-12]와 같이 'Create credentials' 대화창을 볼 수 있습니다.

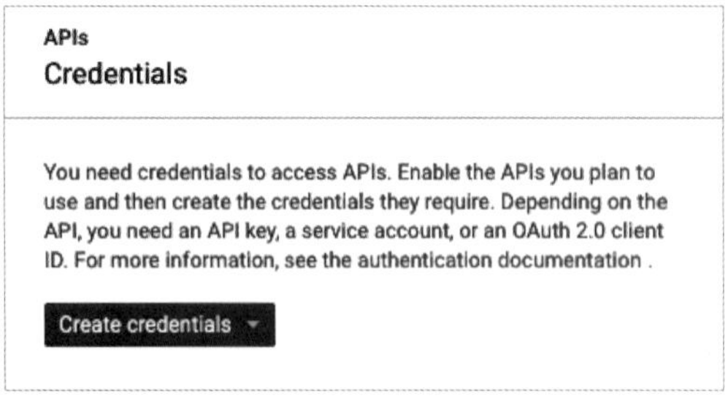
APIs
Credentials
You need credentials to access APIs. Enable the APIs you plan to use and then create the credentials they require. Depending on the API, you need an API key, a service account, or an OAuth 2.0 client ID. For more information, see the authentication documentation .
Create credentials

그림 5-12 GCP Create credentials 패널

[Create credentials] 버튼을 클릭한 뒤, [OAuth client ID]를 클릭하세요. 그리고 'Application type' 아래에 있는 'Web application'을 선택합니다. 'Name' 박스에 OAuth 클라이언트 ID로 사용할 이름을 입력합니다. 이때 사용하는 이름은 애플리케이션이나 쿠브플로 배포 이름이 아니라 OAuth 클라이언트 ID로 이용할 단순한 라벨입니다.

이제 'Authorized redirect URLs' 필드를 다음 URI로 설정하겠습니다.

- https://iap.googleapis.com/v1/oauth/clientIds/<CLIENT_ID>:handleRedirect

여기서 <CLIENT_ID>는 OAuth 클라이언트 ID(abc.apps.googleusercontent.com과 비슷

함)입니다. `CLIENT_ID`를 얻으려면 먼저 OAuth 클라이언트 ID를 생성하고 저장해야 합니다. 그러면 [그림 5-13]과 같은 대화창이 보일 것입니다.

그림 5-13 GCP OAuth 클라이언트 시크릿 페이지

OAuth 클라이언트 ID 생성 후 팝업 대화창에서 리다이렉트 URL을 업데이트하는 데 필요한 클라이언트 ID를 제공합니다. 뒷부분에 나올 쿠브플로 설치 과정에서 클라우드 IAP를 활성화하기 위해 클라이언트 ID와 클라이언트 시크릿 모두를 환경 변수로 저장해두어야 합니다.

승인된 리다이렉트 URI를 완성하려면 인증서 목록에서 새로 생성된 여러분의 OAuth를 찾아야 합니다. [그림 5-14]를 참조하세요.

그림 5-14 OAuth 인증서 패널

리다이렉트 URI 엔트리를 완성하려면 새로 생성된 OAuth 2.0 클라이언트 ID의 오른쪽 아래 연필 모양 버튼을 클릭해야 합니다. 연필 모양 버튼을 클릭하면 클라이언트 ID 편집 페이지로 다시 돌아갑니다. 거기서 새로운 클라이언트 ID를 다음과 같은 템플릿에 입력할 수 있습니다.

- `https://iap.googleapis.com/v1/oauth/clientIds/<CLIENT_ID>:handleRedirect`

[그림 5-14]의 클라이언트 ID에 기반해 [그림 5-15]와 같은 결과가 나타납니다.

그림 5-15 OAuth 2.0 클라이언트 설정 패널

URI를 입력하면 승인된 리다이렉트 URI 엔트리가 완성됩니다. 이렇게 OAuth 2.0 셋업이 완료되었습니다.

이제 쿠브플로 설치를 계속할 준비가 되었습니다.

5.3.4 명령 줄 인터페이스를 사용한 쿠브플로 배포

쿠브플로를 GCP에 명령 줄 인터페이스로 배포하려면 쿠브플로 프로젝트에 포함된 kfctl 명령 줄 도구를 사용해야 합니다. 명령 줄 설치 과정은 배포 과정보다 더 많은 제어를 할 수 있습니다.

명령 줄 설치를 위한 필수 요소는 다음과 같습니다.

- kubectl 설치
- gcloud SDK 설치

쿠브플로를 GCP에 설치하려면 다음과 같은 단계를 완료해야 합니다.

1 사용자 인증서 생성하기
2 환경 변수 생성하기
3 kfctl 셋업하기

---

29 *https://oreil.ly/4e6b8*
30 *https://oreil.ly/tibiM*
31 *https://oreil.ly/dSFFY*

4 kfctl 명령어 실행하기

5 배포 확인하기

이제 각각의 단계들을 자세히 살펴보겠습니다.

사용자 인증서 생성

구글 클라우드 SDK 도구를 위해 OAuth2 인증서를 이용해 로컬 클라이언트를 인증해야 합니다. 다음 명령어를 사용하여 진행할 수 있습니다.

```
gcloud auth application-default login
```

이 명령어를 통해 [그림 5-16]과 같이 구글 인증 웹 페이지를 볼 수 있습니다.

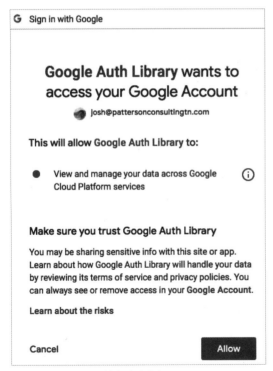

그림 5-16 GCP 인증 확인 웹 페이지

[Allow] 버튼을 클릭하면 명령 줄에 결괏값이 나타납니다(예제 5-1).

예제 5-1 인증 확인 후 명령 줄 콘솔 결괏값

```
(base) Joshs-MacBook-Pro-2:kubeflow_book_tests josh$ gcloud auth \
application-default login
Your browser has been opened to visit:

http://accounts.google.com/o/oauth2/auth?redirect_uri?http%3A%2F%2Flocalhost%3A \
8085%2F051850-6qr4p6hn506pt8ejuq83di341hur.apps.googleusercontent.com&scope?https \
%3A%2F%2Fwww.googleapis.com%Fauth%2Fcloud-platform&access_type=offline

Credentials saved to file: \
[/Users/josh/.config/gcloud/application_default_credentials.json]

These credentials will be used by any library that requests \
Application Default Credentials.

To generate an access token for other uses, run:
gcloud auth application-default print-access-token
```

이제 필요한 로컬 환경 변수를 생성하는 것으로 넘어가겠습니다.

NOTE_ gcloud auth 로그인 변화

보통 개발자는 GCP와 **gcloud** 명령어를 auth 명령어와 함께 사용하여 상호작용합니다.

```
gcloud auth login
```

터미널에서 이 명령어를 실행하면 시스템이 여러분의 인증서를 받아 **~/.config/gcloud/**에 저장하고 이 인증서는 자동으로 검색됩니다. 그러나 코드나 SDK를 실행하는 코드는 이런 인증서를 자동으로 찾지 않습니다. 그렇지만 코드가 쿠브플로와 같은 시스템에서 SDK를 이용해서 GCP와 상호작용하길 원하면 auth 명령어를 바꿔서 사용할 수 있습니다.

```
gcloud auth application-default login
```

원래의 **auth** 명령어와 이것이 다른 점은 인증서가 '애플리케이션 기본 인증서에게 잘 알려진 장소'[32]에 저장된다는 것입니다. 이렇게 하면 SDK 기반의 코드가 자동으로 일관성[33] 있게 인증서를 찾을 수 있게 됩니다.

---

32 *https://oreil.ly/3dkcw*
33 *https://oreil.ly/0G-ue*

필요한 환경 변수 생성

이제 GCP에 클라우드 IAP 시스템이 있고, 로컬 kfctl 도구를 설정해야 할 차례입니다. CLIENT_ID, CLIENT_SECRET 환경 변수를 아래의 예제 코드처럼 생성하세요. 이 변수들은 이전에 저장해둔 OAuth 클라이언트 ID 정보를 사용해야 합니다.

```
export CLIENT_ID=<CLIENT_ID from OAuth page>
export CLIENT_SECRET=<CLIENT_SECRET from OAuth page>
```

이전에 저장해둔 같은 정보가 CLIENT_ID에 쓰이는 것을 볼 수 있습니다.

```
josh$ export CLIENT_ID=1009144991723-3hf8m978i03v1tfep28302afnilufe1i.apps. \
googleusercontent.com
josh$ echo $CLIENT_ID
1009144991723-3hf8m978i03v1tfep28302afnilufe1i.apps.googleusercontent.com
```

같은 export 명령어가 CLIENT_SECRET에도 사용됩니다.

```
josh$ export CLIENT_SECRET=fLT_u5KnCc1oQVYKbMmkoh0d
josh$ echo $CLIENT_SECRET
fLT_u5KnCc1oQVYKbMmkoh0d
```

이제 GCP에서 클라우드 IAP 인증을 하기 위한 환경 변수가 셋업되었습니다. 이제 kfctl 도구를 셋업하겠습니다.

kfctl 셋업

쿠브플로 설치를 계속하기 위해서는 kfctl 도구를 다운로드하고 셋업해야 합니다. kfctl은 kubectl과 비슷하지만 쿠브플로를 위해 특화된 것입니다.

kfctl v1.0.2 버전을 쿠브플로 릴리즈 페이지[34]에서 다운로드 받습니다. 그리고 다운로드 받은 타르볼tarball을 다음 명령어를 이용해 언팩unpack합니다.

```
tar -xvf kfctl_<release tag>_<platform>.tar.gz
```

---

34 *https://oreil.ly/u-x10*

선택적으로 kfctl의 위치를 다음 명령어를 이용해 path 환경 변수에 추가할 수 있는데, kfctl을 쓸 때마다 전체 경로를 쓸 것이 아니라면 추천되는 방식입니다.

```
export PATH=$PATH:<path to kfctl in your kubeflow installation>
```

이제 어디서든 kfctl 명령어를 입력하면 [예제 5-2]와 같은 결과를 볼 수 있습니다.

예제 5-2 kfctl 명령어 기본 결괏값

```
A client CLI to create Kubeflow applications for specific platforms or 'on-prem'
to an existing Kubernetes cluster.

Usage:
    kfctl [command]

Available Commands:
    alpha           Alpha kfctl features.
    apply           deploys a Kubeflow application.
    build           Builds a KF App from a config file
    completion      Generate shell completions
    delete          Delete a Kubeflow application.
    generate 'kfctl generate' has been replaced by 'kfctl build'
Please switch to new semantics.
To build a KFAPP run -> kfctl build -f ${CONFIG}
Then to install -> kfctl apply
For more information, run 'kfctl build -h' or read the docs at www.kubeflow.org.
    help            Help about any command
    init            'kfctl init' has been removed.
Please switch to new semantics.
To install run -> kfctl apply -f ${CONFIG}
For more information, run 'kfctl apply -h' or read the docs at www.kubeflow.org.
    version Print the version of kfctl.

Flags:
    -h, --help      help for kfctl

Use "kfctl [command] --help" for more information about a command.
```

이제 kfctl을 여러분의 특정 환경에 설정할 준비가 되었습니다.

kfctl을 위한 환경 변수 셋업

kfctl을 사용하려면 다음과 같은 환경 변수들을 셋업해야 합니다.

- ZONE
- PROJECT
- KF_NAME
- BASE_DIR
- KF_DIR
- CONFIG_URI

첫 번째로 필요한 환경 변수는 ZONE이고, 이것은 GKE 클러스터와 쿠브플로 설치를 하기 위한 위치를 의미합니다.

ZONE 환경 변수 셋업

앞서 존 식별자[35]는 리전 ID와 리전 안의 존을 나타내는 글자의 조합이라고 했습니다. 예를 들어 리전 'us-east1'안의 존 'c'의 전체 ID는 us-east1-c입니다. 존을 설정하려면 구글 클라우드 문서[36]의 옵션을 확인해보세요.

> **NOTE_ 모든 존이 평등하게 생성된 것은 아니다**
> 어떤 리전은 다른 유형의 접근 가능한 리소스(예를 들어 어떤 리전은 특정 종류의 GPU나 스토리지 옵션 등이 없습니다)가 있습니다.

사용할 존 ID를 선택하면, $ZONE 환경 변수를 다음 명령어로 설정합니다.

```
export ZONE=<your target zone>
```

이제 존을 선택했으니 GCP 프로젝트를 위한 프로젝트 ID를 설정해보겠습니다.

---

35 *https://oreil.ly/ELsmj*
36 *https://oreil.ly/yXKXS*

PROJECT 환경 변수 셋업

PROJECT 환경 변수는 다음과 같은 명령어로 셋업할 수 있습니다.

```
export PROJECT=<your GCP project ID>
```

[그림 5-17]과 같이 구글 클라우드 콘솔의 오른쪽 위에 3개의 세로로 나열된 점 모양의 아이콘을 클릭하면 GCP 프로젝트 ID(프로젝트 이름과는 다릅니다)를 찾을 수 있습니다.

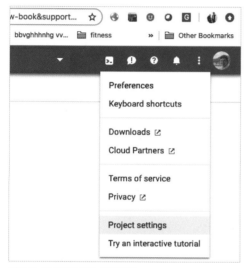

그림 5-17 GCP 콘솔 드롭다운

[Project settings] 버튼을 클릭하면 [그림 5-18]과 같은 화면이 보입니다.

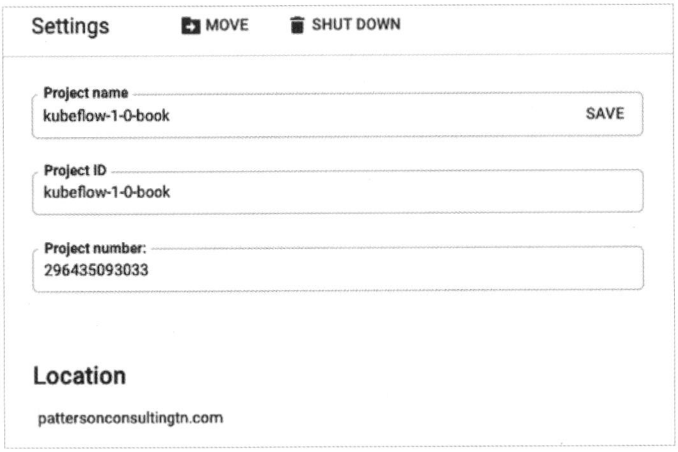

그림 5-18 GCP 프로젝트 세팅

중간에 있는 입력 박스에서 프로젝트 ID를 복사해서 export 명령어에 붙입니다. 이것을 로컬 터미널에서 실행하면 프로젝트 ID가 환경 변수로 저장됩니다.

GCloud 설정 변수 설정

로컬 gcloud 도구 변수 또한 설정해야 합니다.

```
gcloud config set project ${PROJECT}
gcloud config set compute/zone ${ZONE}
```

NOTE_ kfctl과 gcloud 도구
kfctl은 기본적으로 gcloud 기본값을 존과 프로젝트에 사용합니다.

CONFIG 환경 변수 설정

쿠브플로 설치의 시작 단계에서 쿠브플로 배포 설정을 지정하기 위해서 설정 파일을 지정해주고 CONFIG 환경 변수를 설정해야 합니다.

```
export CONFIG_URI=<url of your configuration file for init>
```

쿠브플로 배포 설정 파일은 쿠브플로를 특정한 방식(예를 들어 'GCP에 IAP를 활성화하면서'[37])으로 배포하기 위한 YAML 파일입니다. GCP에 쿠브플로 1.0.2버전을 위해서 다음과 같이 CONFIG_URK 환경 변수를 설정합니다.

```
export CONFIG_URI="https://raw.githubusercontent.com/kubeflow/manifests/ \
v1.0-branch/kfdef/kfctl_gcp_iap.v1.0.2.yaml"
```

쿠브플로 배포 환경 변수 설정

이제 쿠브플로 설정이 저장되길 원하는 디렉터리 이름을 환경 변수로 설정해야 합니다. 다음의 3개 환경 변수가 필요합니다.

- $KF_NAME
- $BASE_DIR
- $KF_DIR

KF_NAME 환경 변수를 설정하기 위한 명령어는 다음과 같습니다.

```
export KF_NAME=<your choice of application directory name>
```

이 환경 변수를 이용해서 나머지 변수들을 정의합니다.

```
export BASE_DIR=<path to a base directory>
export KF_DIR=${BASE_DIR}/${KF_NAME}
```

KF_DIR 변수가 새로운 쿠브플로 배포 하위 디렉터리의 전체 경로를 나타냅니다. 이 환경 변수들을 설정한 뒤에 kfctl을 이용해 GCP에 쿠브플로를 배포할 수 있습니다.

kfctl을 이용한 쿠브플로 배포

환경 변수들을 설정해 두었기 때문에 이 시점에서는 다음의 명령어만 실행하면 GCP에 쿠브플로가 배포됩니다.

---

37 *https://oreil.ly/VEJL0*

```
mkdir -p ${KF_DIR}
cd ${KF_DIR}
kfctl apply -V -f ${CONFIG_URI}
```

명령어를 실행하면 [예제 5-3]와 비슷한 결괏값을 볼 수 있습니다.

예제 5-3 kctl apply -V -f ${CONFIG_URI}의 예시 결괏값

```
INFO[0481] Creating service account profiles-controller-service-account in...
INFO[0481] Service account already exists...              filename="gcp/gcp.go:1721"
INFO[0481] Setting up iam policy for serviceaccount: kf-1-0-book-deployment-admin...
INFO[0481] New policy: {[] [0xc000c1f200 0xc000c1f260] BwWpdeVmj8M= 1 {200 map...
INFO[0481] New policy: {[] [0xc000c1f200 0xc000c1f260] BwWpdeVmj8M= 1 {200 map...
INFO[0482] Downloading secret user-gcp-sa from namespace kubeflow filename=...
INFO[0482] Creating secret user-gcp-sa to namespace kubeflow-josh filename=...
INFO[0482] Generating PodDefault in namespace kubeflow-josh; APIVersion...
E0702 10:08:57.816996  14659 memcache.go:199] couldn't get resource list for...
E0702 10:08:57.885694  14659 memcache.go:111] couldn't get resource list for...
INFO[0484] Applied the configuration Successfully!     filename="cmd/apply.go:72"
```

쿠브플로가 이제 GCP에 배포되었습니다. GCP 콘솔에 배포되었다고 나타나려면 몇 분 정도
걸릴 수 있지만 관리자가 해야 하는 배포 명령어는 모두 실행했습니다.

쿠브플로 배포 확인

쿠브플로가 성공적으로 배포되었는지 확인하려면 다음 명령어를 사용합니다.

```
kubectl -n kubeflow get all
```

이 명령어는 [예제 5-4]와 비슷한 결과를 보여줍니다.

예제 5-5 kubectl -n kubeflow get all의 예시 결괏값

NAME	READY	STATUS	RESTARTS	AGE
pod/admission-webhook-bootstrap-stateful-set-0	1/1	Running	0	7m15s
pod/admission-webhook-deployment-64cb96ddbf-nhqxw	1/1	Running	0	6m47s
pod/application-controller-stateful-set-0	1/1	Running	0	7m47s
pod/argo-ui-778676df64-wkhc	1/1	Running	0	7m18s

```
pod/centraldashboard-f8d4bdf96-tlflp                    1/1   Running     0   7m17s
pod/cloud-endpoints-controller-7764d66f9b-zjskn         1/1   Running     0   6m38s
pod/jupyter-web-app-deployment-5f954cd95c-6lv66         1/1   Running     0   7m13s
pod/katib-controller-6b789b6cb5-qqbr2                   1/1   Running     1   6m51s
pod/katib-db-manager-64f548b47c-7lrlj                   1/1   Running     1   6m51s
pod/katib-mysql-57884cb488-zztcx                        1/1   Running     0   6m50s
pod/katib-ui-5c5cc6bd77-wqbwm                           1/1   Running     0   6m50s
pod/kfserving-controller-manager-0                      2/2   Running     1   6m55s
pod/metacontroller-0                                    1/1   Running     0   7m19s
pod/metadata-db-76c9f78f77-zt4lw                        1/1   Running     0   7m9s
pod/metadata-deployment-674fdd976b-t475s                1/1   Running     0   7m9s
pod/metadata-envoy-deployment-5688989bd6-v882g          1/1   Running     0   7m9s
pod/metadata-grpc-deployment-6d5b69bf44-cjm9l           1/1   Running     4   7m9s
pod/metadata-ui-9b8cd699d-6z6rh                         1/1   Running     0   7m8s
pod/minio-d56488484-8dznh                               1/1   Running     0   6m48s
pod/ml-pipeline-768488fd9-l7gwd                         1/1   Running     0   6m49s
pod/ml-pipeline-ml-pipeline...                          1/1   Running     0   6m39s
pod/ml-pipeline-persistenceagent-5cf98c69df-gj2fx       1/1   Running     0   6m46s
pod/ml-pipeline-scheduledworkflow-5c594867c6-c2gcs      1/1   Running     0   6m40s
pod/ml-pipeline-ui-7cb547b666-ww9m6                     1/1   Running     0   6m43s
pod/ml-pipeline-viewer-controller...                    1/1   Running     0   6m40s
pod/mysql-67cb6fcdfc-s5gxb                              1/1   Running     0   6m47s
pod/notebook-controller-deployment...                   1/1   Running     0   7m6s
pod/profiles-deployment-7c7fc789f4-xx8wp                2/2   Running     0   6m37s
pod/pytorch-operator-5fd5f94bdd-cvtdh                   1/1   Running     0   7m5s
pod/seldon-controller-manager-679fc777cd-ktds9          1/1   Running     0   6m32s
pod/spark-operatorcrd-cleanup-vcjvs                     0/2   Completed   0   7m11s
pod/spark-operatorsparkoperator-c7b64b87f-8wrzb         1/1   Running     0   7m11s
pod/spartakus-volunteer-8579dbb8c-nft2g                 1/1   Running     0   6m55s
pod/tensorboard-6544748d94-kpcpb                        1/1   Running     0   6m54s
pod/tf-job-operator-7d7c8fb8bb-ddpc7                    1/1   Running     0   6m53s
pod/workflow-controller-945c84565-4fsm2                 1/1   Running     0   7m18s


NAME                              TYPE        CLUSTER-IP       PORT(S)            AGE
service/admission-webhook-service ClusterIP   10.39.250.60     443/TCP            7m17s
service/application-controller... ClusterIP   10.39.243.252    443/TCP            7m48s
service/argo-ui                   NodePort    10.39.250.187    80:32741/TCP       7m19s
service/centraldashboard          ClusterIP   10.39.242.15     80/TCP             7m18s
service/cloud-endpoints-controller ClusterIP  10.39.254.242    80/TCP             6m40s
service/jupyter-web-app-service   ClusterIP   10.39.249.144    80/TCP             7m14s
service/katib-controller          ClusterIP   10.39.248.50     443/TCP,8080/TCP   6m52s
service/katib-db-manager          ClusterIP   10.39.244.156    6789/TCP           6m52s
service/katib-mysql               ClusterIP   10.39.245.26     3306/TCP           6m52s
service/katib-ui                  ClusterIP   10.39.240.120    80/TCP             6m52s
```

```
service/kfserving-controller...      ClusterIP   10.39.243.191   8443/TCP         6m57s
service/kfserving-controller...      ClusterIP   10.39.244.157   443/TCP          6m57s
service/kfserving-webhook...         ClusterIP   10.39.250.37    443/TCP          6m4s
service/metadata-db                  ClusterIP   10.39.252.165   3306/TCP         7m11s
service/metadata-envoy-service       ClusterIP   10.39.249.146   9090/TCP         7m11s
service/metadata-grpc-service        ClusterIP   10.39.240.236   8080/TCP         7m11s
service/metadata-service             ClusterIP   10.39.249.11    8080/TCP         7m11s
service/metadata-ui                  ClusterIP   10.39.241.147   80/TCP           7m10s
service/minio-service                ClusterIP   10.39.252.113   9000/TCP         6m50s
service/ml-pipeline                  ClusterIP   10.39.251.159   8888/TCP,8887/TCP 6m50s
service/ml-pipeline-ml...            ClusterIP   10.39.247.130   8888/TCP         6m40s
service/ml-pipeline-tensor...        ClusterIP   10.39.240.173   80/TCP           6m45s
service/ml-pipeline-ui               ClusterIP   10.39.241.6     80/TCP           6m45s
service/mysql                        ClusterIP   10.39.240.174   3306/TCP         6m48s
service/notebook-controller...       ClusterIP   10.39.242.76    443/TCP          7m8s
service/profiles-kfam                ClusterIP   10.39.247.3     8081/TCP         6m39s
service/pytorch-operator             ClusterIP   10.39.243.225   8443/TCP         7m7s
service/seldon-webhook-service       ClusterIP   10.39.251.78    43/TCP           6m33s
service/tensorboard                  ClusterIP   10.39.251.89    9000/TCP         6m55s
service/tf-job-operator              ClusterIP   10.39.248.38    8443/TCP         6m54s


NAME                         DESIRED   CURRENT   READY   UP-TO-DATE   AVAILABLE   AGE
daemonset.apps/nvidia-driver...   0       0         0         0            0         6m38s


NAME                                            READY   UP-TO-DATE   AVAILABLE   AGE
deployment.apps/admission-webhook-deployment    1/1        1            1        7m17s
deployment.apps/argo-ui                         1/1        1            1        7m20s
deployment.apps/centraldashboard                1/1        1            1        7m19s
deployment.apps/cloud-endpoints-controller      1/1        1            1        6m40s
deployment.apps/jupyter-web-app-deployment      1/1        1            1        7m15s
deployment.apps/katib-controller                1/1        1            1        6m53s
deployment.apps/katib-db-manager                1/1        1            1        6m53s
deployment.apps/katib-mysql                     1/1        1            1        6m52s
deployment.apps/katib-ui                        1/1        1            1        6m52s
deployment.apps/metadata-db                     1/1        1            1        7m11s
deployment.apps/metadata-deployment             1/1        1            1        7m11s
deployment.apps/metadata-envoy-deployment       1/1        1            1        7m11s
deployment.apps/metadata-grpc-deployment        1/1        1            1        7m11s
deployment.apps/metadata-ui                     1/1        1            1        7m11s
deployment.apps/minio                           1/1        1            1        6m51s
deployment.apps/ml-pipeline                     1/1        1            1        6m51s
deployment.apps/ml-pipeline-ml-pipeline...      1/1        1            1        6m41s
deployment.apps/ml-pipeline-persistenceagent    1/1        1            1        6m48s
deployment.apps/ml-pipeline-scheduledworkflow   1/1        1            1        6m42s
```

```
deployment.apps/ml-pipeline-ui                      1/1       1         1         6m45s
deployment.apps/ml-pipeline-viewer-controller...    1/1       1         1         6m42s
deployment.apps/mysql                               1/1       1         1         6m49s
deployment.apps/notebook-controller-deployment      1/1       1         1         7m8s
deployment.apps/profiles-deployment                 1/1       1         1         6m40s
deployment.apps/pytorch-operator                    1/1       1         1         7m7s
deployment.apps/seldon-controller-manager           1/1       1         1         6m34s
deployment.apps/spark-operatorsparkoperator         1/1       1         1         7m13s
deployment.apps/spartakus-volunteer                 1/1       1         1         6m57s
deployment.apps/tensorboard                         1/1       1         1         6m56s
deployment.apps/tf-job-operator                     1/1       1         1         6m55s
deployment.apps/workflow-controller                 1/1       1         1         7m20s


NAME                                             DESIRED   CURRENT   READY    AGE
replicaset.apps/admission-webhook-deployment...     1         1         1       7m17s
replicaset.apps/argo-ui-778676df64                  1         1         1       7m20s
replicaset.apps/centraldashboard-f8d4bdf96          1         1         1       7m19s
replicaset.apps/cloud-endpoints-controller...       1         1         1       6m40s
replicaset.apps/jupyter-web-app-deployment...       1         1         1       7m15s
replicaset.apps/katib-controller-6b789b6cb5         1         1         1       6m53s
replicaset.apps/katib-db-manager-64f548b47c         1         1         1       6m53s
replicaset.apps/katib-mysql-57884cb488              1         1         1       6m52s
replicaset.apps/katib-ui-5c5cc6bd77                 1         1         1       6m52s
replicaset.apps/metadata-db-76c9f78f77              1         1         1       7m11s
replicaset.apps/metadata-deployment-674fdd976b      1         1         1       7m11s
replicaset.apps/metadata-envoy-deployment...        1         1         1       7m11s
replicaset.apps/metadata-grpc-deployment...         1         1         1       7m11s
replicaset.apps/metadata-ui-9b8cd699d               1         1         1       7m11s
replicaset.apps/minio-d56488484                     1         1         1       6m50s
replicaset.apps/ml-pipeline-768488fd9               1         1         1       6m51s
replicaset.apps/ml-pipeline-ml-pipeline...          1         1         1       6m41s
replicaset.apps/ml-pipeline-persistenceagent...     1         1         1       6m48s
replicaset.apps/ml-pipeline-scheduledworkflow...    1         1         1       6m42s
replicaset.apps/ml-pipeline-ui-7cb547b666           1         1         1       6m45s
replicaset.apps/ml-pipeline-viewer-controller...    1         1         1       6m42s
replicaset.apps/mysql-67cb6fcdfc                    1         1         1       6m49s
replicaset.apps/notebook-controller-deployment...   1         1         1       7m8s
replicaset.apps/profiles-deployment-7c7fc789f4      1         1         1       6m40s
replicaset.apps/pytorch-operator-5fd5f94bdd         1         1         1       7m7s
replicaset.apps/seldon-controller-manager...        1         1         1       6m34s
replicaset.apps/spark-operatorsparkoperator...      1         1         1       7m13s
replicaset.apps/spartakus-volunteer-8579dbb8c       1         1         1       6m57s
replicaset.apps/tensorboard-6544748d94              1         1         1       6m56s
replicaset.apps/tf-job-operator-7d7c8fb8bb          1         1         1       6m55s
```

```
replicaset.apps/workflow-controller-945c84565          1    1    1    7m20s
replicaset.apps/metadata-db-76c9f78f77                 1    1    1    7m11s
replicaset.apps/metadata-deployment-674fdd976b         1    1    1    7m11s
replicaset.apps/metadata-envoy-deployment...           1    1    1    7m11s
replicaset.apps/metadata-grpc-deployment...            1    1    1    7m11s
replicaset.apps/metadata-ui-9b8cd699d                  1    1    1    7m11s
replicaset.apps/minio-d56488484                        1    1    1    6m50s
replicaset.apps/ml-pipeline-768488fd9                  1    1    1    6m51s
replicaset.apps/ml-pipeline-ml-pipeline...             1    1    1    6m41s
replicaset.apps/ml-pipeline-persistenceagent...        1    1    1    6m48s
replicaset.apps/ml-pipeline-scheduledworkflow...       1    1    1    6m42s
replicaset.apps/ml-pipeline-ui-7cb547b666              1    1    1    6m45s
replicaset.apps/ml-pipeline-viewer-controller...       1    1    1    6m42s
replicaset.apps/mysql-67cb6fcdfc                       1    1    1    6m49s
replicaset.apps/notebook-controller-deployment...      1    1    1    7m8s
replicaset.apps/profiles-deployment-7c7fc789f4         1    1    1    6m40s
replicaset.apps/pytorch-operator-5fd5f94bdd            1    1    1    7m7s
replicaset.apps/seldon-controller-manager...           1    1    1    6m34s
replicaset.apps/spark-operatorsparkoperator...         1    1    1    7m13s
replicaset.apps/spartakus-volunteer-8579dbb8c          1    1    1    6m57s
replicaset.apps/tensorboard-6544748d94                 1    1    1    6m56s
replicaset.apps/tf-job-operator-7d7c8fb8bb             1    1    1    6m55s
replicaset.apps/workflow-controller-945c84565          1    1    1    7m20s


NAME                                                       READY    AGE
statefulset.apps/admission-webhook-bootstrap-stateful-set  1/1      7m18s
statefulset.apps/application-controller-stateful-set       1/1      7m50s
statefulset.apps/kfserving-controller-manager              1/1      6m58s
statefulset.apps/metacontroller                            1/1      7m22s


NAME                              COMPLETIONS    DURATION    AGE
job.batch/spark-operatorcrd-cleanup    1/1          28s        7m15s
```

쿠브플로가 GKE에 배포된 것을 확인한 후에 메인 사용자 인터페이스와 쿠브플로 애플리케이션을 살펴볼 수 있습니다.

5.3.5 설치 후 쿠브플로 사용자 인터페이스 접근

쿠브플로가 설치되면 [그림 5-19]와 같이 쿠브플로에 포함된 메인 사용자 인터페이스에 웹 브라우저를 이용해 로그인할 수 있습니다.

이 페이지는 다음 URI로 접근 가능합니다(GCP에서 배포가 완료되고 난 몇 분 후에).

- https://<KF_NAME>.endpoints.<project-id>.cloud.goog/

URI에 딜레이가 있는 이유는 쿠브플로가 서명된 SSL 증명서[certificate]을 프로비저닝하고 GCP에 DNS 이름을 등록해야 하기 때문입니다.

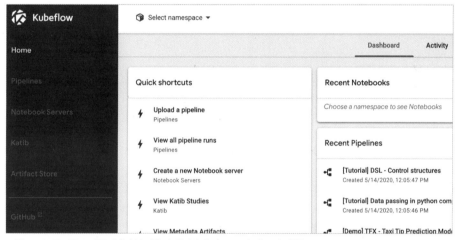

그림 5-19 쿠브플로 애플리케이션 사용자 인터페이스(GCP에 배포된 경우)

배포 인그레스 URI 얻기

GCP의 새로운 쿠브플로 배포 URI를 얻으려면 다음 명령어를 사용하세요.

```
kubectl -n istio-system get ingress
```

이 명령어의 결괏값은 [예제 5-5]와 같습니다.

예제 5-5 URI 인그레스 명령어 결괏값

```
NAME            HOSTS                                  ADDRESS          PORTS  AGE
envoy-ingress   kf-1-0-book-deployment.endpoints...   34.120.141.194   80     3h26m
```

5.4 마치며

5장에서는 단계별로 어떻게 명령 줄을 사용해서 GCP에 쿠브플로 1.0을 배포하는지 알아보았습니다. GCP의 쿠브플로는 온프레미스 설치와 비슷한 점이 많이 있지만 아이덴티티와 이스티오 같은 다른 구성 요소를 사용합니다. 이어질 장에서는 AWS와 애저에서 쿠브플로 설치가 어떻게 달라지는지 살펴봅니다.

## CHAPTER 6

아마존 웹 서비스 쿠브플로 운영

아마존 웹 서비스(AWS)에도 아마존 엘라스틱 쿠버네티스 서비스(EKS)를 이용해서 쿠브플로를 배포할 수 있습니다. 먼저 아마존 웹 서비스 플랫폼과 여기에서 제공하는 서비스를 소개하겠습니다.

6.1 아마존 웹 서비스 개요

아마존 웹 서비스는 조직에 164개 이상의 서비스와 제품을 제공하는 클라우드 플랫폼입니다. 조직들은 AWS를 스토리지, 컴퓨팅, 데이터베이스 관리, 네트워킹, 관리와 모니터링, 인공지능, 데이터 분석, 배포 관리, 애플리케이션 서비스 등의 유스 케이스에 사용합니다.

이런 서비스의 가능 여부는 여러분의 위치에 따라 달라집니다. 아마존 클라우드는 전 세계의 21개 지역을 커버합니다. 여기서 리전은 지리적인 위치를 말합니다. 각 리전에는 가용존availability zone이라고 불리는 독립적인 하위 리전이 여러 개 있으며, 이 존들은 더 작고 관리하기 쉽습니다. 또한 이러한 존을 통해 조직들은 같은 리전 안에 있는 여러 가용 존에 애플리케이션을 배포할 수 있습니다. 하나의 존에 장애가 발생해도 존끼리는 분리되어 있기 때문에 애플리케이션이 온라인 상태를 유지합니다.

AWS가 제공하는 가장 인기 있는 서비스는 다음과 같습니다.

- 아마존 EC2
- 아마존 RDS
- 아마존 CloudFront
- 아마존 VPC
- 아마존 SNS
- 아마존 Elastic Beanstalk
- 아마존 Lambda
- 아마존 Auto Scaling
- 아마존 ElastiCache

이 서비스는 아주 일부분입니다. 여러분은 앞으로 쿠브플로를 배포하고 운영하기 위해 몇 개의 아마존 서비스를 활용하게 될 것입니다.

6.1.1 스토리지

AWS는 스토리지를 구글 클라우드처럼 서비스형 인프라스트럭처(IaaS)로 제공합니다. AWS 는 또한 다양한 옵션의 스토리지를 제공합니다. 각 옵션은 특정한 스토리지 유스 케이스를 해결하는 것을 목표로 합니다. 이 옵션들은 다음을 포함합니다.

- 아마존 Elastic Block Store
- 아마존 Elastic File System
- 아마존 Lustre를 위한 FSx
- 아마존 Windows File Server를 위한 FSx
- 아마존 Simple Storage Service(S3)
- 아마존 Glacier
- AWS Storage Gateway

각 제품은 저장된 데이터를 위한 특정 유스 케이스를 목표로 합니다. 데이터 접근 패턴은 어떤 스토리지가 적절한지 정할 수도 있습니다. 스토리지의 성능은 여러분이 선택하는 스토리지 서비스의 유형에 따라 크게 다릅니다. 예를 들어 어떤 유스 케이스는 데이터 접근이 잦고 로 레이턴시low-latency의 반응 시간을 요구할 수 있고, 또 어떤 케이스는 데이터를 거의 접근할 필요가 없을 수도 있습니다. 로 레이턴시 유스 케이스의 경우 요구사항에 따라 아마존 S3나 아마존

Elastic Block Store가 적절한 스토리지일 수 있습니다. AWS S3 스토리지는 인기 있는 옵션입니다. AWS S3는 유일한 키로 식별이 되는 버킷으로 조직되어 있습니다. 이런 방식은 구글 클라우드나 다른 클라우드 제공사에서 흔히 사용되는 접근 방식입니다.

반면 아마존 Glacier는 낮은 가격으로 장기적인 스토리지를 제공합니다. 아마존 Glacier를 선택하는 것은 데이터 접근이 드물다는 것을 의미합니다. 아마존 Glacier 스토리지는 콜드 스토리지cold storage로 알려진 스토리지 종류에 속합니다. 콜드 스토리지에 저장된 데이터는 거의 접근되지 않거나 아예 접근되지 않습니다. 결과적으로 아마존 Glacier는 가격에 영향을 주는 세 가지의 데이터 추출 옵션을 제공합니다. 콜드 스토리지의 데이터에 접근하려면 어떤 경우에는 다섯 시간까지 걸리기도 합니다.

6.1.2 아마존 스토리지 가격 정책

아마존 클라우드 스토리지의 가격 정책에 대한 정보를 더 보고싶다면 우선 어떤 종류의 스토리지가 필요한지[1] 정해야 합니다. 결정을 내릴 때 데이터 접근 패턴, 레이턴시 요구사항, 데이터 전체 크기 등을 고려해야 합니다.

AWS가 제공하는 페이지의 오른쪽 위에 있는 가격 정책 탭을 보기 위해서 사용할 스토리지 제품을 선택하세요. 그러면 예상 스토리지 가격을 계산할 수 있습니다.

6.1.3 아마존 클라우드 보안

모든 클라우드 기반 서비스에서 보안은 중요한 구성 요소입니다. 아마존 클라우드 서비스에서 실행되는 애플리케이션이 안전하다는 것을 확실히 하려면 아마존의 IAM 서비스를 활용해야 합니다. IAM은 AWS 서비스에 호스팅된 애플리케이션과 데이터를 위해 방대한 방식의 보안 조치를 제공하는 무료 서비스입니다. 이 조치들은 다음을 포함합니다.

세분화된 허가

사용자의 리소스 접근을 쉽게 관리하도록 해줍니다.

---

[1] *https://oreil.ly/JHsYR*

아이덴티티 연합

다른 아이덴티티 관리 시스템과의 연결 기능을 제공합니다.

금융 트랜잭션 지원

AWS IAM은 PCI DSS[2]와 호환됩니다.

다요소(multi-factor) 인증

사용자 계정이 두 가지 요소 인증으로 셋업될 수 있습니다.

애플리케이션 허가

IAM 애플리케이션과 리소스를 사용하면 AWS 생태계에 배포된 다른 리소스에 접근이 가능합니다.

6.1.4 아마존 컴퓨팅 서비스

앞서 설명된 스토리지 서비스 외에도 AWS는 다양한 클라우드 기반 컴퓨팅 리소스를 제공합니다. 이 절에서 컴퓨팅 서비스를 살펴보고 이 서비스들이 서로 어떻게 다른지 살펴봅니다.

클라우드 기반 컴퓨팅 리소스는 접근성, 확장성, 낮은 유지 비용 때문에 대규모 배포에 적합합니다. 이 서비스를 이용해 필요할 때 확장할 수 있는 온디맨드on-demand 리소스가 있으므로 애플리케이션을 선행 비용을 줄일 수 있습니다.

다음은 AWS가 제공하는 컴퓨팅 리소스의 목록입니다.

- 아마존 EC2
- 아마존 Lightsail
- 아마존 ECS
- 아마존 Fargate
- 아마존 Lambda

---

2 옮긴이_ 지불 카드 보안 표준(Payment Card Industry Data Security Standard)

6.1.5 EKS의 관리형 쿠버네티스

아마존 엘라스틱 쿠버네티스 서비스(EKS)는 아마존이 제공하는 관리형 서비스입니다. 관리형 쿠버네티스는 클라우스 서비스 제공사가 호스팅하고 유지하는 쿠버네티스 클러스터입니다. 관리형 서비스는 많은 리소스가 있는 거대한 데이터 센터 안에서 실행되기 때문에 쿠버네티스 클러스터가 쉽게 확장됩니다. EKS는 또한 쿠버네티스 클러스터를 배포하고 관리하는 것을 훨씬 쉽게 합니다.

이 장의 뒷부분에서 쿠브플로 애플리케이션을 EKS 클러스터에 배포하기 위해 EKS를 사용합니다. 먼저 AWS 계정을 셋업하고, EKS 클러스터를 설정합니다. 그리고 쿠브플로 애플리케이션을 배포하겠습니다.

6.2 아마존 웹 서비스 가입

시작하기 전에 여러분은 아마존 웹 서비스 계정이 필요합니다. 없다면 프리 티어free tier에 가입할 수 있습니다. [그림 6-1]을 확인하세요.[3]

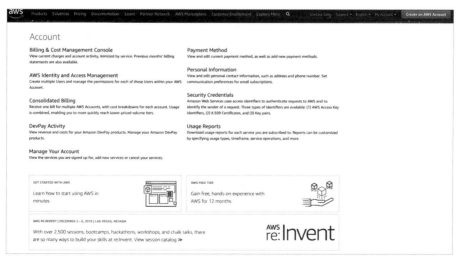

그림 6-1 AWS 계정 관리 화면

----

3 *https://oreil.ly/usXGh*

화면 오른쪽 위에 있는 [Create an AWS account]를 클릭합니다.

프리 티어 계정은 회원 가입일로부터 1년간 유효하며, 프리 티어 범위를 초과하지 않는다면 12개월 동안 제한된 서비스를 무료로 사용할 수 있습니다. 어떤 서비스를 이용하느냐에 따라 사용량usage이 다릅니다. 예를 들어 프리 티어에서는 EC2 마이크로 인스턴스를 750시간 동안 사용할 수 있습니다. 이런 혜택은 AWS를 막 시작하려는 사용자에게 좋습니다.

6.3 AWS 명령 줄 인터페이스 설치

AWS 명령 줄 인터페이스(CLI)는 AWS 서비스를 관리합니다. 이 절에서 여러분의 로컬 머신에 AWS 명령 줄 인퍼테이스를 셋업합니다. AWS 명령 줄 인터페이스를 사용해서 프로젝트를 생성하고, 코드를 배포하고, 인스턴스를 설정하고, 인프라스트럭처를 관리합니다. 그리고 아마존 EKS와 쿠브플로를 프로비저닝하고 배포하는 데 여러분의 로컬 컴퓨터를 필수 사전 요소로 셋업합니다.

6.3.1 파이썬 업데이트

다음으로 넘어가기 전에 파이썬이 최신 버전인지 확인해야 합니다. 파이썬이 설치되어 있지 않다면 설치해야 합니다.

의존성을 관리하는 것을 도와줄 파이썬 패키지 관리 프레임워크가 여러 개 있습니다. 그러나 pip[4]가 가장 편리하기도 하고 일부 단계들을 단순화할 수 있기 때문에 추천합니다. 반드시 여러분 시스템의 파이썬은 최소한 2.7.9 버전 이상이어야 합니다.

다음 코드를 실행해 파이썬 버전을 확인합니다.

```
$ python --version
```

---

4 https://pypi.org/project/pip

6.3.2 AWS 명령 줄 인터페이스 설치

AWS 계정이 있으니 이제 로컬 머신에 AWS 명령 줄 인터페이스를 설치해야 합니다. AWS 명령 줄 인터페이스는 아마존 클라우드 리소스를 관리할 수 있는 명령 줄 인터페이스 도구입니다. 이 명령 줄 인터페이스는 하나의 패키지에 모든 아마존 웹 서비스를 위한 명령어를 제공합니다. 어떤 AWS 서비스를 사용하는가에 따라 어떤 명령어를 익혀야 하는지를 결정합니다.

참고로 AWS 관리 콘솔은 CLI와 거의 같은 기능을 제공하는 웹 사용자 인터페이스입니다. 그러나 명령 줄 인터페이스를 사용하면 기능을 추가하면서 더 높은 수준의 제어와 자동화를 위한 스크립트를 쓸 수 있습니다.

AWS 명령 줄 인터페이스를 설치하는 방법에는 세 가지가 있습니다.

- pip 명령어 사용
- 가상 환경
- 번들 설치

가능하다면 pip을 사용하는 것을 추천합니다. AWS 명령 줄 인터페이스를 pip을 이용해 설치하려면 여기 자세한 지시사항[5]을 따라하면 됩니다. 다른 설치 방식을 사용해서 설치하려면 가상 환경 또는 번들 설치를 사용해 명령 줄 인터페이스를 사용하는 AWS 지시사항[6]을 살펴보시기 바랍니다.

AWS 명령 줄 인터페이스 설정

AWS 명령 줄 인터페이스를 설치하면 AWS 프로파일을 셋업해야 합니다. 이것을 하기 위해서는 다음을 실행합니다.

```
$ aws configure
```

그러면 AWS 접근 키, AWS 비밀 접근 키, 리전, 출력 형식을 입력하라고 표시될 것입니다.

결괏값은 다음과 비슷합니다.

---

5 _https://oreil.ly/bnGXd_
6 _https://oreil.ly/yJvdF_

```
$ aws configure
AWS Access Key ID [None]: ACCESSKEYEXAMPLE
AWS Secret Access Key [None]: SECRET/ACCESS/KEY
Default region name [None]: us-east-2
Default output format [None]: json
```

아직 AWS 키가 없다면 [My Security Credentials] 아래의 AWS 관리 콘솔에서 생성할 수 있습니다. AWS 콘솔의 오른쪽 위의 계정 이름 위에 마우스 커서를 가져가 [My Security Credentials]을 선택합니다. 그리고 왼쪽 메뉴 바에서 [Users]를 선택합니다. 그러면 [그림 6-2]와 같은 화면이 보일 것입니다.

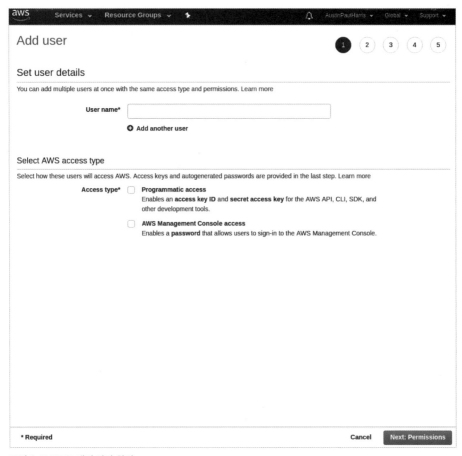

그림 6-2 AWS 계정 관리 화면

텍스트 박스에 원하는 사용자명을 입력하세요. AWS 관리 콘솔에 접근이 필요한 계정을 생성하는 것이 아니라면 두 번째 옵션은 'Programmatic Access'를 선택합니다. 이 과정이 끝나면 화면 아래의 [Next]를 클릭합니다. 그러면 [그림 6-3]과 같은 허가permission 화면이 보일 것입니다.

여기서 기존 권한 그룹에 사용자를 추가할 수 있습니다. 아직 권한 그룹이 없다면 페이지 중앙의 [Create Group]을 클릭합니다. 사용자 허가를 성공적으로 추가하면 화면 아래의 [Next]를 클릭합니다. 그러면 사용자의 AWS 접근 키와 AWS 비밀 접근 키가 보일 것입니다. 프로세스를 완료하려면 AWS 명령 줄 인터페이스를 설정할 때 로컬 터미널에 이 세부 사항을 복사해 넣어야 합니다.

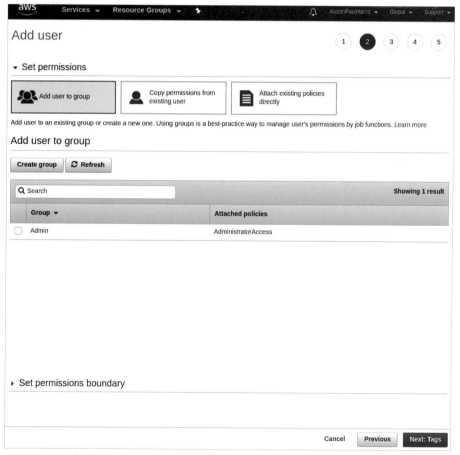

그림 6-3 AWS 계정 관리 화면

6.4 아마존 웹 서비스의 쿠브플로

다음 절에서는 명령 줄 인터페이스를 사용해 쿠브플로를 설치하는 과정을 다루겠습니다. 먼저 로컬 머신에 몇 개의 패키지를 설치해야 합니다. 가장 처음 설치하는 것은 kubectl입니다. kubectl 명령 줄 인터페이스를 사용해 AWS에 호스팅된 쿠버네티스 클러스터에 명령을 실행합니다.

6.4.1 kubectl 설치

앞에서 언급했듯, kubectl은 쿠버네티스 클러스터에 명령을 실행합니다. kubectl을 설치하기 위해 다음의 명령을 실행합니다.

```
curl -LO https://storage.googleapis.com/kubernetes-release/release/`curl -s \
https://storage.googleapis.com/kubernetes-release/release/stable.txt`/bin/linux/ \
amd64/kubectl
```

6.4.2 아마존 EKS를 위한 eksctl 명령 줄 인터페이스 설치

다음으로 eksctl 명령 줄 도구를 설치해야 합니다. eksctl 도구는 아마존 EKS에 쿠버네티스 클러스터를 생성하는 데 사용되는 바이너리 패키지입니다.

최신 릴리즈를 다운로드하기 위해 운영체제에 따라 선호하는 패키지 매니저를 사용하면 됩니다. 여기서는 curl 명령어를 사용합니다.

```
$ curl --silent --location "https://github.com/weaveworks/eksctl/releases/ \
download/latest_release/eksctl_$(uname -s)_amd64.tar.gz" ¦ tar xz -C /tmp
sudo mv /tmp/eksctl /usr/local/bin
```

6.4.3 아마존 IAM 인증자 설치

쿠버네티스 클러스터를 보안하기 위해 AWS IAM 인증자authenticator을 설치해야 합니다. IAM은 이전에 셋업해두었던 AWS IAM 인증서를 사용해 클러스터로의 인증을 지원합니다.

쿠버네티스를 위한 AWS IAM을 설치하려면 다음의 curl 명령어를 사용하세요.

```
$ curl -o aws-iam-authenticator https://amazon-eks.s3-us-west-2.amazonaws.com \
/1.13.7/2019-06-11/bin/linux/amd64/aws-iam-authenticator
```

다음으로 인증자에 실행 허가를 주어야 합니다. 다음의 명령어를 실행합니다.

```
$ chmod +x ./aws-iam-authenticator
```

6.4.4 jq 설치

kubectl 출력 결과는 적절한 도구가 없으면 이해하기 어려울 수 있습니다. 결괏값을 해석하기 위해 명령 줄 JSON 프로세서인 jq를 사용합니다. jq는 여러분이 원하는 것을 훨씬 쉽게 찾을 수 있도록 결과 데이터를 필터링하고 매핑합니다.

리눅스에 jq를 설치하려면 다음의 명령어를 사용합니다.

```
$ sudo apt-get install jq
```

6.5 아마존 EKS에서 관리형 쿠버네티스 사용하기

이 절에서 여러분의 EKS클러스터를 프로비저닝하고 설정합니다.

6.5.1 EKS 서비스 역할 생성

먼저 클러스터를 위한 IAM 역할을 생성[7]해야 합니다. IAM 역할은 AWS 리소스를 관리하기 위해 사용됩니다. [그림 6-4]와 같이 페이지 왼쪽 메뉴의 [Roles] 버튼을 클릭합니다.

---

7 *https://oreil.ly/SC0By*

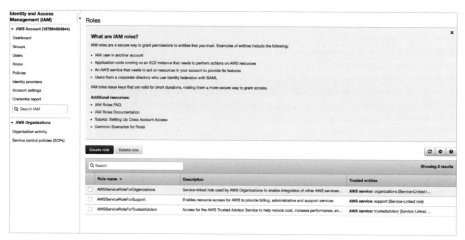

그림 6-4 AWS 계정 관리 화면

다음으로 사용할 EKS 클러스터의 역할을 생성해야 합니다. 화면 중앙의 [Create Role]을 클릭하면 AWS 서비스 목록이 보입니다. 목록에서 EKS를 선택하고 화면 오른쪽 아래의 [Next Permissions]를 클릭합니다. 특정 AWS IAM 역할은 하나 이상의 관련 정책이 있습니다. EKS에는 AmazonEKSClusterPolicy와 AmazonEKSServicePolicy가 필요합니다. 이런 정책은 아마존 엘라스틱 컨테이너 서비스에 AWS 리소스를 생성하고, 관리하는 허가를 줍니다. [그림 6-5]같은 페이지를 볼 수 있습니다.

AmazonEKSServicePolicy를 선택하면 아마존 EKS가 여러분 대신 클러스터를 관리해줍니다. 다음 단계로 넘어가기 위해 화면 오른쪽 아래의 [Next]를 클릭합니다. 이 단계에서 여러분이 생성하는 역할에 IAM 태그를 추가할 수 있습니다. IAM 태그는 리소스들을 관리, 검색, 필터링해주는 단순한 키-값 쌍입니다. AWS 리소스에 지정할 키-값을 여러분이 직접 정의해야 합니다. 이 태그는 주어진 AWS 리소스나 서비스 과금을 모니터링하는 데에도 사용할 수 있습니다. IAM 태그를 설정하려면 키-값 쌍을 입력합니다. 필요 없다면 [Next: Review]를 클릭합니다. 이 과정은 역할 생성의 마지막 단계입니다.

Create role
1
2
3
4
Attached permissions policies
The type of role that you selected requires the following policy.
Filter policies
Search
Showing 2 results
Policy name
Used as
Description
AmazonEKSClusterPolicy
None
This policy provides Kubernetes the permissio...
AmazonEKSServicePolicy
None
This policy allows Amazon Elastic Container S...
AmazonEKSServicePolicy
This policy allows Amazon Elastic Container Service for Kubernetes to create and manage the necessary resources to operate EKS Clusters.
Policy summary
{} JSON
Filter
Service
Access level
Resource
Request condition
Set permissions boundary

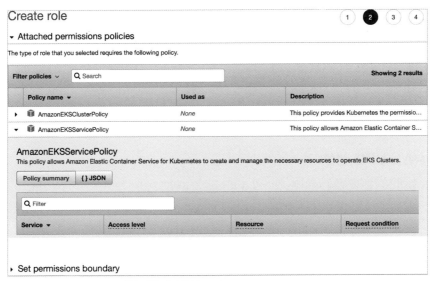

그림 6-5 AWS EKS IAM 역할 정책 허가 옵션

여러분이 역할을 성공적으로 설정했다면 [그림 6-6]과 같은 화면이 보일 것입니다.

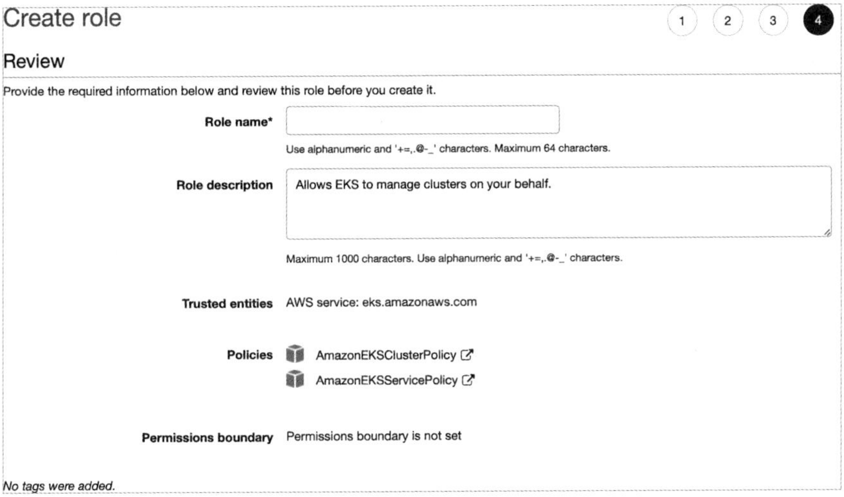

Create role
1
2
3
4
Review
Provide the required information below and review this role before you create it.
Role name*
Use alphanumeric and '+=,.@-_' characters. Maximum 64 characters.
Role description
Allows EKS to manage clusters on your behalf.
Maximum 1000 characters. Use alphanumeric and '+=,.@-_' characters.
Trusted entities
AWS service: eks.amazonaws.com
Policies
AmazonEKSClusterPolicy
AmazonEKSServicePolicy
Permissions boundary
Permissions boundary is not set
No tags were added.

그림 6-6 AWS EKS IAM 역할 정책 허가 리뷰

여기에 보여진 리뷰 단계에서 새로운 IAM 역할을 요약해서 보여줍니다. 역할에 대한 설명, 정책, 허가 경계 등을 확인할 수 있습니다. 일단 확인이 되면 역할을 위한 Role Name을 입력합

니다. 이 이름은 고유한 이름이어야 하고 이 책에서는 'eksClusterRole'로 입력하겠습니다. 역할 명명 규칙, 가이드라인, 제한 등은 AWS 페이지[8]를 참고하세요. 역할 생성 과정을 마치기 위해 [Create Role]을 클릭합니다. 이제 여러분의 EKS 클러스터가 새로운 IAM 역할 아래에서 IAM 관리 콘솔을 이용해 리소스를 관리할 수 있습니다.

6.5.2 AWS VPC 생성

이제 EKS 클러스터를 배포할 아마존 버추얼 프라이빗 클라우드Amazon Virtual Private Cloud (VPC)[9]를 생성해야 합니다. AWS 리소스는 여러분의 계정에 할당된 하나의 VPC에 배포될 수 있습니다. VPC는 배포된 리소스를 마치 여러분만의 데이터 센터를 사용하듯 네트워크 제어와 기능을 제공합니다. 리소스를 보호하려면 다른 보안 조치뿐만 아니라 권한 그룹과 접근 제어 목록을 추가로 설정해야 합니다. 유스 케이스에 따라 같은 VPC 안에서 퍼블릭 서브넷public subnet이든 프라이빗 서브넷private subnet이든 설정이 가능합니다. 퍼블릭 서브넷 트래픽은 인터넷과 통신하는 인터넷 게이트웨이로 전달되고 프라이빗 서브넷은 버추얼 프라이빗 게이트웨이를 통과해 접근합니다.

AWS 버추얼 프라이빗 클라우드를 생성하려면 AWS CloudFormation 콘솔[10] 페이지에 방문해야 합니다. 시작하기 전에 AWS 콘솔이 어느 리전에 설정되어 있는지 먼저 확인합니다. 표시된 리전은 여러분의 EKS 클러스터를 배포할 리전이어야 합니다. 화면 오른쪽 위에 리전이 드롭다운 메뉴로 보여집니다. 리전을 확인하면 AWS CloudFormation 스택을 생성해야 합니다.

스택의 목적은 여러 개의 AWS 리소스를 한 개의 관리 가능한 단위(스택)로 설정하는 것입니다. 스택은 사용자가 정의하고 리소스 집합을 더 효율적으로 생성, 관리, 삭제하도록 해줍니다. 스택이 없으면 애플리케이션의 각 구성 요소들을 각각 한 번에 하나씩 스핀업해야 합니다. 스택이 있다면 자원이 필요할 때마다 쉽게 프로비저닝과 배포를 할 수 있습니다. 스택에 속하는 리소스는 CloudFormation 템플릿에 정의되어야 합니다. 템플릿은 JSON, YAML, AWS Designer 세 가지 방식으로 생성될 수 있습니다.

---

8 *https://oreil.ly/JZcBY*

9 *https://oreil.ly/Sew9N*

10 *https://oreil.ly/itkAo*

새로운 스택을 생성하려면 페이지 중앙의 [Create Stack]을 클릭합니다. [그림 6-7]와 같이 페이지의 'Prerequisite' 섹션에서 첫 번째 옵션인 [Template is read]를 선택합니다.

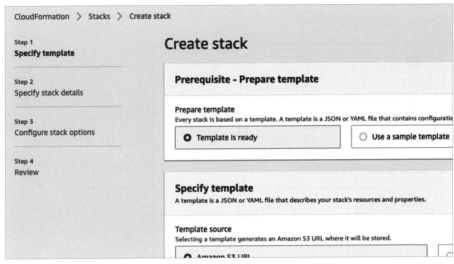

그림 6-7 CloudFormation AWS 콘솔 웹 페이지

AWS EKS의 기초 지식을 쌓을 목적으로 아마존이 제공하는 기존의 AWS CloudFormation 샘플 템플릿을 사용하겠습니다. 이 템플릿을 사용하려면 'Template Source' 아래의 [Amazon S3 URL]을 선택합니다. 다음으로 CloudFormation 템플릿의 내용이 채워질 파일이나 URL을 제공해야 합니다.

AWS 샘플 템플릿에 다음의 URL[11]을 입력합니다.

- https://amazon-eks.s3-us-west-2.amazonaws.com/cloud.../amazon-eks-vpc-sample.yaml

이런 방식으로 템플릿을 제공하는 것은 매우 일반적인 일입니다. 그러나 AWS는 AWS CloudFormation Designer라는 도구를 제공하고 이 도구를 이용해 JSON과 YAML 파일을 업로드하고 추가적으로 템플릿을 생성할 수도 있습니다. 'Designer'는 백그라운드에서 동작하는 템플릿 파일을 생성할 수 있는 그래픽 인터페이스 도구입니다. 이것을 이용해 시스템과 그

---

11 이 URL은 페이지상 일부가 생략되었습니다. 전체 URL은 다음과 같습니다. *https://amazon-eks.s3-us-west-2.amazonaws.com/cloudformation/2019-09-17/amazon-eks-vpc-sample.yaml*

구성 요소들을 시각화하여 템플릿 파일을 편집할 수 있습니다. 'Designer'에서 샘플 템플릿을 보려면 'Specify Template' 폼의 오른쪽 아래에서 [View in Designer]를 클릭합니다. 샘플 템플릿을 사용한다면 [그림 6-8]에서 보이는 아키텍처가 보일 것입니다.

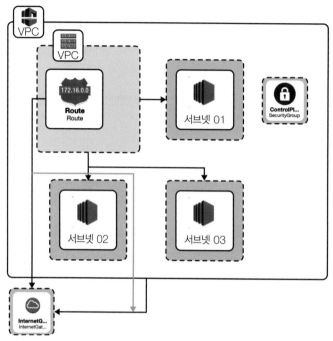

그림 6-8 스택 템플릿 편집에 사용되는 Designer 그래픽 인터페이스 도구

VPC를 구성하는 스택은 라우팅 테이블과 세 개의 서브넷, 퍼블릭 서브넷을 위한 인터넷 게이트웨이로 설정됩니다. AWS Designer 웹 애플리케이션은 스택을 생성하기 전에 템플릿을 편집할 수 있게 해줍니다. Designer는 템플릿을 편집하기 위한 그래픽 인터페이스입니다.

다음으로 넘어가기 위해 [Next]를 클릭합니다. 다음 단계에서는 스택의 세부 사항을 명시합니다. 여러분 스택의 이름을 입력하고 서브넷의 사이더^{Classless Inter-Domain Routing}(CIDR)를 설정합니다. 이때까지 과정을 잘 따라왔다면 템플릿 안의 이런 정보들이 이미 채워져 있을 것입니다. 다시 [Next]를 클릭합니다. 이 단계에서 이 절의 앞부분에서 생성한 IAM 역할을 설정해야 합니다. '허가' 부분에 앞서 생성한 IAM 역할의 이름을 입력하고 다음 단계로 넘어갑니다. 다음 단계는 리뷰입니다. 스택 설정을 확인하고 [Create Stack]을 클릭합니다. 클릭한 후에는 CloudFormation 스택에 정의된 모든 리소스의 인스턴스화 과정이 시작됩니다. 다음으로 EKS 클러스터를 생성하는 과정을 살펴보겠습니다.

6.5.3 EKS 클러스터 생성

이 절을 시작하기 전에 AWS 명령 줄 인터페이스가 성공적으로 설치되었는지, AWS EKS를 위해 kubectl이 설정되어 있는지 확인해야 합니다. AWS 명령 줄 인터페이스가 성공적으로 설치되었는지 확인하려면 로컬 머신에서 다음 명령어를 실행합니다.

```
$ aws --version and kubectl --version
```

설치된 인터페이스의 현재 버전이 적혀있는 결괏값을 확인해야 합니다. kubectl이나 AWS 명령 줄 인터페이스가 설치되어 있지 않다면 이 장의 시작 부분에 나온 지시사항을 따라서 설치합니다. 시작하려면 AWS 콘솔의 클러스터 관리 페이지[12]로 갑니다.

화면 왼쪽 위의 'Amazon Container Service'가 보일 것입니다. EKS 클러스터를 시작하려면 [Create Cluster]를 클릭합니다. 먼저, 'General Configuration' 부분에 내용을 채웁니다. 여기에는 클러스터 이름, 쿠버네티스 버전, 이 장의 시작 부분에서 생성한 IAM 역할 등이 포함됩니다. 다음으로 기본 VPC를 선택하고 [Create Cluster]를 클릭합니다.

클릭을 하면 다시 'Amazon Container Service' 페이지로 이동합니다. 왼쪽 메뉴의 [Clusters]를 클릭합니다. 클러스터 목록에서 여러분의 EKS 클러스터와 실행하는 쿠버네티스 버전 그리고 현재 상태를 볼 수 있습니다. 클러스터 생성 과정을 완료했다면 [그림 6-9]와 같은 화면을 볼 수 있습니다.

Clusters (1)

	Cluster name	Kubernetes Version
○	kubeflowOperationsCluster	1.13

그림 6-9 ESK 클러스터의 현재 상태를 보여주는 EKS 클러스터 관리 콘솔

---

12 *https://oreil.ly/Su6tt*

[그림 6–9]에서 EKS 클러스터 이름이 'kubeflowOperationsCluster'이고 쿠버네티스 1.13 을 실행 중이며, 현재 생성 중이라는 것을 확인할 수 있습니다. 더 자세한 사항을 보거나 변 경할 것이 있다면 목록에 있는 해당 클러스터를 선택합니다. 이 정보를 이용해서 kubectl을 설정할 수 있습니다. kubectl 설정하려면 EKS 클러스터의 API 서버 엔드포인트와 인증 기 관certificate authority이 필요합니다.

6.5.4 eksctl을 이용한 EKS 클러스터 배포

AWS EKS 관리 콘솔 대신 eksctl을 선호한다면 이 절에서 eksctl을 이용해 EKS 클러스터 를 배포하는 단계를 확인할 수 있습니다. EKS 클러스터를 관리 콘솔로 배포하든 eksctl을 이 용하든 동일한 사전 단계들이 필요합니다. eksctl 설치 과정은 이 장의 앞에서 다루었습니다. eksctl을 설치하고 설정했다면 클러스터를 배포할 수 있습니다.

클러스터를 생성하기 위해 eksctl create 명령어를 사용합니다.

```
$ eksctl create cluster \
--name kubeflowOperationCluster \
--version 1.14 \
--nodegroup-name standard-workers \
--node-type t3.medium \
--nodes 3 \
--nodes-min 1 \
--nodes-max 4
```

굵은 글씨체 부분은 여러분이 원하는 설정으로 바꿔야 합니다. 먼저 --name에는 원하는 EKS 클 러스터 이름입니다. 지원이나 호환성에 따라 특정 버전의 쿠버네티스가 필요할 수 있고 이것은 --version 아규먼트argument를 이용해서 설정할 수 있습니다. 여러 개의 AWS 컴퓨팅 인스턴스 종류가 같은 EKS 클러스터 안에서 쓰일 수 있습니다. 이것은 서로 다른 노드 그룹이 정의합니 다. 이 책의 예시 클러스터에는 한 종류의 AWS 컴퓨팅 노드 한 개만 있습니다. --nodegroup- name과 --node-type 아규먼트가 클러스터에 노드 그룹과 AWS 인스턴스 종류를 생성하는 데 쓰입니다. 마지막 아규먼트는 노드의 수와 클러스터의 제한량을 정의합니다.

6.6 배포 과정 이해

이제 로컬 머신을 설정했으니 설치한 eksctl을 이용해 쿠버네티스 리소스에 쿠브플로를 배포하는 다음 단계를 논의하겠습니다. 여러분의 클러스터를 프로비저닝하는 여러 가지 방법들이 있는데 여기서는 EKS 클러스터를 프로비저닝하기 위해 eksctl을 사용하고, 쿠브플로를 배포하기 위해서 kfctl 명령 도구를 사용하겠습니다.

1 EKS 클러스터 생성하기
2 AWS 계정 설정하기
3 쿠브플로 배포하기

쿠브플로 설정 단계부터 시작하겠습니다.

6.6.1 쿠브플로 설정과 배포

이전 절의 과정을 완료했다고 가정하고 진행하겠습니다. 여기서는 이전 절에서 배포된 EKS 클러스터에 쿠브플로를 설치할 것입니다. 먼저 로컬 머신에 쿠브플로를 위한 사전 요구사항들을 다운로드해야 합니다.

kfctl 다운로드 및 설정

쿠브플로 애플리케이션을 배포하려면 kfctl[13]을 설치해야 합니다. kfctl은 Golang으로 개발된 명령 줄 인터페이스입니다. kfctl을 이용해서 EKS 클러스터에 쿠브플로 애플리케이션을 배포할 것입니다. 다운로드 후에 다음 명령어를 이용해 파일을 언팩합니다.

```
$ tar -xvf kfctl_<release tag>_<platform>.tar.gz
```

편의를 위해 kfctl을 로컬 머신 PATH에 다음을 이용해 추가합니다.

```
$ export PATH=$PATH:"<path to kfctl>"
```

---

13 *https://oreil.ly/XXf25*

이제 `kfctl` AWS config 파일을 다운로드해야 합니다. PATH 변수를 설정하고 다음 명령어를 이용해 파일을 다운로드합니다. 먼저 EKS 설정 파일을 위해 PATH 변수를 설정합니다.

```
$ export CONFIG="/tmp/kfctl_aws.yaml"
```

그리고 기존 AWS EKS 클러스터에 쿠브플로를 설치하는 데 사용할 YAML파일을 다운로드합니다.

```
$ wget https://raw.githubusercontent.com/kubeflow/kubeflow/ \
v0.6.2/bootstrap/config/kfctl_aws.yaml -O ${CONFIG}
```

두 개의 새로운 환경 변수를 생성합니다. 첫 번째는 **AWS_CLUSTER_NAME**이고 이 값이 EKS 클러스터 이름이 될 것입니다. 다음의 명령어를 이용합니다.

```
$ export AWS_CLUSTER_NAME=<EKS CLUSTER NAME>
```

다음으로 애플리케이션 디렉터리를 위한 이름을 선택해야 합니다. 이 책에서는 쿠브플로 애플리케이션 디렉터리 이름을 EKS 클러스터 이름으로 지정하기 위해 다음 명령어를 사용합니다.

```
$ export KF_NAME=${AWS_CLUSTER_NAME}
```

이제 쿠브플로를 EKS 클러스터에 배포하고 설정하기 위한 AWS 쿠브플로 설정 파일이 준비되었습니다. 배포 전에 `kfctl_aws.yaml` 파일을 업데이트해야 합니다. 이전 단계에서 다운로드 받은 설정 파일을 엽니다. 설정 파일은 **/tmp/** 디렉터리에 있습니다. 이 파일에서 AWS 리전을 여러분의 EKS 클러스터와 같은 리전으로 바꿉니다. 그리고 여러분의 아마존 EKS IAM 역할을 추가하고 역할 딕셔너리에 추가합니다.

IAM 역할은 파일 아래 쪽의 **spec:roles:{AWS_ROLE_NAME}**에 위치합니다. 이 장의 앞부분에서 IAM EKS 역할을 대응하는 정책과 함께 생성했습니다. 여러분의 IAM 역할 이름은 `eksctl`을 이용해서 추출할 수 있습니다.

```
$ aws iam list-roles \
    | jq -r ".Roles[] \
```

```
        | select(.RoleName \
        | startswith(\"eksctl-$AWS_CLUSTER_NAME\") \
  and contains(\"NodeInstanceRole\")) \
        .RoleName"
```

위 명령어의 결괏값이 여러분의 EKS IAM 역할 이름입니다. 이것을 kfctl_aws.yaml 파일안의 spec:roles:{AWS_ROLE_NAME}의 값으로 사용합니다.

EKS에 쿠브플로 배포

이제 EKS에 쿠브플로를 배포할 수 있습니다. 먼저 init을 실행해야 합니다. 이 명령어는 쿠브플로 클러스터와 그 환경을 처음 셋업할 때 한 번만 실행합니다. 이것을 하려면 이전 절에서 생성한 COFIG와 KFAPP 경로 변수를 사용해야 합니다. 한 번 실행되는 인스턴스화 실행을 수행하려면 다음 명령어를 사용합니다.

```
$ kfctl init ${KFAPP} --config=${CONFIG} -V
```

이 명령어는 KFAPP PATH 변수가 지정한 새 하위 디렉터리를 생성합니다. 이제 작업 디렉터리 ${KFAPP} 하위 디렉터리로 이동합니다. 다음으로 generate 명령어를 사용해서 리소스를 위한 설정 파일을 생성합니다. ${KFAPP} 디렉터리로 이동한 후 다음을 실행합니다.

```
$ kfctl generate all -V
```

마지막으로 apply 명령어는 이 설정 파일을 이용해 리소스를 생성합니다. 이 명령어는 리소스를 업데이트할 때도 사용할 수 있습니다. 쿠브플로 애플리케이션을 배포하려면 다음을 실행합니다.

```
$ kfctl apply all -V
```

다음으로 넘어가기 전에 이전 명령어를 사용해 생성한 쿠브플로 애플리케이션 레이아웃과 파일에 대해 논의하겠습니다. 쿠브플로 애플리케이션 디렉터리에 이제 generate 명령어가 생성한 파일들이 있습니다. 먼저 app.yml 설정 파일은 kfctl init을 실행했을 때 설정된 쿠브플로 배포 설정을 포함합니다. 이런 리소스와 설정은 여러분 애플리케이션의 단일 인스턴스입니다.

다음으로 ${KFAPP}/aws_config 디렉터리는 generate 명령어가 생성한 설정 파일들이 있습니다. 이 파일들은 EKS 클러스터 설정을 설명하고 정의합니다. 이 파일들은 여러분의 배포를 커스터마이징하기 위해 다음 절에서 쓰일 것입니다.

마지막으로 generate 명령어는 쿠브플로 애플리케이션을 위한 Kustomize 패키지를 포함한 kustomize 디렉터리를 생성합니다. kustomize 명령어는 쿠버네티스 리소스를 관리할 때 사용할 수 있습니다.

EKS 배포 확인

이제 쿠브플로 클러스터를 성공적으로 생성하고 배포했는지 확인할 수 있습니다. 확인을 위해 쿠브플로 애플리케이션 디렉터리로 이동합니다. 이전 절을 따라했다면 리소스가 할당되는 시간을 기다릴 수 있습니다. 리소스가 설정되고 셋업되는 데는 3분에서 5분 정도가 걸릴 수 있습니다. 준비가 되면 다음 명령어를 애플리케이션 디렉터리에서 실행해서 배포를 확인할 수 있습니다.

```
$ kubectl -n kubeflow get all
```

6.6.2 쿠브플로 배포 커스터마이즈

이 절에서 규모 조절, 인증 설정 편집하기, 인증 활성화하기, 기존 클러스터 삭제하기 등을 다룹니다. 여러분이 EKS 클러스터를 적절히 배포하고 설정할 수 있는 마지막 단계들을 설명하겠습니다.

6.6.3 인증 커스터마이즈

처음에 쿠브플로 배포의 기본 설정은 전송 계층 보안^{Transport Layer Security}(TLS)나 인증이 설정되어 있지 않습니다. 먼저 도메인 이름이 필요합니다. 이것은 여러 제공사를 통해 얻을 수 있습니다. 다음으로 AWS Certificate Manager를 사용해 쿠브플로 배포를 위한 인증서를 생성할 수 있습니다. AWS Certificate Manager는 사용하기 쉽고 프라이빗과 퍼블릭 인증서의 프로비저닝을 해줍니다. 추가적으로 다른 AWS 서비스도 AWS Certificate Manager를 활용해서 대규모 배포를 관리하기 용이하게 해줍니다.

6.6.4 EKS 클러스터 규모 조절

어떤 경우에는 EKS 클러스터 규모를 스케일 업$^{scale\ up}$하거나 스케일 다운$^{scale\ down}$해야 할 수 있습니다. AWS EKS 클러스터의 규모를 조절하려면 다음의 명령어를 실행합니다.

```
eksctl scale nodegroup --cluster=<clusterName> --nodes=<desiredCount> \
--name=<nodegroupName>
```

이 명령어로 여러분의 필요에 따라 규모를 조절할 수 있습니다.

6.6.5 EKS 클러스터 삭제

클러스터를 삭제하길 원한다면 AWS 관리 콘솔이나 명령 줄 도구를 사용할 수 있습니다. 이 절에서는 두 가지 옵션 모두를 이용해 EKS 클러스터를 삭제하는 과정을 살펴보겠습니다.

AWS 관리 콘솔을 이용해서 로그인 후 AWS EKS 콘솔을 살펴봅니다. EKS 콘솔은 [그림 6-10]에서 확인할 수 있습니다.

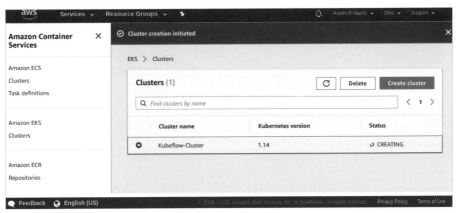

그림 6-10 AWS EKS 콘솔

그리고 삭제하고자 하는 클러스터를 선택합니다. 이때 실수로 다른 리소스를 지우지 않기 위해 다시 한번 더 선택된 항목을 확인합니다. 선택된 상태에서 창 오른쪽 위의 [Delete] 옵션을 클릭합니다. [그림 6-11]과 같이 프롬프트가 삭제하고자 하는 클러스터의 이름을 입력하라고 요청할 것입니다. 이와 비슷하게 VPC CloudFormation 스택을 삭제하려면 이 장의 초반에 사용한 CloudFormation 콘솔을 엽니다. 쿠브플로 배포를 위해 생성한 스택을 선택하고 'Actions' 아래의 [Delete]를 클릭합니다.

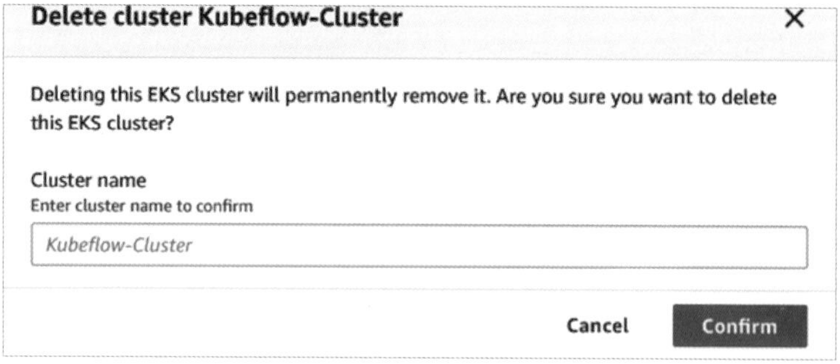

그림 6-11 EKS 클러스터를 삭제하는 마지막 단계 프롬프트

6.6.6 로깅 추가

AWS CloudWatch는 모든 시스템의 로그와 성능을 한 곳에서 모니터할 수 있는 AWS 서비스입니다. CloudWatch는 자동화된 액션, 로그, 성능 메트릭 시각화, 알림, 시스템의 예외적인 작동 감지 등의 기능이 있습니다. 기본적으로 대부분의 AWS 서비스는 CloudWatch를 이용해 쉽게 설정될 수 있습니다. CloudWatch는 다섯 개의 주요 로그 모니터링 구성 요소를 지원합니다.

API Server

모든 API 요청을 기록합니다.

Audit

쿠버네티스 API를 이용해 클러스터 접근을 기록합니다.

Authenticator

모든 인증 요청을 기록합니다.

Controller Manager

클러스터 콘트롤러 상태 정보 제공을 기록합니다.

Scheduler

설정된 스케줄링 결정을 기록합니다.

로깅을 활성화하려면 Create Cluster 설정 뷰에서 스크롤하여 아래 쪽 로깅Logging 섹션에서 여러분이 원하는 수준의 로그 구성 요소를 활성화할 수 있습니다. 로그 설정 부분은 [그림 6-12]과 같습니다.

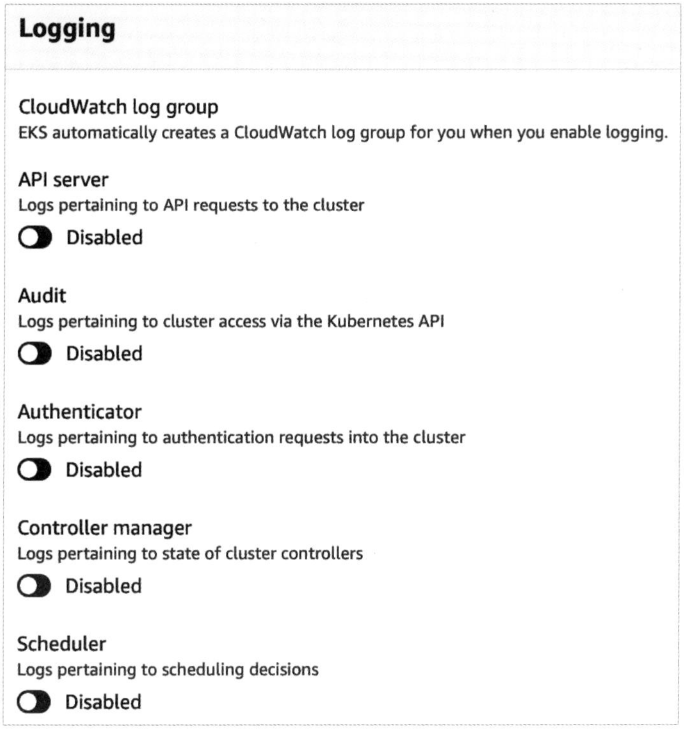

Logging

CloudWatch log group
EKS automatically creates a CloudWatch log group for you when you enable logging.

API server
Logs pertaining to API requests to the cluster
⬤ Disabled

Audit
Logs pertaining to cluster access via the Kubernetes API
⬤ Disabled

Authenticator
Logs pertaining to authentication requests into the cluster
⬤ Disabled

Controller manager
Logs pertaining to state of cluster controllers
⬤ Disabled

Scheduler
Logs pertaining to scheduling decisions
⬤ Disabled

그림 6-12 AWS EKS를 위한 CloudWatch 설정 섹션

EKS 클러스터를 배포하고 로깅을 활성화하면 CloudWatch를 방문해 로그를 확인할 수 있습니다. CloudWatch 콘솔에서 로그, 시각화 대시보드를 보고, 자동화된 액션을 위한 규칙을 설정하고 알림 설정을 할 수 있습니다.

6.6.7 배포 트러블 슈팅

이 절에서 쿠브플로를 EKS에서 배포할 때 가장 일반적인 몇 가지 이슈를 다루겠습니다. 이 절에서 다루는 특정 이슈는 다음과 같습니다.

- Environment File Not Found
- KFAPP Already Exists
- Incompatibble eksctl Version

Environment File Not Found 에러는 여러분이 KFAPP 디렉터리가 아닌 곳에서 generate 이나 apply를 실행했을 때 흔하게 일어납니다.

KFAPP Already Exists 에러가 나타난다면 KFAPP 디렉터리를 삭제하고 다시 시도해보세요. 대부분의 경우 이것은 단순한 타이핑 에러입니다.

마지막 이슈인 Incompatibble eksctl Version는 apply 명령어를 사용할 때 흔히 나타납니다. 클러스터 설정 파일 안에서 변수 eksctl.io가 여러분이 사용하는 eksctl 버전과 일치해야 합니다. 그렇지 않으면 가장 최신 버전을 설치하고 다시 시도하세요.

6.7 마치며

이 장은 5장과 유사하지만, AWS에 배포하기 위한 작은 클라우드 통합에서 많은 차이점이 있습니다. 다음 장에서는 애저 클라우드 인프라스트럭처에 맞춰진 애저 쿠브플로 배포에 대해 알아봅니다.

## CHAPTER 7

애저 쿠브플로 운영

애저 클라우드 플랫폼Azure Cloud Platform은 마이크로소프트의 퍼블릭 클라우드 상품입니다. 애저는 세계 곳곳의 데이터 센터 네트워크에 애플리케이션과 서비스를 빌드하고 배포하고 관리하도록 해줍니다.

7.1 애저 클라우드 플랫폼 개요

먼저 애저 클라우드 플랫폼의 관련 구성 요소들을 리뷰하며 시작하겠습니다. 대부분의 퍼블릭 클라우드는 데이터 센터 안에 '리전'이라는 개념을 가지고 있고 애저 역시 이 패턴을 따릅니다. 애저 플랫폼은 리전을 '레이턴시로 정의된 둘레 안에 위치한 데이터 센터 집합 그리고 전용 지역 로 레이턴시low-latency 네트워크로 연결된 데이터 센터 집합'이라고 정의합니다. 애저 플랫폼은 세계의 46개 리전을 제공하고 각 리전은 지오그래피geography로 그룹지어 집니다.

각 지오그래피는 보통 두 개 이상의 리전을 포함하고 리전은 다른 시장을 지원합니다. 각 시장은 보통 시장 고유의 컴플라이언스 경계compliance boundary나 데이터 레지던시data residency (예를 들어 GDPR) 규칙이 있습니다. 어떤 고객은 데이터가 실제로 어디에 있어야 하는지 보장하기 위한 특정 데이터 레지던시 규칙이 있습니다. [그림 7-1]에서 어떻게 리전 안의 가용 존이 다시 데이터 레지던시 경계로 배열되는지 보여줍니다.

가용 존은 서로 독립적인 하나 이상의 데이터 센터로 각 애저 리전 안에서 물리적으로 분리된 위치입니다. 이제 애저가 제공하는 핵심 서비스로 넘어가겠습니다.

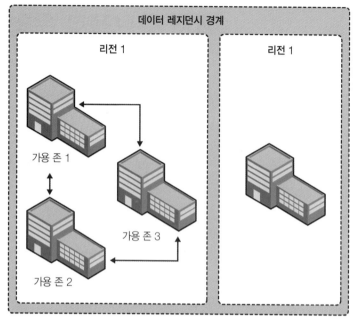

그림 7-1 애저 글로벌 인프라스트럭처와 리전(출처: 애저 지오그래피 페이지)[1]

7.1.1 핵심 애저 구성 요소

대부분의 클라우드는 비슷한 데이터 스토리지와 컴퓨팅 상품을 제공하지만 각각 고유한 특징이 있습니다. 쿠브플로와 관련된 애저 제품들은 다음을 포함합니다.

- 여러 종류의 스토리지
- 다양한 클러스터를 운영하기 위한 가상 머신
- 애저 쿠버네티스 서비스Azure Kubernetes Services(AKS)
- 표준 SQL 데이터베이스
- 코스모스Cosmos DB
- 앱 서비스

---

1 *https://oreil.ly/2dJct*

이 목록은 애저에서 제공하는 모든 상품을 나열한 것은 아닙니다. 애저는 또한 서버, 컨테이너 레지스트리와 완벽하게 관리되는 레드햇 오픈시프트$^{Red Hat OpenShift}$ 클러스터 인스턴스를 관리할 필요 없이 컨테이너를 쉽게 실행하는 방법을 제공합니다.

7.1.2 애저 스토리지

애저의 주요 스토리지 종류는 다음을 포함합니다.

- 파일 스토리지[2]
- 디스크(HDD/SSD) 스토리지[3]
- 블롭^{Blob} 스토리지[4]
- 애저 데이터 레이크 스토리지 Gen2[5]
- 아카이브^{Archive} 스토리지[6]
- Avere vFXT[7]

각 스토리지 옵션은 공통적인 유스 케이스가 있고 각각 고유의 가격 정책 모델이 있습니다.

> **애저 스토리지 가격 정책**
> 애저 스토리지 옵션의 가격 정책에는 고려해야 할 많은 변수들이 있습니다. 여러분의 스토리지 프로젝트 비용을 예측하려면 애저 스토리지 개요 가격 정책 가이드[8]를 확인하세요.

이제 각 스토리지 유형의 특징을 살펴보고 어떤 경우에 어떤 것을 선택해야 하는지 살펴보겠습니다.

---

2 *https://oreil.ly/1v71k*
3 *https://oreil.ly/6OHVk*
4 *https://oreil.ly/IAxED*
5 *https://oreil.ly/23Y3m*
6 *https://oreil.ly/lgajo*
7 *https://oreil.ly/IpJBl*
8 *https://oreil.ly/4dE7f*

파일 스토리지

애저의 파일 스토리지는 단순하고 저렴하며 크로스 플랫폼cross-platform에서 동작하는 분산 파일 시스템입니다. 이 시스템은 로컬 파일을 안전하게 동기화하고 파일을 전송 중에도 암호화하는 쉬운 방식을 제공합니다. 애저 파일 스토리지에 저장된 파일은 서버 메시지 블록Server Message Block(SMB) 프로토콜을 이용해 접근이 가능합니다. 같은 파일들은 또한 REST 인터페이스나 스토리지 클라이언트 라이브러리를 이용해 접근 가능합니다.

유스 케이스로는 여러 개의 VM이 사용하는 캐싱 설정 파일, 여러 개발자이 공유하는 유틸리티/도구를 포함합니다. 파일 스토리지 옵션은 액티브 디렉터리 기반 인증이나 접근 제어 리스트(ACL)를 제공하지 않습니다. 애저 파일 스토리지 옵션을 사용하는 또 다른 시나리오는 애플리케이션을 여러분이 네이티브 파일시스템 API를 사용하여 데이터 공유를 위해 '리프트 앤시프트lift and shift'[9] 방식으로 옮기는 경우가 있습니다.

디스크 스토리지

디스크 스토리지 옵션은 로 레이턴시low-latency, 높은 스루풋throughput, 엔터프라이즈 수준의 내구성을 제공합니다. 이 옵션은 디스크 사이즈 64TiB까지 일정한 성능을 제공하기 때문에 프로덕션 워크로드에 보통 사용됩니다. 이 디스크에 저장된 데이터는 스토리지 서비스 암호화storage service encryption를 사용해 기본적으로 암호화가 되고 RBAC로 제어됩니다.

가상 머신 워크로드가 보통 이런 유형의 스토리지에 적합합니다. 이 스토리지 클래스 내부의 옵션은 가장 기본적인 옵션부터 가장 빠른 옵션까지 포함합니다.

Standard HDD

애저에서 가장 낮은 비용의 디스크 스토리지

Standard SSD

가격 효율적인 VM 디스크

---

9 옮긴이_ 애플리케이션을 클라우드로 마이그레이션하는 여러 접근 방식 중 하나입니다. 애플리케이션을 다시 설계하지 않고 애플리케이션과 관련 데이터를 클라우드 플랫폼으로 이동하는 것을 의미합니다(출처: *https://www.netapp.com/ko/knowledge-center/what-is-lift-and-shift*).

Premium SSD

Standard SSD보다 로 레이턴시와 높은 스루풋을 제공

Ultra SSD

밀리세컨 단위 이하의 레이턴시를 요구하는 워크로드의 대부분에 사용

Standard HDD는 보통 백업과 애플리케이션 아카이빙에 쓰입니다. Standard SSD는 웹 서버나 개발/테스트 상황과 같은 다양한 워크로드에 쓰입니다. Premium SSD는 SQL 서버, 오라클 데이터베이스, MySQL, 카산드라, 몽고DB 같은 프로덕션 워크로드에 좋은 옵션입니다. 마지막으로 Ultra SSD는 트랜잭션이 많은 워크로드, 복잡한 분석 모델링, 게이밍, 렌더링, 특정 종류의 메시지 큐 등 레이턴시에 민감한 워크로드를 위해 선택합니다.

리프트 앤 시프트 시나리오는 애저 디스크 스토리지의 일반적인 유스 케이스입니다. 뿐만 아니라 디스크가 마운트된 가상 머신 밖에서 데이터에 접근할 필요가 없는 경우도 흔합니다.

블롭 스토리지

블롭 스토리지는 가장 보통 구조가 없는(예를 들어 텍스트 문서, 비디오, 오디오, 웹 페이지, 로^{raw} 로그 파일 등) 많은 양의 데이터를 다룰 때 비용적인 면에서 가장 효율적입니다.

블롭 스토리지는 4개의 티어^{tier}를 선택할 수 있고, 얼마나 자주 데이터에 접근하는지에 따라 티어를 선택해야 합니다. 애저 블롭 스토리지 옵션은 여러 머신에 복제된 데이터셋을 아파치 스파크 같은 분석 시스템으로 대규모 병렬 처리를 할 때 강력한 일관성 모델을 제공합니다. 블롭 스토리지 옵션은 또한 객체 변경^{mutability}과 여러 개의 블롭 유형을 제공하고 일부는 데이터를 블롭에 추가하는 옵션도 제공합니다.

여러분은 이미지나 문서를 직접적으로 웹 브라우저에 제공하거나 비디오나 오디오를 스트리밍해야 할 때 애저 블롭 스토리지[10]를 선택하게 될 것입니다. 블롭 스토리지에 저장된 객체는 HTTP/HTTPS를 통해 접근할 수 있습니다.

---

10 *https://oreil.ly/VK6M5*

- URL
- 애저 스토리지 REST API
- 애저 명령 줄 인터페이스
- 파워셸PowerShell
- 애저 스토리지 클라이언트 라이브러리(지원하는 언어는 파이썬, 자바, 닷넷 등)

다음 URL을 통해 REST 엔드포인트 예시를 살펴볼 수 있습니다.

- http://myaccount.blob.core.windows.net/mycontainer/myblob

블롭 스토리지 옵션 외에도 애저에는 데이터 레이크 처리와 관련하여 다른 기능도 제공합니다.

애저 데이터 레이크 스토리지 Gen2

애저 데이터 레이크 스토리지 Gen2(ADLS Gen2)[11]는 블롭 스토리지를 확장해 분석 워크로드에 특화했습니다. 'Gen2'는 애저 블롭 스토리지의 기능과 기존 ADLS Gen1의 기능이 합쳐져서 나온 별명입니다. ADLS Gen1에서 가져온 특징은 다음을 포함합니다.

- 파일시스템 시맨틱
- 디렉터리와 파일 수준 보안
- 규모

애저 블롭 스토리지에서 가져온 특징은 다음과 같습니다.

- 저비용
- 계층형 스토리지tiered storage
- 높은 접근성
- 재난 복구 기능

데이터 레이크 스토리지의 주요 유스 케이스는 엔터프라이즈 빅데이터 분석 워크로드입니다. 데이터 레이크 스토리지는 페타바이트까지 규모를 확장할 수 있고 애저에서 빅데이터 분석을 실행하는 데 집중합니다. ADLS Gen2의 주요 기능은 다음을 포함합니다.

---

11 https://oreil.ly/YhcK4

- 하둡 호환 접근(ABFS 드라이버[12]를 이용해 하둡 도구들과 함께 동작 가능)
- POSIX 허가의 상위집합(ACL과 POSIX 허가, ADLS Gen2에 대해 특화된 추가적인 세분성)
- 비용 효율: 저렴한 저장 용량

ADLS Gen2[13]는 상위 수준에서 파일시스템으로 조직되고 낮은 수준의 데이터 조직에서 디렉터리를 사용합니다. 주요 데이터 컨테이너는 파일이고 저장 시스템은 분석을 지원하는 데 집중합니다. ADLS Gen2가 지원하는 플랫폼은 다음을 포함합니다.

- HDInsight
- 아파치 하둡
- 클라우데라
- 애저 데이터브릭Databricks

어떻게 ADLS Gen2가 사용되는지에 대한 정보는 애저 문서[14]를 확인하세요.

아카이브 스토리지

애저 아카이브 스토리지 티어는 가장 낮은 가격의 스토리지 티어이며 자주 접근하지 않는 데이터를 둡니다. 데이터는 그 자리에 자동적으로 암호화됩니다. 이 스토리지 클래스의 주요 유스 케이스는 장기적인 백업 보유나 마그네틱 테이프 교체입니다. 이 책에서는 이 스토리지 옵션에 자세히 설명하지 않을 것입니다.

Avere vFXT

이 스토리지 옵션은 컴퓨팅이 많은 파일 기반 워크로드를 위한 것입니다. 이 스토리지 옵션은 유전자 연구 분야의 중개 의학translational medicine이나 금융 서비스를 위한 양적 분석과 위험 분석과 같은 워크로드에 쓰입니다.

---

12 *https://oreil.ly/qE6oh*
13 *https://oreil.ly/2XrGm*
14 *https://oreil.ly/f8_YZ*

7.1.3 애저 보안 모델

애저 플랫폼은 다른 클라우드와 비슷하게 아이덴티티 보안 모델을 제공합니다. 이 모델은 다음의 기능을 제공합니다.

- 인증
- 승인
- 역할 기반 접근 제어(RBAC)

이 책에서는 AKS을 이용할 때 RBAC를 사용하여 사용자나 그룹에 특정 리소스 접근 권한을 부여하는 것에 집중하도록 하겠습니다. 애저 액티브 디렉터리를 사용해 AKS의 보안과 권한 구조를 향상시키는 옵션도 있습니다.

인증과 승인

애저 액티브 디렉터리Active Directory(AD) 통합 AKS 클러스터를 이용해 네임스페이스 안의 쿠버네티스에 접근하도록 사용자나 그룹에 허가를 줄 수 있습니다.

통합 접근(OpenID Connect나 OAuth 2.0[15]기반)은 kubectl 사용자들에게 통합 인증single sign-on(SSO)을 제공하고 효율적으로 사용자 계정이나 비밀번호 인증서를 관리할 수 있습니다.

마이크로소프트 문서는 애저에 완전히 배포하는 계획을 가진 실무자들을 위한 모범 사례[16]를 포함합니다.

- 애저 액티브 디렉터리를 사용해 AKS 클러스터 사용자를 인증하기
- RBAC를 이용하여 리소스 접근을 제어하기
- 다른 서비스를 인증하기 위해 관리형 아이덴티티 사용하기

쿠버네티스가 사용자 계정이라는 개념이 없기 때문에 애저 액티브 디렉터리 같은 액티브 디렉터리 구현을 사용하면 쿠브플로 플랫폼의 아이덴티티 관리를 중앙화할 수 있습니다. [그림 7-2]는 애저 액티브 디렉터리가 어떻게 단계별로 리소스 접근을 제어하는지 보여줍니다.

---

15 *https://oreil.ly/014E-*
16 *https://oreil.ly/hswsi*

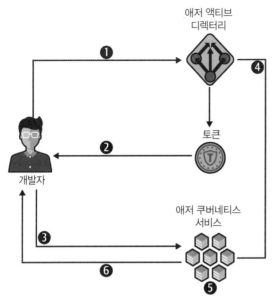

그림 7-2 애저 액티브 디렉터리 통합(출처: 마이크로소프트 애저 문서)

이 그림에서 다음과 같은 단계를 볼 수 있습니다.

- 사용자(개발자)가 애저 액티브 디렉터리를 사용해 인증함
- 애저 액티브 디렉터리 토큰 발행 엔드포인트가 접근 토큰 발행함
- 사용자 액션(예를 들어 kubectl create pod)이 애저 액티브 디렉터리 토큰을 사용해 수행함
- 사용자 그룹 멤버십이 추출되고 쿠버네티스가 애저 액티브 디렉터리를 이용해 토큰을 확인함
- 클러스터 정책이 RBAC에 따라 적용됨
- 사용자 요청이 다음과 같은 요소의 액티브 디렉터리 시스템 확인에 따라 성공 또는 실패로 간주됨
  a. 액티브 디렉터리 멤버십
  b. RBAC와 정책

조직에서 AKS를 기존의 온프레미스 엔터프라이즈 AD 시스템과 통합하고자 하는 경우도 있을 수 있습니다.

7.1.4 서비스 계정

쿠버네티스는 쿠버네티스가 관리하는 서비스 계정과 보통의 사용자 계정을 모두 사용합니다. 서비스 계정은 특정 네임스페이스에 한정되는 쿠버네티스 API가 관리하는 사용자이고 '시크릿'[17]으로 저장된 인증서 집합에 묶여있습니다. 이 시크릿은 파드에 마운트되어 쿠버네티스 클러스터가 쿠버네티스 API와 통신하도록 해줍니다. 쿠버네티스는 이런 서비스 계정을 파드와 API 서버 간 통신을 위한 API 요청에 사용합니다.

쿠버네티스는 보통의 사용자 계정에 대한 내부적인 표현이 없고 API 호출을 이용해 이들을 추가할 수 없습니다. 쿠버네티스는 다른 외부 독립 시스템이 보통 사용자 계정을 관리하도록 디자인되었습니다.

AKS 클러스터를 다룰 때 애저 안의 외부 독립 아이덴티티 솔루션은 애저 액티브 디렉터리[18]입니다.

7.1.5 리소스와 리소스 그룹

애저 플랫폼의 리소스는 가상 머신, 스토리지 계정, 웹 애플리케이션 등과 같이 사용할 수 있는 관리 가능한 아이템입니다. 애저의 리소스 그룹은 관련 리소스들을 특정 애저 솔루션을 위해 함께 묶는 연관 관계라고 할 수 있습니다. 때로는 어떻게 관련 리소스 집합에 정책을 적용해서 이런 리소스를 애저 리소스 그룹으로 관리할지 생각해보아야 합니다.

애저의 리소스 그룹은 [그림 7-3]에서 보듯 애저 리소스 관리자Azure Resource Manager가 제어합니다. 애저 리소스 관리자는 애저 플랫폼의 애플리케이션의 리소스를 생성하고, 업데이트하고, 삭제하기 위한 일관성있는 관리 레이어를 제공합니다.

---

17 *https://oreil.ly/OKXze*
18 *https://oreil.ly/Ct0mY*

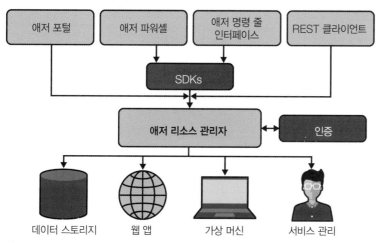

그림 7-3 애저 리소스 관리자(출처: 마이크로소프트 애저 문서)[19]

7.1.6 애저 가상 머신

애저 플랫폼은 리눅스와 윈도우 이미지 모두 128 vCPU와 6TB 메모리 까지의 하드웨어에 가상 머신으로 실행하도록 해줍니다. 애저 가상 머신[20]은 애저 플랫폼을 위해 특별히 디자인된 애저 하이퍼바이저hypervisor에서 실행되고 공용 네트워크에서는 접근 불가합니다(그림 7-4).

각각의 물리적인 머신은 물리적인 머신에서 실행되는 하이퍼바이저에 의해 여러 개의 게스트 가상 머신으로 나뉩니다. 각 가상 머신은 윈도우 방화벽이 활성화되어 있고 내외부적으로 주소 지정이 가능하고 어떤 포트를 열어둘 것인지 설정이 가능합니다. 하이퍼바이저는 머신과 기반 운영체제의 디스크와 네트워크로 가는 모든 트래픽과 접근을 중재합니다. 각 호스트는 가상 머신을 실행하는 데 필요한 기본 구성 요소만으로 윈도우 서버를 실행합니다.

각 데이터 센터는 클러스터로 나뉘어 있고 패브릭 컨트롤러fabric controller(FC)라고 불리는 소프트웨어 시스템이 클러스터의 라이프 사이클을 관리하고 만약 서버가 실패하면 가상 머신 인스턴스가 계속 실행되도록 유지합니다.

---

19 *https://oreil.ly/sOOXM*

20 *http://portal.azure.com*

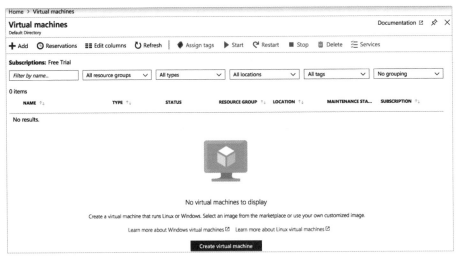

그림 7-4 애저 가상 머신 사용자 인터페이스

7.1.7 컨테이너와 관리형 애저 쿠버네티스 서비스

앞에서 언급했듯 애저는 고유의 컨테이너 레지스트리, 서버 관리 없이 컨테이너를 실행하는 방식, 완전히 관리된 레드햇 오픈시프트 클러스터 인스턴스를 제공합니다. 쿠브플로 인스톨러가 AKS에 한꺼번에 쿠브플로와 쿠버네티스 클러스터를 배포하거나 기존의 AKS 클러스터에 쿠브플로를 설치하는 것도 가능합니다. 이 절에서는 AKS 시스템을 사용하는 기본을 리뷰하겠습니다. [그림 7-5]에서 AKS 시스템을 위한 메인 웹 포털 페이지를 볼 수 있습니다.

그림 7-5 애저 쿠버네티스 서비스 메인 웹 포털

이 페이지에서 쿠브플로 프로젝트를 위한 여러 개의 AKS 클러스터를 배포하고 관리할 수 있습니다. 또한 각 클러스터의 상태를 모니터하고, 노드의 수를 바꾸고, 클러스터를 삭제할 수도 있습니다.

7.2 애저 명령 줄 인터페이스

애저 명령 줄 도구는 기능과 역할이 다른 주요 클라우드 명령 줄 도구와 비슷합니다. 애저에서 필요한 거의 모든 기능을 위한 웹 포털 사용자 인터페이스가 있지만 많은 관리자들은 명령 줄 인터페이스를 선호합니다.

7.2.1 애저 명령 줄 인터페이스 설치

애저 명령 줄 인터페이스를 대부분 주요 플랫폼에 설치하는 지시사항을 확인하려면 애저 문서[21]를 확인하세요.

---

21 *https://oreil.ly/2xhq5*

다음으로 가장 일반적인 몇 개의 플랫폼에서 설치 명령어를 살펴보겠습니다.

macOS 설치

macOS 사용자들은 홈브루[homebrew]를 사용해 설치합니다.

```
brew update && brew install azure-cli
```

윈도우 설치

윈도우는 마이크로소프트 문서[22]에서 MSI 인스톨러를 다운로드합니다.

데비안과 우분투(x86_64)

데비안/우분투 지시사항[23]은 두 가지 설치 방식이 있습니다. 첫 번째는 다음 명령어를 사용하는 것입니다.

```
curl -sL https://aka.ms/InstallAzureCLIDeb | sudo bash
```

더 확장된 수동 설치 지시사항은 링크를 확인하세요.

애저 명령 줄 인터페이스가 로컬에 설치되었다면 쿠브플로 설치 과정으로 넘어갈 수 있습니다.

7.3 애저 쿠버네티스에 쿠브플로 설치

이 절에서 새로운 애저 계정에 쿠브플로 1.0을 배포하는 핵심 단계들을 살펴보겠습니다. 먼저 애저 계정을 셋업해서 명령 줄 도구가 애저 AKS 시스템과 상호작용할 수 있도록 하겠습니다.

----

22 *https://oreil.ly/bVcrK*
23 *https://oreil.ly/fJ1mP*

7.3.1 애저 로그인과 설정

로컬 애저 클라이언트를 애저 클라우드 서비스로 인증해야 합니다. 인증을 위해서 셸이나 명령 프롬프트에 다음의 명령어를 실행합니다.

```
az login
```

이 명령어를 실행하면 [그림 7-6]과 같은 브라우저 윈도우가 팝업될 것입니다.

그림 7-6 애저 로그인 화면

계정을 선택하면 명령 줄에서 [예제 7-1]과 같이 결괏값이 출력됩니다.

예제 7-1 애저 로그인 후 콘솔 결괏값

```
You have logged in. Now let us find all the subscriptions to which you have
access...
[
    {
        "cloudName": "AzureCloud",
        "homeTenantId": "0befce41-7982-4144-foo9-5fd4ebar7ecb",
        "id": "9de60f00-0cbe-4063-92bd-barf074b6e56",
        "isDefault": true,
        "managedByTenants": [],
        "name": "Pay-As-You-Go",
```

```
        "state": "Enabled",
        "tenantId": "0bef0040-7980-4154-add9-bar4e8ae7ecb",
        "user": {
            "name": "josh@pattersonconsultingtn.com",
            "type": "user"
        }
    }
]
```

> **WARNING_ 애저 구독이 필요합니다**
>
> 애저의 프리 티어에 가입하거나 유료 계정을 셋업할 수 있습니다.
>
> 로그인했을 때 **No subscription found**이라는 메시지가 표시되면 시스템이 유효한 구독을 찾지 못했다는 뜻이고 온라인에서 계정을 셋업해야 합니다.

7.3.2 쿠브플로를 위한 AKS 클러스터 생성

이 절에서는 애저 명령 줄 도구인 **az**를 사용해서 쿠브플로 배포에 사용할 리소스 그룹과 애저 쿠버네티스 서비스 클러스터를 생성합니다.

> **NOTE_ AKS 클러스터 생성하기**
>
> 기존의 AKS 클러스터에 쿠브플로 1.0을 설치하는 것이 가능하지만, 이 장에서는 기존의 클러스터가 없는 경우를 대비해 새로운 AKS 쿠버네티스 클러스터를 생성하는 데 필요한 단계들을 살펴보겠습니다.

애저 리소스 그룹 생성

쿠브플로 배포를 위한 AKS 쿠버네티스 클러스터를 생성하기 전에 이 클러스터가 상주할 리소스 그룹을 생성해야 합니다. 애저에 리소스 그룹을 생성하기 위해 다음 명령어를 사용합니다.

```
az group create -n <RESOURCE_GROUP_NAME> -l <LOCATION>
```

명령어를 위해 두 개의 변수를 제공해야 합니다.

- RESOURCE_GROUP_NAME
- LOCATION

이 책에서는 다음 값들을 사용하겠습니다.

- RESOURCE_GROUP_NAME: KubeflowAzureTestGroup
- LOCATION: eastus

명령어는 다음과 같이 바뀝니다.

```
az group create -n KubeflowAzureTestGroup -l eastus
```

여러분이 변수를 선택하고 이 명령어를 실행하면 결괏값은 [예제 7-2]와 같습니다.

예제 7-2 명령 줄 인터페이스에서 애저 리소스 그룹 생성 결괏값

```
{
    "id": "/subscriptions/9de60f0.../resourceGroups/KubeflowAzureTestGroup",
    "location": "eastus",
    "managedBy": null,
    "name": "KubeflowAzureTestGroup",
    "properties": {
        "provisioningState": "Succeeded"
    },
    "tags": null,
    "type": "Microsoft.Resources/resourceGroups"
}
```

애저 사용자 인터페이스 콘솔의 리소스 그룹 페이지로 가면 [그림 7-7]처럼 새 리소스 그룹이 생성된 것을 볼 수 있습니다.

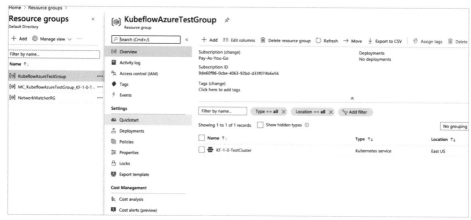

그림 7-7 애저 리소스 그룹 세부 페이지

이제 쿠브플로 배포를 위해 실제로 AKS 클러스터를 생성해보겠습니다.

쿠브플로를 위한 AKS 클러스터 생성

이제 다음 패턴을 이용해 az 명령어로 특별히 정의된 클러스터를 생성해보겠습니다.

```
az aks create -g <RESOURCE_GROUP_NAME> -n <NAME> -s <AGENT_SIZE> -c \
    <AGENT_COUNT> -l <LOCATION> --generate-ssh-keys
```

이 명령어를 여러분의 변수로 대체할 수 있습니다. 이 책에서는 다음 변수을 사용하겠습니다.

- NAME=KFTestCluster
- AGENT_SIZE=Standard_D4s_v3
- AGENT_COUNT=2

여러분이 리소스 그룹을 생성했을 때 사용했던 같은 리소스 그룹 이름과 위치를 사용해야 합니다.

az aks create ...를 실행하면 AKS 클러스터가 생성된 것을 애저 사용자 인터페이스에서 확인할 수 있습니다. [그림 7-8]에서 AKS에 클러스터가 생성된 것을 확인할 수 있습니다.

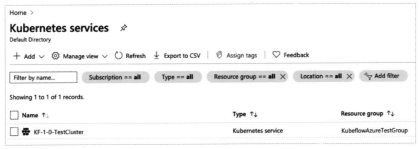

그림 7-8 애저 쿠버네티스 서비스 화면

애저 사용자 인터페이스에서 클러스터 이름을 클릭하면 [그림 7-9]처럼 클러스터 세부 사항을
볼 수 있습니다.

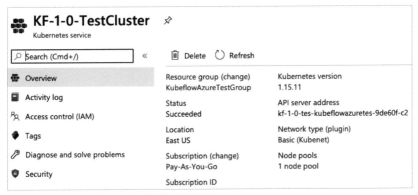

그림 7-9 애저 쿠버네티스 클러스터 세부 사항 화면

[그림 7-9]에서 확인할 수 있듯 AKS 관리형 쿠버네티스 클러스터가 성공적으로 생성되었습니다.

이제 `kfctl`을 셋업하고 새로운 AKS 클러스터에 쿠브플로를 설치하겠습니다.

7.3.3 쿠브플로 설치

애저 AKS 쿠버네티스 클러스터에 쿠브플로를 설치하려면 다음 단계들을 완료해야 합니다.

1 애저 사용자 인증서를 받는다.

2 환경 변수를 생성한다.

3 kfctl을 셋업한다.

4 kfctl 명령어를 실행한다.

5 배포를 확인한다.

이제 각 단계를 세밀히 살펴보겠습니다.

애저 인증서 받기

애저에 있는 여러분의 리소스 그룹 이름을 위한 인증서가 필요합니다. 명령 줄에서 이 같은 일을 하려면 다음 명령어를 실행합니다.

```
az aks get-credentials -n <NAME> -g <RESOURCE_GROUP_NAME>
```

명령 줄의 결괏값은 다음과 같습니다.

```
Merged "KF-1-0-TestCluster" as current context in /Users/josh/.kube/config
```

이제 애저를 위한 인증서가 로컬에 셋업되었으므로 kubectl이 애저에 접근할 수 있습니다. 이제 kfctl을 셋업하는 것으로 넘어가겠습니다.

kfctl 다운로드, 설치, 설정

쿠브플로 설치를 진행하기 전에 kfctl 도구를 다운로드하고 설치해야 합니다. kfctl은 kubectl과 비슷하지만 쿠브플로에 특화되어 있습니다.

먼저 쿠브플로 릴리즈 페이지[24]에 있는 'kfctl v1.0.2 릴리즈'를 다운로드합니다.

그리고 다운로드받은 타르볼을 다음 명령어로 언팩합니다.

```
tar -xvf kfctl_<release tag>_<platform>.tar.gz
```

kfctl을 항상 전체 경로로 사용할 것이 아니라면 kfctl 위치를 PATH 변수에 추가하는 것이 좋습니다.

------

24 *https://oreil.ly/1VUVy*

```
export PATH=$PATH:<path to kfctl in your Kubeflow installation>
```

이제 어디서든 kfctl 명령어를 입력하면 [예제 7-3]과 같은 결괏값이 보입니다.

예제 7-3 kfctl 명령 기본 결괏값

```
A client CLI to create Kubeflow applications for specific platforms or 'on-
prem'...

Usage:
    kfctl [command]
Available Commands:
    alpha      Alpha kfctl features.
    apply      deploys a Kubeflow application.
    build      Builds a KF App from a config file
    completion Generate shell completions
    delete     Delete a Kubeflow application.
    generate   'kfctl generate' has been replaced by 'kfctl build'
Please switch to new semantics.
To build a KFAPP run -> kfctl build -f ${CONFIG}
Then to install -> kfctl apply
For more information, run 'kfctl build -h' or read the docs at www.kubeflow.org.
    help       Help about any command
    init       'kfctl init' has been removed.
Please switch to new semantics.
To install run -> kfctl apply -f ${CONFIG}
For more information, run 'kfctl apply -h' or read the docs at www.kubeflow.org.
    version    Print the version of kfctl.
Flags:
    -h, --help help for kfctl

Use "kfctl [command] --help" for more information about a command.
```

이제 여러분의 환경에 맞춰 kfctl을 설정할 준비가 되었습니다.

kfctl을 위한 환경 변수 설정

kfctl과 함께 사용할 다음의 환경 변수들을 셋업해야 합니다.

- KF_NAME
- BASE_DIR

- KF_DIR
- CONFIG_URI

처음 필요한 환경 변수는 여러분의 GKE 클러스터와 쿠브플로 설치를 하고자 하는 존입니다.

CONFIG 환경 변수 설정

다음으로 쿠브플로 설치의 init 단계에 사용될 설정 파일을 지정해야 합니다. 먼저 쿠브플로 배포 설정을 지정하기 위한 CONFIG 환경 변수를 설정해야 합니다.

```
export CONFIG_URI=<url of your configuration file for init>
```

쿠브플로 배포 설정 파일은 쿠브플로 배포 방식을 지정하는 YAML 파일입니다. 이 책에서는 이스티오 배포를 포함한 표준 쿠버네티스 설정[25]을 사용하겠습니다.

```
export CONFIG_URI="https://raw.githubusercontent...kfctl_k8s_istio.v1.0.2.yaml"
```

쿠브플로 배포 환경 변수 설정

이제 쿠브플로 설정이 저장될 디렉터리 이름을 위한 환경 변수를 설정해야 합니다. 다음의 세 가지 환경 변수를 사용합니다.

- $KF_NAME
- $BASE_DIR
- $KF_DIR

다음의 export 명령어를 사용합니다.

```
export KF_NAME=<your choice of application directory name>
```

앞서 만든 환경 변수를 사용해서 다음을 정의합니다.

....

25 지면 관계로 URL이 생략되었습니다. 전체 URL은 다음과 같습니다. *https://raw.githubusercontent.com/kubeflow/ manifests/v1.0-branch/kfdef/kfctl_k8s_istio.v1.0.2.yaml*

```
export BASE_DIR=<path to a base directory>
export KF_DIR=${BASE_DIR}/${KF_NAME}
```

KF_DIR 변수가 새로운 쿠브플로 배포 하위 디렉터리의 전체 경로를 나타냅니다.

이제 환경 변수가 설정되었으므로 애저에 쿠브플로를 배포하기 위해 kfctl을 사용할 수 있습니다.

kfctl을 이용한 쿠브플로 배포

변수를 셋업해두었기 때문에 이 단계에서 kfctl을 이용해 애저에 쿠브플로를 설치하는 것은 다음의 명령어만 실행하면 됩니다.

```
mkdir -p ${KF_DIR}
cd ${KF_DIR}
kfctl apply -V -f ${CONFIG_URI}
```

이 명령어를 실행하면 [예제 7-4]과 같은 결괏값을 볼 수 있습니다.

예제 7-4 kfctl apply -V -f ${CONFIG_URI} 샘플 결괏값

```
...
INFO[0125] Successfully applied application profiles      filename="kustomize...
INFO[0125] Deploying application seldon-core-operator     filename="kustomize...
customresourcedefinition.apiextensions.k8s.io/seldondeployments.machine...
mutatingwebhookconfiguration.admissionregistration.k8s.io/seldon-mutating...
role.rbac.authorization.k8s.io/seldon-leader-election-role created
role.rbac.authorization.k8s.io/seldon-manager-cm-role created
clusterrole.rbac.authorization.k8s.io/seldon-manager-role-kubeflow created
clusterrole.rbac.authorization.k8s.io/seldon-manager-sas-role-kubeflow created
rolebinding.rbac.authorization.k8s.io/seldon-leader-election-rolebinding...
rolebinding.rbac.authorization.k8s.io/seldon-manager-cm-rolebinding created
clusterrolebinding.rbac.authorization.k8s.io/seldon-manager-rolebinding...
clusterrolebinding.rbac.authorization.k8s.io/seldon-manager-sas-rolebinding...
configmap/seldon-config created
service/seldon-webhook-service created
deployment.apps/seldon-controller-manager created
application.app.k8s.io/seldon-core-operator created
certificate.cert-manager.io/seldon-serving-cert created
```

```
issuer.cert-manager.io/seldon-selfsigned-issuer created
validatingwebhookconfiguration.admissionregistration.k8s.io/seldon-validating...
INFO[0127] Successfully applied application seldon-core-operator filename=...
INFO[0127] Applied the configuration Successfully! filename="cmd/apply.go:72"
```

쿠브플로 애플리케이션이 이제 애저에 배포되었습니다. 애저 콘솔에 배포된 것으로 나오려면 몇 분 정도 걸릴 수 있지만 관리자 입장에서 배포 명령어는 완료되었습니다.

쿠브플로 배포 확인

쿠브플로가 성공적으로 배포되었는지 확인하려면 다음 명령어를 사용할 수 있습니다.

```
kubectl -n kubeflow get all
```

명령어의 결괏값은 [예제 7-5]처럼 보여야 합니다.

예제 7-5 kfctl -n kubeflow get all 샘플 결괏값

NAME	READY	STATUS	RESTARTS	AGE
pod/admission-webhook-bootstrap....	1/1	Running	0	55s
pod/admission-webhook-deployment....	0/1	ContainerCreating	0	10s
pod/application-controller...	1/1	Running	0	114s
pod/argo-ui-7ffb9b6577-fcbwq	1/1	Running	0	58s
pod/centraldashboard-659bd78c-875qx	1/1	Running	0	56s
pod/jupyter-web-app-deployment...	0/1	ContainerCreating	0	52s
pod/katib-controller-7f58569f7d-mrjng	0/1	ContainerCreating	0	29s
pod/katib-db-manager-54b66f9f9d-9dr5x	0/1	ContainerCreating	0	29s
pod/katib-mysql-dcf7dcbd5-t6nlk	0/1	ContainerCreating	0	29s
pod/katib-ui-6f97756598-xd78z	0/1	ContainerCreating	0	29s
pod/kfserving-controller-manager-0	0/2	ContainerCreating	0	35s
pod/metacontroller-0	1/1	Running	0	59s
pod/metadata-db-65fb5b695d-dm5p6	0/1	ContainerCreating	0	49s
pod/metadata-deployment...	0/1	ContainerCreating	0	49s
pod/metadata-envoy-deployment...	1/1	Running	0	48s
pod/metadata-grpc-deployment....	0/1	ContainerCreating	0	48s
pod/metadata-ui-7c85545947-jq7xd	1/1	Running	0	48s
pod/minio-6b67f98977-w2fwd	0/1	ContainerCreating	0	27s
pod/ml-pipeline-6cf777c7bc-cngzq	0/1	ContainerCreating	0	27s
pod/ml-pipeline-ml-pipeline...	0/1	ContainerCreating	0	21s
pod/ml-pipeline-persistenceagent...	0/1	ContainerCreating	0	25s

```
pod/ml-pipeline-scheduledworkflow...      0/1    ContainerCreating    0    21s
pod/ml-pipeline-ui-549b5b6744-4s4hp       0/1    ContainerCreating    0    24s
pod/ml-pipeline-viewer...                 0/1    ContainerCreating    0    22s
pod/mysql-85bc64f5c4-x5666                0/1    ContainerCreating    0    26s
pod/notebook-controller-deployment...     0/1    ContainerCreating    0    46s
pod/profiles-deployment...                0/2    ContainerCreating    0    20s
pod/pytorch-operator-cf8c5c497-v6qn7      1/1    Running              0    45s
pod/seldon-controller-manager...          0/1    ContainerCreating    0    17s
pod/spark-operatorcrd-cleanup-xmsqb       0/2    ContainerCreating    0    50s
pod/spark-operatorsparkoperator...        0/1    ContainerCreating    0    51s
pod/spartakus-volunteer...                0/1    ContainerCreating    0    34s
pod/tensorboard-5f685f9d79-6l8x4          0/1    ContainerCreating    0    34s
pod/tf-job-operator-5fb85c5fb7-dzdpf      0/1    ContainerCreating    0    32s
pod/workflow-controller...                1/1    Running              0    58s


NAME                         TYPE        CLUSTER-IP      EXTERNAL-IP   PORT(S)         AGE
service/admission...         ClusterIP   10.0.218.52     <none>        443/TCP         54s
service/application...       ClusterIP   10.0.189.152    <none>        443/TCP         114s
service/argo-ui             NodePort    10.0.12.53      <none>        80:32051/TCP    58s
service/centraldashboard    ClusterIP   10.0.67.222     <none>        80/TCP          56s
service/jupyter-web-app...   ClusterIP   10.0.44.255     <none>        80/TCP          52s
service/katib-controller     ClusterIP   10.0.131.36     <none>        443/TCP,...     30s
service/katib-db-manager     ClusterIP   10.0.175.154    <none>        6789/TCP        30s
service/katib-mysql          ClusterIP   10.0.122.93     <none>        3306/TCP        29s
service/katib-ui             ClusterIP   10.0.206.223    <none>        80/TCP          29s
service/kfserving...         ClusterIP   10.0.188.73     <none>        8443/TCP        35s
service/kfserving...         ClusterIP   10.0.17.232     <none>        443/TCP         35s
service/metadata-db          ClusterIP   10.0.32.198     <none>        3306/TCP        49s
service/metadata-envoy...    ClusterIP   10.0.225.15     <none>        9090/TCP        49s
service/metadata-grpc...     ClusterIP   10.0.189.179    <none>        8080/TCP        49s
service/metadata-service     ClusterIP   10.0.23.231     <none>        8080/TCP        49s
service/metadata-ui          ClusterIP   10.0.195.153    <none>        80/TCP          49s
service/minio-service        ClusterIP   10.0.151.45     <none>        9000/TCP        27s
service/ml-pipeline          ClusterIP   10.0.188.75     <none>        8888/TCP,...    28s
service/ml-pipeline-ml...    ClusterIP   10.0.158.115    <none>        8888/TCP        21s
service/ml-pipeline...       ClusterIP   10.0.33.171     <none>        80/TCP          24s
service/ml-pipeline-ui       ClusterIP   10.0.133.49     <none>        80/TCP          24s
service/mysql                ClusterIP   10.0.0.108      <none>        3306/TCP        26s
service/notebook...          ClusterIP   10.0.242.145    <none>        443/TCP         46s
service/profiles-kfam        ClusterIP   10.0.20.131     <none>        8081/TCP        20s
service/pytorch-operator     ClusterIP   10.0.118.141    <none>        8443/TCP        45s
service/seldon-webhook...    ClusterIP   10.0.64.30      <none>        443/TCP         17s
service/tensorboard          ClusterIP   10.0.12.52      <none>        9000/TCP        34s
```

```
service/tf-job-operator    ClusterIP    10.0.245.121    <none>    8443/TCP    32s
```

NAME	READY	UP-TO-DATE	AVAILABLE	AGE
deployment.apps/admission-webhook...	0/1	1	0	54s
deployment.apps/argo-ui	1/1	1	1	58s
deployment.apps/centraldashboard	1/1	1	1	56s
deployment.apps/jupyter-web-app-deployment	0/1	1	0	52s
deployment.apps/katib-controller	0/1	1	0	29s
deployment.apps/katib-db-manager	0/1	1	0	29s
deployment.apps/katib-mysql	0/1	1	0	29s
deployment.apps/katib-ui	0/1	1	0	29s
deployment.apps/metadata-db	0/1	1	0	49s
deployment.apps/metadata-deployment	0/1	1	0	49s
deployment.apps/metadata-envoy-deployment	1/1	1	1	48s
deployment.apps/metadata-grpc-deployment	0/1	1	0	48s
deployment.apps/metadata-ui	1/1	1	1	48s
deployment.apps/minio	0/1	1	0	27s
deployment.apps/ml-pipeline	0/1	1	0	27s
deployment.apps/ml-pipeline-ml-pipeline...	0/1	1	0	21s
deployment.apps/ml-pipeline-persistenceagent	0/1	1	0	25s
deployment.apps/ml-pipeline-scheduledworkflow	0/1	1	0	21s
deployment.apps/ml-pipeline-ui	0/1	1	0	24s
deployment.apps/ml-pipeline-viewer....	0/1	1	0	22s
deployment.apps/mysql	0/1	1	0	26s
deployment.apps/notebook-controller...	0/1	1	0	46s
deployment.apps/profiles-deployment	0/1	1	0	20s
deployment.apps/pytorch-operator	1/1	1	1	45s
deployment.apps/seldon-controller-manager	0/1	1	0	17s
deployment.apps/spark-operatorsparkoperator	0/1	1	0	51s
deployment.apps/spartakus-volunteer	0/1	1	0	34s
deployment.apps/tensorboard	0/1	1	0	34s
deployment.apps/tf-job-operator	0/1	1	0	32s
deployment.apps/workflow-controller	1/1	1	1	58s

NAME	DESIRED	CURRENT	READY	AGE
replicaset.apps/admission-webhook-deployment...	1	1	0	54s
replicaset.apps/argo-ui-7ffb9b6577	1	1	1	58s
replicaset.apps/centraldashboard-659bd78c	1	1	1	56s
replicaset.apps/jupyter-web-app-deployment...	1	1	0	52s
replicaset.apps/katib-controller-7f58569f7d	1	1	0	29s
replicaset.apps/katib-db-manager-54b66f9f9d	1	1	0	29s
replicaset.apps/katib-mysql-dcf7dcbd5	1	1	0	29s

```
replicaset.apps/katib-ui-6f97756598                      1    1    0    29s
replicaset.apps/metadata-db-65fb5b695d                   1    1    0    49s
replicaset.apps/metadata-deployment-65ccddfd4c           1    1    0    49s
replicaset.apps/metadata-envoy-deployment...             1    1    1    48s
replicaset.apps/metadata-grpc-deployment-5c6db9749       1    1    0    48s
replicaset.apps/metadata-ui-7c85545947                   1    1    1    48s
replicaset.apps/minio-6b67f98977                         1    1    0    27s
replicaset.apps/ml-pipeline-6cf777c7bc                   1    1    0    27s
replicaset.apps/ml-pipeline-ml-pipeline...               1    1    0    21s
replicaset.apps/ml-pipeline-persistenceagent...          1    1    0    25s
replicaset.apps/ml-pipeline-scheduledworkflow...         1    1    0    21s
replicaset.apps/ml-pipeline-ui-549b5b6744                1    1    0    24s
replicaset.apps/ml-pipeline-viewer-controller...         1    1    0    22s
replicaset.apps/mysql-85bc64f5c4                         1    1    0    26s
replicaset.apps/notebook-controller-deployment...        1    1    0    46s
replicaset.apps/profiles-deployment-c775584c7            1    1    0    20s
replicaset.apps/pytorch-operator-cf8c5c497               1    1    1    45s
replicaset.apps/seldon-controller-manager...             1    1    0    17s
replicaset.apps/spark-operatorsparkoperator...           1    1    0    51s
replicaset.apps/spartakus-volunteer-5dc96f4447           1    1    0    34s
replicaset.apps/tensorboard-5f685f9d79                   1    1    0    34s
replicaset.apps/tf-job-operator-5fb85c5fb7               1    1    0    32s
replicaset.apps/workflow-controller-689d6c8846           1    1    1    58s


NAME                                                        READY        AGE
statefulset.apps/admission-webhook-bootstrap-stateful-set   1/1          55s
statefulset.apps/application-controller-stateful-set        1/1          114s
statefulset.apps/kfserving-controller-manager               0/1          35s
statefulset.apps/metacontroller                             1/1          59s


NAME                              COMPLETIONS    DURATION     AGE
job.batch/spark-operatorcrd-cleanup    0/1        50s          50s
```

이제 쿠브플로가 GKE에 배포된 것을 확인했으니 메인 사용자 인터페이스를 살펴보고 쿠브플로 애플리케이션을 확인하겠습니다.

7.4 배포에 네트워크 접근 승인

2장에서 어떻게 이스티오가 쿠브플로 엔드포인트로의 접근을 제어하는지에 대한 기초를 논의했습니다. 애저의 쿠브플로는 이스티오 인그레스 게이트웨이를 인그레스 지점으로 사용합니다.

그러나 기본 설치는 외부 엔드포인트는 생성하지 않기 때문에 다음 명령어로 애저의 새로운 쿠브플로 배포를 시험하기 위한 포트 포워딩port-forwarding을 셋업해야 합니다.

```
kubectl port-forward svc/istio-ingressgateway -n istio-system 8080:80
```

이것을 로컬 명령 줄에서 실행하면 브라우저의 `http://localhost:8080` 주소를 방문할 수 있습니다.

> **WARNING_ 애저의 쿠브플로를 퍼블릭에 노출하기**
> 퍼블릭 IP로 쿠브플로 대시보드를 열기 전에 비승인 접근을 막도록 네트워크 접근을 셋업해야 합니다.

7.5 마치며

이제 여러분은 온프레미스와 클라우드에 쿠브플로를 설치하는 법을 모두 배웠습니다. 이제 책의 마지막 주제인 쿠브플로에서 KFServing을 이용한 모델 배포로 넘어가겠습니다.

## CHAPTER 8

모델 서빙과 통합

실무에서 머신러닝은 머신러닝 모델을 트레이닝하는 것에 주로 집중합니다. 하지만 대부분의 책에서는 모델을 프로덕션 애플리케이션에 어떻게 통합하는지, 어떻게 모델의 라이프 사이클을 관리하는지 다루지 않습니다. 플랫폼의 쿠브플로는 모델 개발과 배포의 모든 단계를 다룹니다.

8장에서는 머신러닝 운영 개념을 이해하고, 어떻게 이런 개념이 실무에서 쿠버네티스의 KFServing을 이용해 실행되는지 살펴봅니다. 먼저 모델 관리의 핵심 개념을 배우겠습니다.

8.1 모델 관리의 기본 개념

머신러닝 운영과 관련된 다음 핵심 개념을 이해해야 합니다.

- 모델 트레이닝 대 모델 인퍼런스
- 인퍼런스 레이턴시
- 모델 프로덕션 운영의 고급 구성 요소
- 배치batch 대 트랜잭션 작업 레이턴시
- 로raw 데이터를 벡터로 변환
- 하나의 모델에 특화된 관리 대 여러 모델 관리
- 언제 모델을 다시 트레이닝할지 아는 것
- 모델 롤백
- 모델 관리를 위한 보안 모델

- 프로덕션 모델 스케일링scaling
- 모델 성능 모니터링
- 모델 설명성
- 입력값 아웃라이어 감지

머신러닝 운영 실무자가 앞서 나열한 개념을 실행하는 것은 어렵습니다. 더불어 다음 기술을 실행하는 것은 더 어렵습니다.

- 모델 직렬화
- 모델 서버
- 프로토콜 표준, HTTP/GRPC
- 여러 개의 머신러닝 프레임워크 다루기
- 컨테이너화[1]
- GitOps
- 쿠버네티스[2]
- 배포, 서비스
- HPA, VPA, KPA
- 레디니스/라이브니스 프로브
- 퍼시스턴트볼륨[3]
- 서비스 메시[4]
- 클라우드 이벤트
- GPU

쿠버네티스에서 인프라스트럭처 배포를 표준화하고자는 강력한 산업 트렌드(확장성, 신뢰성 등) 때문에 여기서 보이는 많은 기술이 그 생태계와 연결되어 있습니다. 이 장에서는 여러분이 모델 관리에 대해 알아야 할 핵심 개념과 모델 관리하기 위해 KFServing을 이용하는 것에 집중하겠습니다.

먼저 머신러닝 모델을 트레이닝하는 것과 저장된 머신러닝 모델에서 인퍼런스를 만드는 것의 기본적인 차이를 살펴보겠습니다.

---

1 *https://oreil.ly/KyW2I*

2 *https://kubernetes.io*

3 *https://oreil.ly/JnJoq*

4 *https://oreil.ly/Bq6nu*

8.1.1 모델 트레이닝 대 모델 인퍼런스 이해

머신러닝 모델 트레이닝machine learning model training은 입력 트레이닝 데이터셋을 여러 번 통과하면서 모델의 목표 기준에 맞도록 모델의 파라미터를 바꾸는 과정입니다. 머신러닝 모델 트레이닝의 입력값으로는 다음의 예가 있습니다.

- 입력 트레이닝 데이터셋
- 트레이닝 데이터셋과 연관된 레이블(지도 학습supervised learning인 경우)
- 하이퍼파라미터

머신러닝에서 데이터셋을 한 번 통과하는 것을 **에폭**epoch이라고 하고 이 트레이닝 과정은 수 초에서 수 일까지 걸릴 수 있습니다. 이 작업의 레이턴시와 데이터셋을 여러 번 통과해야 하는 것을 고려할 때 모델 트레이닝을 배치 클래스batch-class 작업이라고 할 수 있습니다. 배치 클래스 작업 레이턴시는 데이터를 분석 데이터 결과로 처리하는 데 드는 레이턴시와 비슷합니다. 이 배치 작업은 GPU와 같은 특별한 하드웨어를 이용해 빠르게 할 수 있지만 GPU를 이용하더라도 복잡한 모델은 수 시간에서 수 일까지 걸릴 수 있습니다.

머신러닝 모델 인퍼런스machine learning model inference는 트레이닝과는 다릅니다. 인퍼런스는 기존의 트레이닝된 모델을 가져와서 새 데이터를 입력값으로 넣고 분류(예를 들어 '레이블')나 회귀 모델(예를 들어 '집값')과 같은 모델 결괏값을 생산하는 것입니다. 결과를 위한 모델 입력값은 다음과 같습니다.

- 1개나 N개의 인풋 레코드input record(트레이닝 데이터셋의 피처와 일치해야 함)
- 인풋 레코드 피처는 트레이닝 때 했던 방식과 같은 방식으로 변형되어야 함

모델 인퍼런스는 보통 로 레이턴시low-latency 작업입니다. 레이턴시는 대부분 밀리세컨(ms) 단위로 측정되지만 더 큰 모델[5]에서는 수 초 범위까지 걸릴 수 있습니다. 모델 인퍼런스 과정은 트랜잭션 작업으로 간주할 수 있고 트랜잭션 데이터베이스 쿼리(예를 들어 `select * from [table] where ROWID = 100;`)와 비슷하다고 볼 수 있습니다. 전체 데이터(예를 들어 트레이닝 데이터)에 기반해 특정 인풋 피처를 입력했을 때 한 개의 통계적인 추론을 얻어낸다는 점에서 데이터베이스 트랜잭션 작업과 비교했을 때 비슷하다고 볼 수 있습니다.

컴퓨터 과학 분야는 관습적으로 요청/응답 시스템(예를 들어 웹 서버, 데이터베이스)에 초당

---

5 세부 사항을 위해서 텐서플로 깃허브 리포지토리(*https://oreil.ly/cVaxC*)에서 컴퓨터 비전 모델 인퍼런스 레이턴시를 확인하세요.

요청 수, 초당 쿼리 수(QPS)와 같은 메트릭metric을 사용합니다. 여러분이 인퍼런스를 요청/응답 패턴의 리모트 애플리케이션으로 제공할 것이므로 모델 호스팅 서버를 같은 프레임에서 생각할 수 있습니다. 여러분의 상황에서는 프로덕션의 확장된 모델을 위해서 초당 인퍼런스 수(IPS) 비율이 특정 수치에 도달해야 한다고 볼 수 있습니다. 뒷부분에서 이 내용에 관해 더 다룹니다.

트레이닝 데이터의 구체화 뷰로써 머신러닝 모델

이 절에서 논의했던 데이터베이스 비교를 좀 더 발전시킨다면 머신러닝 모델은 트레이닝 데이터의 구체화 뷰Materialized View라고 할 수 있습니다. 입력 테이블(또는 여러 개의 테이블)에 변형을 가하는 것과 같이 머신러닝 트레이닝 과정을 입력 트레이닝 데이터의 새로운 구체화 뷰를 생산하는 것으로 간주할 수 있습니다. 머신러닝 모델이 원래 트레이닝 데이터의 새로운 정보를 제공하기 위해 쓰이는 것입니다.

이제 모델 생성과 모델 인퍼런스의 차이에 대해 이해했으니 모델을 애플리케이션과 통합하기 위한 방법을 위한 '직관intuition'을 만들어보겠습니다.

8.1.2 모델 통합을 위한 직관 만들기

머신러닝 모델 통합에는 두 가지 경우가 있습니다.

- 모델을 로컬로 복사해서 메모리에 로드하는 시나리오
- 모델을 네트워크로 접근하는 시나리오

이 절에서는 배포된 모델을 네트워크를 통해 원격으로 접근하는 두 번째 시나리오에 집중하겠습니다. 첫 번째 시나리오는 운영을 위한 데브옵스 실무에 실용적이지 않기 때문에 두 번째 시나리오에 집중하겠습니다. 네트워크 접근 시나리오에서 모델 인퍼런스를 실행하는 다음과 같은 단계를 고려합니다.

1 클라이언트가 모델 입력값을 네트워크 전송을 위해 인코딩한다.
2 클라이언트가 모델 서버로 인코딩된 모델 입력값을 네트워크를 통해 전송한다.
3 모델 서버가 입력 데이터 페이로드를 받아서 디코딩한다.
4 모델 서버가 인퍼런스 결과를 생성하기 위해 입력 데이터를 사용한다.

5 모델 서버가 네트워크 전송을 위해 인퍼런스 결과를 인코딩한다.

6 모델 서버가 인코딩된 인퍼런스 결과를 다시 클라이언트에게 네트워크를 통해 전송한다.

[그림 8-1]에서 일반적인 흐름이 표현된 것을 볼 수 있습니다.

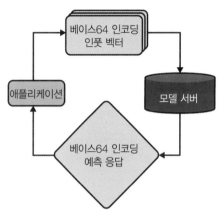

그림 8-1 애플리케이션부터 모델 서버까지 그리고 그 반대의 모델 서빙 데이터 흐름

클라이언트 서버 인퍼런스 트랜잭션의 기초적인 구성 요소는 REST API[6] 사용입니다.

쿠브플로와 REST API

대부분 쿠브플로 모델 서빙 시스템은 많은 유연성을 제공하기 위해 RESTful API를 사용합니다. RESTful API를 사용하면 데이터가 메서드나 리소스에 묶이지 않아서 다음을 진행할 수 있습니다.

- 여러 종류의 함수 호출에 노출
- 다른 데이터 형식을 리턴(XML, JSON, YAML 등)
- 다르게 구현된 클라이언트를 이용

또 다른 측면으로는 대부분의 웹 개발자들이 REST가 이해하고 개발하기 쉽다고 생각한다는 것입니다. REST API는 모델 서빙 인프라스트럭처를 뒷받침하는 잘 알려진 기본 구성 요소를 제공합니다. REST API 엔드포인트 예시는 다음과 같습니다.

- `http://<ambassadorEndpoint>/seldon/<deploymentName>/api/v0.1/predictions`

---

6 *https://restfulapi.net*

REST API로 모델을 노출시키면, 네트워크를 통해 독립적으로 접근할 수 있습니다. 물리적인 모델은 특정 버전의 엔드포인트로 매핑됩니다. 이러한 방식을 통해 데브옵스 팀이 프로덕션 모델의 최신 버전을 나타내는 엔드포인트를 제공할 수 있게 하고 따라서 클라이언트 애플리케이션이 이 엔드포인트를 사용할 수 있습니다. 어느 때이든 데브옵스 팀이 모델을 소비하는 애플리케이션과의 통합을 유지하면서 엔드포인트 뒤의 모델을 업데이트할 수 있습니다. 이 점이 모델 관리를 쉽게 할 수 있게 합니다. 모델 관리는 뒷부분에서 다루겠습니다.

API 게이트웨이

API 관리(APIM)는 현대의 API 유스 케이스를 구현하는 데 쓰이는 핵심 기술입니다. 지난 10년 동안 API 게이트웨이 기술은 더 크고 복잡한 유스 케이스를 지원하도록 진화했습니다. 이를 산업 용어로 '풀 라이프 사이클 API 관리'라고 합니다. 이 영역의 주제로는 다음이 포함합니다.

- 테스팅
- 문서화
- 수익 창출
- 모니터링

쿠브플로와 모델 서빙에 이스티오 같은 기술이 모델 트래픽 라우팅이나 이스티오 게이트웨이에 모델을 노출하는 것 등 API 관리의 특정 핵심 부분을 담당합니다.

REST를 사용하기로 결정했다면 입력 데이터(또는 입력값 벡터)를 애플리케이션에서 모델 서버로 네트워크를 통해 보내야 합니다. 모델 입력 데이터는 HTTP[7]를 이용해 전송에 적합한 표현으로 인코딩되어야 합니다. 여기에 사용할 HTTP 메서드는 POST 메서드고 모델 입력 데이터를 POST HTTP 호출에 임베딩하기 위해 문자열로 인코딩해야 합니다. 또한 노출된 API 엔드포인트가 어떻게 서버 사이드에서 데이터를 받을지 고려해야 합니다. 뒷부분에서 이러한 REST 기반 모델 인퍼런스 측면의 구체적인 구현 예시들을 살펴보겠습니다.

서버 사이드에서는 HTTP POST-call을 받아서 이 호출을 로컬에서 적절한 구현에 매핑합니다. 서버는 베이스64 인코딩된 바디 페이로드^{body payload}를 디코딩하여 모델 입력값을 추출합니다. 모델 배포가 입력값 전처리를 하도록 설정되어 있다면 입력 데이터에 변형을 적용합니다. 변형

---

7 _https://restfulapi.net/http-methods_

이 완료되면 배포된 애플리케이션이 입력 데이터를 머신러닝 모델의 입력값으로 사용하여 모델 인퍼런스를 생산합니다.

어떤 배포는 로^{raw} 모델 인퍼런스에 후처리를 수행하지만 항상 하는 것은 아닙니다. 모델의 결과 인퍼런스가 완료되면 이 결괏값은 다시 인코딩되어서 HTTP를 통해 클라이언트 애플리케이션으로 보내집니다.

이제 모델 인퍼런스 요청/응답 사이클의 라이프 사이클에 대해 논의했으니 모델 인퍼런스 스루풋을 어떻게 스케일링할 수 있는지 살펴보겠습니다.

8.1.3 모델 인퍼런스 스루풋 스케일링

배포된 프로덕션 머신러닝 모델의 사용이 증가하면 어떤 모델은 다른 모델보다 더 많이 접근됩니다. 이것은 데이터베이스의 특정 테이블이 다른 테이블보다 더 많이 접근되는 것과 비슷합니다. 두 가지 경우 모두 증가하는 사용자 수에 기반해 더 많은 트랜잭션을 제공할 방법을 찾아야 합니다.

쿼리 비용과 관계 데이터베이스 테이블과 비슷하게 각 머신러닝 모델은 원하는 모델 인퍼런스 결과를 생성하려면 특정 계산 비용이 필요합니다.

예를 들어 작은 모델(예를 들어 단순한 5개의 파라미터가 있는 멀티레이어 퍼셉트론)은 CPU 하드웨어로 인퍼런스 응답을 10ms 이하에 보낼 수 있습니다. 하지만 큰(1GB) 모델(예를 들어 R-CNN 이미지 분류 모델[8])은 CPU로 하나의 인퍼런스를 보내는 데 7초나 그 이상이 걸릴 수 있습니다.

보통 사용자는 응답이 빠른 애플리케이션을 원하고, 애플리케이션 상호작용에 반응하는 데 500ms 이상 기다리기를 원하지 않습니다. 이 지점에서 확장 가능한 배포 전략을 개발할 때 다음과 같은 점을 고려해야 합니다.

- 반응 레이턴시에 대한 사용자 대면 애플리케이션 기댓값(예를 들어 얼마나 빨리 응답해야 하는가?)
- 사용량이 가장 많은 시간대에 서빙해야 하는 사용자의 수

이런 것들을 고려하기 위해 초당 인퍼런스 수(IPS)를 예측해야 합니다. 초당 인퍼런스 수는 초

---

8 *https://oreil.ly/cVaxC*

당 쿼리 수와 비슷하게 생각할 수 있습니다. 초당 인퍼런스 수는 피크 기간 동안 애플리케이션을 유지하기 위해 모델이 초당 생성해야 하는 평균 인퍼런스 수입니다.

다음과 같이 IPS를 계산할 수 있습니다.

1 하루 중 피크 사용 기간(예를 들어 1시간)

2 피크 기간 동안 애플리케이션에 제공해야 하는 전체 인퍼런스 수

3 전체 인퍼런스 수 나누기 기간이 초당 인퍼런스 수

순수 인퍼런스 레이턴시를 넘어서 특히 큰 모델들을 다룰 때는 인퍼런스 트랜잭션의 다른 부분 또한 고려해야 합니다. 인퍼런스 트랜잭션의 단계들은 다음과 같습니다.

1 클라이언트 데이터 인코딩

2 클라이언트 데이터를 모델 서버로 전송

3 모델 서버 데이터 페이로드를 디코딩

4 모델 서버: 인퍼런스

5 모델 서버: 인퍼런스 결과 인코딩

6 모델 서버에서 클라이언트로 전송

서버 사이드 IPS 계산은 클라이언트 데이터 인코딩이나 전송에 영향을 받지 않습니다.

> **WARNING_ 베이스64 디코딩 입력 데이터의 오버헤드**
> 인퍼런스 호출의 전체 라이프 사이클은 모델에서 인퍼런스 결과를 받는 것 이상의 의미를 담고 있습니다. 어떤 모델은 거대한 입력 데이터(예를 들어 이미지 데이터)가 필요하고 베이스64 디코딩이 모델 서버 성능에 영향을 미칠 수 있습니다. 애플리케이션 디자이너는 시스템을 디자인할 때 전체 인퍼런스 라이프 사이클을 인지해야 합니다.

때로는 인퍼런스 결괏값에 후처리를 할 수도 있기 때문에 이도 고려해야 합니다. 애플리케이션 디자이너는 순수한 모델 인퍼런스 레이턴시와 트랜잭션 오버헤드가 포함된 배포된 모델의 레이턴시도 인지해야 합니다.

다음 하위 절에서 몇 개의 시나리오를 통해 이 방법을 실무에 적용해보겠습니다.

초당 인퍼런스 수 예측 계산 예시

이 절에서 대략적인 초당 인퍼런스 수 예측을 어떻게 계산하는지 보기 위해 몇 개의 예시 시나리오를 살펴보겠습니다.

여러분이 이제 시작하는 단계이고 분당 하나의 인퍼런스를 평균하면 된다고 가정해보겠습니다. 이 예시에서 모델이 몇 개의 파라미터만 있는 단순한 멀티레이어 퍼셉트론이고 CPU에서 인퍼런스가 5ms 밖에 안 걸린다고 가정하겠습니다.

이 예측 시나리오의 경우 단지 초당 인퍼런스 수(1인퍼런스/60초) 0.016입니다(즉 분당 한 번의 인퍼런스). 이런 요구사항을 염두에 두고 CPU가 있는 하나의 서버로 시작해서 애플리케이션 레이턴시(5ms)만 다룹니다. 이 예시는 굉장히 단순한 예시 예측이기 때문에 좀 더 현실적인 예시를 살펴보겠습니다.

새로운 예측 시나리오에서는 이미지에서 객체를 탐지하는 애플리케이션을 만들어야 합니다. Model Zoo[9]의 타이탄 X GPU 카드에서 42ms 레이턴시로 인퍼런스를 생성하는 `ssd_inception_v2_coco`를 고릅니다.

> **WARNING_ 모델 서빙을 위해 CPU과 GPU 고려**
>
> 텐서플로 Model Zoo의 많은 컴퓨터 비전 모델들이 인퍼런스 결과를 생성하기 위해 1초 이상이 걸립니다. 많은 앱이 사용자 행동action에 일관적으로 반응하기를 기대합니다. CPU 기반 인퍼런스에서 발생되는 5에서 10초 정도의 레이턴시가 반응을 막는 것은 이런 애플리케이션에서 받아들일 수 없는 옵션입니다.
>
> 그래서 대부분의 컴퓨터 비전 모델의 경우 CPU는 의미 있는 레이턴시를 제공하기에 성능이 부족합니다. 대부분 컴퓨터 비전 프로덕션 애플리케이션은 원하는 인퍼런스 레이턴시를 제공하기 위해 GPU 가속을 필요로 합니다.

이런 시나리오에서 여러분의 애플리케이션이 하루 최대 사용치에서 사용자가 1,100명이라고 가정하겠습니다. 평균적으로 각 애플리케이션은 분당 3개의 인퍼런스를 만들고 이것은 3,300(3 x 1,100)개의 분당 인퍼런스 또는 55개의 분당 인퍼런스를 의미합니다.

만약 인퍼런스를 배치batch로 처리할 수 없다면(특히 여기 트랜잭션 시스템에서는 배치 처리가 불가능합니다) 인퍼런스 요청을 큐에서 선형적으로 처리하는 것을 고려해야 합니다.

---

9 *https://oreil.ly/cVaxC*

그래서 만약 초당 55개의 인퍼런스를 유지해야 한다면 그리고 각 인퍼런스가 42ms이 걸린다면 총 처리 시간은 2,310ms(55인퍼런스 x 42 ms)이 걸립니다. 한 개의 머신은 1,000ms의 처리 시간이 필요하기 때문에 대략 초당 24개의 인퍼런스만 제공할 수 있습니다.

> **WARNING_ 월 클록 시간(wall clock time) 대 계산 시간 및 IPS**
> 대략적인 IPS 예측을 위해 운영체제 오버헤드와 같은 계산 시간을 추가로 사용할 호스트의 다른 부분을 무시하기로 합니다. 만약 사용자가 한 번의 인퍼런스를 N번 실행하고 평균을 낸다면 평균에 백그라운드 오버헤드가 포함되어 있을 것입니다.

더 많은 모델 서버를 사용하면 더 많은 모델 인퍼런스를 서빙할 수 있습니다. 이런 방식은 분산 시스템에서 '스케일 아웃scale out'이라고 부릅니다. 요구사항인 55 IPS보다 큰 3개의 모델 서버(3개 서버 x 24 IPS = 72 IPS)를 배포할 것입니다.

이런 계산은 시스템이 필요로 할지도 모르는 최고 IPS를 대략적으로 얻을 때 좋습니다. 클라우드 기반 시스템은 필요에 따라 리소스를 스케일 아웃하도록 해주지만 온프레미스 쿠브플로 설치는 하드웨어 할당을 해야 합니다. 그리고 인퍼런스 로드를 유지하기 위해 하드웨어가 얼마나 필요한지 예측해야 합니다.

뒷부분에서 KFServing이 모델 서빙을 위해 스케일 아웃을 어떻게 다루는지 살펴봅니다. 또한 요구가 바뀌면서 모델 서빙 컨테이너를 어떻게 오토스케일링하는지도 살펴볼 것입니다.

8.1.4 모델 관리

데이터 사이언티스트가 한 번에 한 개의 모델을 다루는 것은 쉽습니다. 그러나 많은 개별 데이터베이스 테이블과 마찬가지로, 여러 팀의 모델들을 운영하는 것은 어렵습니다.

머신러닝 애플리케이션의 초기에는 종종 사용자 애플리케이션의 사용을 위해 로컬 디스크로부터 메모리로 저장된 머신러닝 모델을 로드합니다. 이런 방식은 로컬 주피터 노트북이나 개발 애플리케이션에서는 잘 동작하지만 웹 스케일web-scale 애플리케이션에 인퍼런스를 서비스하거나 여러 명의 사용자를 지원하기에는 확장이 어렵습니다. 어떤 데브옵스 팀이든 프로덕션 머신러닝 모델 롤아웃을 최대한 관리하기 쉽도록 할 것입니다.

이런 어려움을 하나의 시나리오를 가지고 더 자세히 설명해보겠습니다. 만약 1년동안 한 달에

한 번씩 새로운 모델을 생산하는 20개의 다른 머신러닝 파이프라인이 있다면 240(12 x 20)개의 다른 버전의 모델 파일들이 다른 하드 드라이브에 있을 것입니다. 이런 상황에서는 다음과 같은 리소스 관리 문제가 생깁니다.

- 배포된 머신러닝 모델 업데이트하기
- 기존 프로덕션 모델을 롤백하거나 대체하기
- 모델로의 안전한 접근 관리하기

데브옵스 팀은 다음과 같은 것에 대한 기본적인 제어를 하고 싶어 합니다.

- 현재 최고 모델
- 이전 최고 모델(모델 롤백을 위해)
- 인퍼런스 서빙을 위한 통합 방식(API REST 브리지)

이런 모든 문제들은 모든 기본적인 모델링 워크플로에 있지만 더 많은 팀들이 더 많은 모델을 생산할수록 훨씬 더 관리하기가 어려워집니다.

8.1.3절에서 사용했던 데이터베이스와 비교를 해보면, 초기 데이터베이스[10]는 플랫 파일을 로컬에 복제하여 사용했습니다. 시간이 흐르면서 데이터베이스는 JDBC와 ODBC 같은 접근 메커니즘을 이용해 중앙화된 서버로 진화했습니다.

모델 추적을 더 복잡하게 하는 것은 콘셉 드리프트concept drift [11] 문제입니다. 머신러닝 모델은 시간이 지나면 데이터 전체 모집단으로부터 트레이닝 데이터 분포가 멀어지게 되고 이에 따라 '나이가 들어간다'라고 표현할 수 있습니다. 이렇게 되면 여러분의 모델은 더 이상 새로운 데이터에 다시 트레이닝된 것만큼 좋은 인퍼런스를 생산할 수 없습니다. 콘셉 드리프트를 추적하는 것은 모델이 다시 트레이닝되어야 하는 때를 알려줄 수 있습니다.

머신러닝 프로덕션 방식이 발전함에 따라, 이 분야도 같은 방식으로 발전하는 것을 보게 될 것입니다. 이 장은 좀 더 실용적인 방식으로 진화해가는 모델 관리를 위한 통신 방식에 집중하도록 하겠습니다. [12]

----

10 *https://oreil.ly/b57aJ*

11 *https://oreil.ly/iIawo*

12 여기까지 오느라 고생하셨습니다. 마지막 정상에 오르기 전, 잠시 쉬면서 RJD2의 최신 앨범 「The Fun Ones」을 들어보세요 (*https://oreil.ly/_FYW6*).

8.2 KFServing 소개

이 절에서는 쿠브플로의 핵심 모델 관리 구성 요소인 KFServing을 소개하겠습니다. KFServing의 핵심 가치는 다음과 같이 표현될 수 있습니다.

- 통일된 데이터 플레인과 미리 만들어진 모델 서버를 이용하여 조직 간 모델 서빙 표준화를 도움
- InferenceService/서버를 배포, 모니터링하고 인퍼런스 워크포드를 스케일링하는 하나의 방법
- 데이터 사이언티스트가 모델을 프로덕션에 배포하는 시간을 현저히 줄여줌

쿠브플로는 두 개의 오픈소스 멀티프레임워크 서빙 옵션[13]을 제공합니다.

- KFServing
- 셀던 코어

KFServing은 쿠브플로 프로젝트 생태계의 한 부분입니다. 그러나 셀던 코어는 쿠브플로 구성 요소들이 지원하는 외부 프로젝트입니다.

물론 사용자는 독립적인 모델 서빙 시스템을 골라서 사용하기 위해 오픈소스 시스템을 선택할 수 있습니다. KFServing과 셀던 코어 모두 지원하는 프레임워크의 목록은 다음과 같습니다.

- 텐서플로
- XGBoost
- 사이킷런
- 엔비디아 트리톤 인퍼런스 서버
- ONNX
- 파이토치

그러나 지원 옵션 중 하나를 사용하면 쿠브플로 사용자가 통합 기능을 모두 활용하여 모델을 쉽게 관리할 수 있습니다.

KFSeving이 사용하는 주요 구성 요소들은 [그림 8-2]에서 볼 수 있습니다.

---

13 *https://oreil.ly/JksGC*

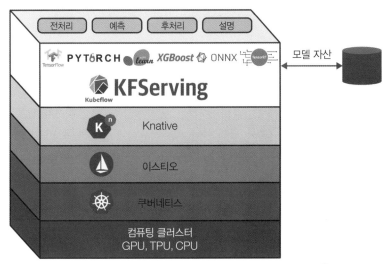

그림 8-2 KFServing의 주요 구성 요소(출처: KFServing 깃허브 리포지토리)[14]

이 구성 요소들은 다음을 포함합니다.

- Knative
- 이스티오
- 쿠버네티스

이러한 기초적인 구성 요소들은 KFServing이 다른 종류의 하드웨어(GPU, TPU, CPU)를 포함한 컴퓨팅 클러스터에 실행할 수 있도록 합니다.

모델 서빙 옵션을 평가할 때 고려 사항들은 다음과 같습니다.

- 그래프 지원
- 모델 서빙 분석
- 스케일링 인퍼런스
- 롤아웃 옵션

그래프 지원은 모델 인퍼런스만 필요한 경우가 거의 없기 때문에 프로덕션 상황에서 중요합니다. 보통 요청은 로 데이터로 오고(예를 들어 베이스64 엔코딩 이미지 픽셀 데이터) 머신러닝 모델이 기대하는 적절한 피처 형태로 바뀌어야 합니다.

---

14 *https://oreil.ly/oCAEC*

이제 KFServing과 같은 멀티프레임워크 시스템을 사용하는 것의 이점을 더 살펴보겠습니다.

8.2.1 KFServing 사용의 이점

KFServing은 모델 서빙을 프레임워크 간에 표준화된 방식으로 운영할 수 있도록 디자인되었습니다. 기존의 쿠버네티스와 이스티오 스택에 쉽게 실행될 수 있으면서 모델 설명성, 인퍼런스 그래프 연산, 다른 모델 관리 기능 등을 제공하는 모델 서빙 시스템에 대한 요구가 있었습니다. 쿠브플로는 데이터 사이언티스트와 데브옵스/MLOps 팀이 함께 모델 생산에서 현대 프로덕션 모델 배포까지 협업할 수 있도록 하는 방식이 필요했습니다.

오늘날 KFServing의 두 가지 핵심 요소는 미리 만들어진 모델 서버와 모델 배포를 오토스케일링할 수 있는 기능을 포함합니다. 더 나아가 이스티오나 Knative 같은 구성 요소에 추가적으로 KFServing이 모니터링이나 운영 관리를 위한 레이턴시나 RPC 카운트 같은 기본 메트릭을 제공합니다. 배포 시스템은 카나리 롤아웃이나 GPU 오토스케일링 같은 강력한 기능을 제공하면서도 직관적이고 일관적이어야 합니다.

모델 서버의 개념이 생긴지는 꽤 되었습니다. 아직도 많은 인기 있는 모델 서버(예를 들어 TFServing, ONNX 등)들은 모두 비슷하지만 상호운용이 불가능한 HTTP/gRPC 프로토콜을 이용해 통신합니다. KFServing은 추상화 인터페이스와 텐서플로, XGBoost, 파이토치 같은 일반적인 머신러닝 프레임워크를 위한 표준화된 예측 워크플로 제공하도록 디자인되었습니다.

이런 표준화된 예측 워크플로로 일하는 것은 다음과 같은 머신러닝 서빙 일들을 단순하고 이식 가능하도록 만들었습니다.

- 예측
- 전처리
- 후처리
- 설명성

KFServing이 이런 일들을 어떻게 표준화하는지 더 잘 이해하기 위해서 KFServing과 모델 서빙의 핵심 개념을 더 자세히 살펴보겠습니다.

8.2.2 KFServing 핵심 개념

[그림 8-3]은 KFServing의 InferenceService 데이터 플레인 아키텍처를 보여줍니다.

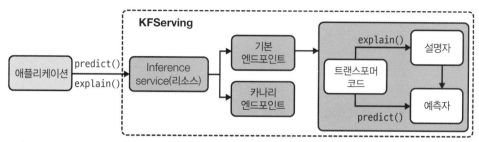

그림 8-3 InferenceService 데이터 플레인 아키텍처

KFServing의 데이터 플레인은 모든 모델 프레임워크에서 표준화된 예측 워크플로를 가지고 있습니다.

[그림 8-3]의 핵심 개념들은 다음과 같습니다.

- InferenceService
- 엔드포인트
- 컴포넌트
- 예측자
- 설명자
- 트랜스포머

다음 절에서는 각각 개념들의 세부 사항을 설명하겠습니다.

InferenceService

InferenceService는 배포된 머신러닝 모델의 모든 부분을 나타내는 것으로 KFServing의 핵심 오브젝트입니다. InferenceService는 KFServing 시스템을 이용해 모델의 전 라이프 사이클을 관리합니다. KFServing에 호스팅된 모델로부터 인퍼런스를 받고 싶을 때, 우리는 KFServing에서 실행되고 있는 InferenceService의 인스턴스로 호출합니다.

각 InferenceService두 개의 다른 엔드포인트로 나타낼 수 있습니다.

- 기본 엔드포인트
- 카나리 엔드포인트

모든 InferenceService 엔드포인트에는 두 개의 노출된 API 메서드가 있습니다:

- 예측[15]
- 설명

[그림 8-3]에서 볼 수 있듯이 애플리케이션은 주어진 배포 모델의 기능에 접근하기 위한 API 메서드 중 하나에 대해 네트워크 요청을 할 수 있습니다. 이스티오는 KFServing 시스템의 일부로 실행되고 기본 엔드포인트와 카나리canary[16] 엔드포인트 사이의 트래픽을 옮기는 데 필요한 모든 동적 라우팅을 제공합니다.

InferenceService 오브젝트와 그것이 KFServing 콘텍스트에서 어떻게 작용하는지 가장 잘 이해하기 위해서, 모델이 KFServing에서 InferenceService로 어떻게 배포되는지 살펴봅시다. 모델을 KFServing에서 InferenceService로 배포하기 위한 두 가지의 방법이 있습니다:

- KFServing이 설치된 쿠버네티스 클러스터에서 kubectl을 사용하고 YAML 파일 적용하기
- KFServing이 설치된 쿠버네티스 클러스터에 배포하기 위해 파이썬 KFServing SDK를 사용하기

KFServing은 데이터 사이언티스트들과 MLOps 엔지니어들 양쪽 모두를 만족시키기 위해 이두 가지의 모델 관리 방식을 유지합니다.

데브옵스와 MLOps 엔지니어들은 명령 줄 툴 기반이나 선언형(상태를 복구하는 가능성 같은 이득을 얻기 위해서) 방식을 선호하는 경향이 있습니다. YAML 파일과 kubectl을 사용해서 모델을 배포하기 위해서는 [예제 8-1]에서 보여지는 것과 같이 인퍼런스 스펙에 기반하여 특정 모델 배포를 위한 YAML 파일에 InferenceService[17] 스펙을 만들어야 합니다.

---

15 모든 InferenceService는 텐서플로 V1 HTTP API(*https://oreil.ly/alhUC*)를 사용합니다.

16 옮긴이_ 카나리 배포는 신규 버전을 배포할 때 한꺼번에 앱의 전체를 교체하는 게 아니라 기존 버전을 유지한 채로 일부 버전만 신규 버전으로 올려서 신규 버전에 버그나 이상은 없는지, 사용자 반응은 어떤지 확인하는 데 유용하게 사용하는 방법을 말합니다(출처: *https://arisu1000.tistory.com/27842*).

17 *https://oreil.ly/1z8Qr*

예제 8-1 YAML InferenceService 예시

```
apiVersion: "serving.kubeflow.org/v1alpha2"
kind: "InferenceService"
metadata:
    name: "flowers-sample"
spec:
    default:
        predictor:
            tensorflow:
                storageUri: "gs://kfserving-samples/models/tensorflow/flowers"
```

YAML 파일을 로컬에 저장하면(여기서는 파일 **tf_flowers.yaml**), 아래 코드에 보이는 것과 같은 명령 줄로부터 YAML 파일을 적용해 모델을 InferenceService로 배포할 수 있습니다.

```
kubectl apply -f tf_flowers.yaml
```

그러나 데이터 사이언스 분야의 사람들은 파이썬 코드로부터 모델을 배포하거나 관리 가능하도록 하는 방식을 선호할 수 있습니다. 이런 경우에 우리는 KFServingPythonSDK 와 파이썬 코드에서 KFServingClient클래스를 사용합니다. 같은 텐서플로 모델을 파이썬 KFServingClient 클래스로 배포하는 방식의 예시는 [예제 8-2]에 나와 있습니다.

예제 8-2 파이썬에서 KFServingClient의 기본적 사용

```
from kubernetes import client

from kfserving import KFServingClient
from kfserving import constants
from kfserving import V1alpha2EndpointSpec
from kfserving import V1alpha2PredictorSpec
from kfserving import V1alpha2TensorflowSpec
from kfserving import V1alpha2InferenceServiceSpec
from kfserving import V1alpha2InferenceService

default_model_spec = V1alpha2EndpointSpec(predictor=V1alpha2PredictorSpec \
    (tensorflow=V1alpha2TensorflowSpec(
    storage_uri='gs://kfserving-samples/models/tensorflow/flowers')))

isvc = V1alpha2InferenceService(api_version=constants.KFSERVING_GROUP + '/' + \
```

```
                      constants.KFSERVING_VERSION,
                                    kind=constants.KFSERVING_KIND,
                                    metadata=client.V1ObjectMeta(name='flower-sample', \
                                        namespace='kubeflow'),
                                    spec=V1alpha2InferenceServiceSpec \
                                        (default=default_model_spec))

        KFServing = KFServingClient()
        KFServing.create(isvc)
```

이 코드를 실행하기 위해서 파이썬 파일을 실행하거나 앞의 코드를 포함한 주피터 노트북을 실행하면 됩니다. 우리가 KFServing이 설치된 클러스터를 가지고 있고 우리의 쿠버네티스 자격 증명이 파이썬 코드에서 로컬 접근이 가능하다는 가정하에 이 코드는 쿠버네티스 클러스터에 InferenceService로 우리의 모델을 배포할 것입니다.

> **NOTE_ 인프라스트럭처로 모델 다루기**
>
> 현재 KFServing은 운영적으로 모델 배포를 인프라스트럭처 배포처럼 다룹니다. 이것은 쿠브플로가 주피터 노트북 배포를 사용자 공간[user land] 기능으로 다루는 것과는 대조됩니다. 쿠브플로와 KFServing이 미래에 진화하면서 KFServing의 모델 배포가 쿠브플로에서 주피터 노트북 배포(예를 들어 사용자 공간 연산)와 더 비슷해질 가능성이 있습니다.

모델이 InferenceService로 배포되고 나면 인퍼런스 결과(예를 들어 예측) API를 노출된 엔드포인트로 접근할 수 있습니다.

엔드포인트

KFServing InferenceServer 엔드포인트는 HTTP 요청과 함께 URI를 통해 접근하는 서버 사이드 웹 API입니다.

> **NOTE_ 엔드포인트와 웹 API**
>
> HTTP 엔드포인트는 제3자 애플리케이션이나 사용자가 접근할 수 있는 리소스가 있는 위치를 지정합니다. 보통 엔드포인트 접근은 HTTP 요청이 포스팅된 곳으로 URI를 통해 이루어집니다. 엔드포인트로 요청을 하는 엔티티 응답 또한 기다립니다.

KFServing에서 모든 InferenceServer 인스턴스는 두 가지 엔드포인트로 나뉩니다.

- 기본
- 카나리

대부분의 트래픽이 기본 엔드포인트를 지나갑니다. 카나리 엔드포인트를 새롭게 개정된 모델을 테스트할 때 선택적으로 사용됩니다. 뒷부분에서 자세히 살펴보겠지만, 카나리 개발에서는 사용자 기반의 아주 작은 부분이 이 카나리 엔드포인트에 노출됩니다. 표준적인 블루-그린 blue-green 배포에서는 단순히 기본 엔드포인트에 배포할 수 있습니다.

> **NOTE_ 블루-그린 배포**
> 블루-그린 배포는 모델 배포 전략입니다. 블루-그린 배포는 팀이 '블루'와 '그린'이라고 불리는 두 개의 동일한 프로덕션 환경을 운영합니다. 배포 중 하나는 항상 어느 시점에서 운영 중이고 이 운영 중인 배포가 모든 프로덕션 트래픽을 받습니다. 이 기법은 프로덕션 배포의 다운타임downtime을 줄이고 위험요소를 줄이는 전략입니다.

각 엔드포인트는 다음과 같은 여러 개의 구성 요소로 이루어져 있습니다.

- 예측자|predictor
- 설명자|explainer
- 변환기|transformer

예측자는 엔드포인트의 핵심이기 때문에 유일하게 필요한 구성 요소입니다.

> **NOTE_ 미래에 지원되는 구성 요소**
> KFServing 프로젝트는 아웃라이어 탐지와 같은 더 많은 구성 요소를 지원하는 것을 계획하고 있습니다.

예측자

모델 서버에 배포된 모델은 InferenceService의 예측자 구성 요소로 나타내어 집니다. 모델 서버에 호스팅된 모델은 노출된 네트워크 엔드포인트로 나타내어 집니다.

예측자 API(v1 데이터 플레인을 위한)에 접근하려면 HTTP를 통해 POST를 다음과 같은 경로의 predict 엔드포인트로 보내야 합니다.

```
/v1/models/<model_name>:predict
```

HTTP 응답을 통해 돌아온 페이로드는 다음과 같습니다.

```
Request:{"instances": [ ... ]} Response:{"predictions": [ ... ]}
```

> **NOTE_ 예측과 텐서플로 v1 HTTP API**
> 모든 InferenceService는 텐서플로 v1 HTTP API를 통해 통신할 수 있습니다. 그러나 텐서플로 모델만이
> signature_name과 inputs 같은 특정 필드를 지원합니다.

설명자

엔드포인트를 위한 설명자 API를 호출할 때 예측과 함께 모델 설명을 제공하는 대체 데이터 플레인에 접근할 수 있습니다. 설명자 API 데이터 플레인은 입력값 기반해 모델이 어떻게 답을 도출했는지 예측 실행에서 프로덕션 정보로 추가 단계를 제공합니다.

KFServing은 일반적인 유스 케이스를 위해서 즉시 사용 가능한 Alibi[18]라는 설명자를 제공합니다.

> **NOTE_ KFServing, 셀던 코어, Alibi**
> KFServing와 셀던 코어는 쿠브플로 1.0 릴리즈에 있는 설명성을 위한 Alibi와 같은 몇몇 기술의 특징을 공유합니다. KFServing은 쿠브플로 프로젝트 생태계의 공식적인 한 부분이고 셀던 코어는 쿠브플로와 통합이 가능한 외부의 분리된 프로젝트입니다.
>
> Alibi는 모델 검사와 해석을 도와주도록 만들어진 파이썬 라이브러리입니다. Alibi는 오픈소스이고 처음에 블랙박스 인스턴스 기반 모델 설명에 집중했습니다. 더 자세히 알고 싶다면 Alibi를 위한 KFServing 수입 예측 예제[19]를 확인하세요.

KFServer 사용자는 고유의 설명 컨테이너를 정의할 수도 있고 이것을 설명자 데이터 플레인에서 사용할 수도 있습니다. 데이터 플레인의 설명성은 '이 입력값 아웃라이어인가?'와 같은 모

---

18 *https://oreil.ly/vjTwx*
19 *https://oreil.ly/rkZsF*

델의 동작에 대한 정보를 얻으려고 할 때 도움이 됩니다. 또한 설명성은 모델로 예측을 생산하는 데 관련된 논리에 대한 의미 있는 정보를 접근할 수 있도록 강제하는 법(예를 들어 GDPR)이 있을 때 유용합니다.

설명자와 함께 배포된 InferenceService는 표준화된 설명 API를 지원합니다. 이 인터페이스는 추가적인 explain 메서드 차이를 제외하고는 텐서플로 v1 HTTP API와 비슷합니다.

엔드포인트에 있는 (v1 데이터 플레인을 위한) 설명자 API에 접근하려면 explain POST 메서드를 HTTP를 통해 다음 경로에 있는 엔드포인트에 보내야 합니다.

```
/v1/models/<model_name>:explain
```

HTTP 응답을 통해 보낸 페이로드는 다음과 같습니다.

```
Request:{"instances": [ ... ]} Response:{"predictions": [ ... ], \
      "explanations": [ ... ]}
```

이제 어떻게 배포된 예측자와 변환기를 이용해 설명자를 커스터마이징할 수 있는지 살펴보겠습니다.

변환기

KFServing의 변환기는 사용자가 모델 인퍼런스 예측 단계 전의 데이터를 다루기 위한 전처리와 후처리 과정을 정의할 수 있게 합니다.

머신러닝 모델은 텐서를 입력값으로 받고 로 데이터(예를 들어 문자열)로는 동작하지 않습니다. 머신러닝 워크플로에서 인퍼런스를 위해 저장된 모델에 텐서로 데이터를 넣기 전에 벡터화합니다.

KFServing과 같은 모델 서버가 관리하는 모델의 콘텍스트에서는 여러분이 모델을 배포할 때마다 벡터화 코드를 어디에서 실행할 것인지 결정해야 합니다.

- 클라이언트가 자신의 입력 데이터를 벡터화하도록 할 것인가?
- 클라이언트가 데이터를 보내고 변환기의 전처리 함수로 벡터화를 할 것인가?

한 예로 인퍼런스 예측을 실행하기 전에 이미지를 전처리하는 변환기가 있습니다. 이 예시는 뒷부분에서 살펴보겠습니다.

이제 카나리와 KFServing을 이용해서 새로운 모델을 배포하는 것을 어떻게 제어하는지 살펴보겠습니다.

KFServing 변환기와 딥러닝 트랜스포머는 다릅니다

머신러닝 모델에 대해서 이야기하고 있기 때문에 KFServing 변환기를 딥러닝에서 나오는 트랜스포머[20] 모델과 헷갈리기 쉽습니다.

트랜스포머는 어텐션 기반의 딥러닝 모델로 신경망 번역neural translation 애플리케이션의 성능을 향상시킵니다. LSTM 모델과 비슷하게 트랜스포머는 하나의 순열을 다른 순열로 변환하는 아키텍처입니다.

그러나 KFServing의 변환기는 모델의 예측 단계 전과 후를 다루는 API입니다. KFServing 변환기는 머신러닝 모델의 외부에 있으며 데이터를 변환하기 위해 사용하는 코드의 구성 요소를 관리하는 요소입니다. KFServing 변환기와 트랜스포머 모델은 비슷한 이름이지만, 다른 목적으로 만들어졌습니다.

KFServing과 카나리 활용

카나리 개발에서 사용자 기반의 아주 작은 부분만이 새로운 기능에 노출되고 이 사용자들은 '광산의 카나리'와 같은 역할을 하게 됩니다. 카나리 릴리즈는 보통 짧은 기간 동안 사용되고 릴리즈의 품질을 확인하고 기능 이나 릴리즈의 성공 기준을 만족하는지 확인하기 위해 쓰입니다.

실제로 카나리는 들어오는 트래픽을 두 가지의 다른 엔드포인트로 나눕니다.

---

20 A. Vaswani et al., 'Attention Is All You Need', June 12, 2017(*https://arxiv.org/abs/1706.03762*).

- 기본 엔드포인트
- 카나리 엔드포인트

보통 카나리를 이용해서 프로덕션 변경을 아주 적은 수의 사용자/서버에 배포해서 성능이 어떤지 확인하고 이 새 모델을 나머지 사용자에게 확장시키게 됩니다.

뒷부분에서 상세히 보게 될 것이지만 카나리는 안전하게 새로운 모델을 라이브 프로덕션 환경에 롤아웃하거나 롤백할때 유용한 도구입니다.

광산의 카나리

'광산의 카나리'라는 표현은 데브옵스의 카나리 개념과 관련이 있습니다.

광산에는 광부들에게 치명적인 탄소와 여러 가스가 나옵니다. 카나리 새는 공기 중에 있는 독소에 민감하기 때문에, 광부들은 카나리를 가스 센서로 이용하기 위해 광산에 데려갑니다. 카나리 새는 광부들보다 먼저 희생되는데, 이는 사람들을 살리기 위해 광산에서 탈출하라는 신호로 사용됐습니다.

아웃라이어 탐지

셀던 코어 프로젝트에는 입력 데이터의 아웃라이어를 탐지하는 KFServing을 위해 쓰여진 코드(KFServing CIFAR10 Model with Alibi: VAE Outlier Detector)[21]가 있습니다. 아웃라이어 탐지는 모델이 트레이닝 데이터 분포 밖의 입력 데이터를 볼 때 사용자가 이것을 인지하도록 해주는 중요한 기능입니다. 이때 사용자는 입력 데이터의 새로운 정보에 기반해 얼마나 모델의 예측을 믿을 수 있는지 평가할 수 있습니다.

콘셉 드리프트

앞서, 트레이닝 데이터의 분포가 시간이 지남에 따라 바뀌면서 어떤 모델은 나이가 든다는 이야기를 했습니다(예를 들어 악의적인 침입 전략이 변경될 수 있음). 어떤 경우에는 프로덕션 데이터의 분포가 트레이닝 데이터의 분포와 다를 수 있으니 여러분은 이를 알아채야 합니다.

---

21 *https://oreil.ly/tXzBk*

셀던 코어 프로젝트를 CIFAR10 드리프트 탐지 예제[22]와 함께 모델 드리프트를 탐지하는 데
사용될 수 있는 코드가 있습니다.

8.2.3 빌드된 모델 서버 지원

현재 KFServing v0.3.0은 다음과 같은 빌드된 모델 서버 지원을 합니다.

- 텐서플로
- XGBoost
- 사이킷런scikit-learn
- 엔비디아 TensorRT 인퍼런스 서버
- ONNX
- 파이토치

이런 각각의 모델 서버 버전은 이미 KFServing 시스템의 한 부분으로 존재하고 배포 시에
KFServing YAML 설정으로 설정할 수 있습니다.

> **WARNING_ 빌드된 모델 서버와 버전 의존성**
> 여러분이 원하는 프레임워크의 모델 서버가 존재하더라도 모델 서버에 여러분의 모델이 항상 실행될 수 있는
> 것은 아닙니다. 때로 버전 의존성을 가지고 만들어진 모델이 모델 서버와의 버전 의존성과 호환되지 않을 수
> 도 있습니다. 그래서 수동으로 모델 서버의 버전 의존성(예를 들어 SKLearn[23])을 체크해야 합니다.

모든 KFServing에 배포된 InferenceService 객체는 두 개의 엔드포인트가 있습니다.

- 기본
- 카나리

각각의 엔드포인트는 같은 언어/유형의 모델 서버거나 다를 수도(예를 들어 디폴트는 텐서플
로, 카나리는 파이토치)있습니다. 모델 서버 유형은 InferenceSerivce 객체 생성시 YAML에
정의합니다.

---

22 *https://oreil.ly/oNgq6*
23 *https://oreil.ly/U4-LL*

NOTE_ 빌드된 모델 서버와 상호작용 세부 사항

각 모델 서버는 저장된 모델에 기대하는 특정 파일 형식과 역직렬화된 모델 파라미터를 어떻게 넘기는지(예를 들어 xgbserver[24] 대 sklearnserver[25])를 위한 다른 방식이 있을 수 있습니다.

예를 들어 빌드된 SKLearn 모델 서버를 사용하려면 KFServing v0.3.0의 SKLearn 기반 모델들은 다음을 지원해야 합니다.

```
"scikit-learn == 0.20.3"
"argparse >= 1.4.0"
"numpy >= 1.8.2"
"joblib >= 0.13.0"
```

모델을 배포를 위해 모델을 연결할 때 시행착오가 필요할 수 있습니다.

storageUri는 이런 종류의 빌드된 모델 서버를 사용해 KFServing이 어디에 직렬화된 모델을 배포하기 원하는지 지시합니다. [예제 8-3]에서 개념을 설명하기 위해 두 가지 YAML 파일 예시를 보입니다.

예제 8-3 파이토치 모델을 위한 InferenceService 리소스 배포 YAML 예시

```
apiVersion: "serving.kubeflow.org/v1alpha2"
kind: "InferenceService"
metadata:
    name: "pytorch-cifar10"
spec:
    default:
        predictor:
            pytorch:
                storageUri: "gs://kfserving-samples/models/pytorch/cifar10/"
                modelClassName: "Net"
```

그리고 [예제 8-4]에서 Sklearn 모델 배포가 어떻게 다른지 볼 수 있습니다.

---

24 *https://oreil.ly/Hw9HD*
25 *https://oreil.ly/SV8Bb*

```
apiVersion: "serving.kubeflow.org/v1alpha2"
kind: "InferenceService"
metadata:
    name: "sklearn-iris"
spec:
    default:
        predictor:
            sklearn:
                storageUri: "gs://kfserving-samples/models/sklearn/iris"
```

kubectl에 쿠버네티스 API를 호출하고 요청된 InferenceService 객체를 생성하도록 YAML(앞서 예제와 같은)를 보내면 쿠버네티스와 KFServing이 중첩된[nested] 모델 서버 이름에 기반해서 빌드된 모델 서버를 찾습니다.

KFS는 각 지원하는 모델 유형에 따라 특별히 만들어진 컨테이너가 있습니다. 그리고 KFServing이 특정 모델의 연결 기능을 다루기 위해 컨테이너에서 코드를 실행할 것입니다. 마지막으로 모델은 모델 래퍼를 이용해서 로드되어 KFServer 프로세스(예를 들어 pytorchserver[26])에 넘겨집니다.

앞의 두 YAML 파일은 다른 빌드된 모델 서버와 함께 두 개의 다른 모델 배포를 생성하지만 같은 노출된 API 시그니처를 이용해 HTTP 엔드포인트에서 서비스됩니다.

이렇게 하면 데브옵스 팀이 각각 어떤 머신러닝 프레임워크를 사용하고자 하는지와 상관없이 일정한 경험을 제공할 수 있습니다.

InferenceService와 스토리지 제공사 지원

KFServing은 현재 다음 스토리지 제공사를 지원합니다.

1 구글 클라우드 스토리지(프리픽스: gs://)

2 S3 호환(AWS, MinIO) 객체 스토리지(프리픽스: s3://)

3 애저 블롭 스토리지

4 로컬 컨테이너 파일시스템(프리픽스: file://)

5 퍼시스턴트볼륨클레임(PVC)(형식: pvc://{$pvcname}/[path])

---

26 https://oreil.ly/cvwPb

다음 하위 절에서는 이런 각각의 스토리지 옵션 사용에 대해서 짧은 설명을 하겠습니다.

구글 클라우드 스토리지

KFServing을 위한 구글 클라우드 스토리지를 위한 기본은 사용자 인증을 위해 `GOOGLE_APPLICATION_CREDENTIALS` 환경 변수를 사용하는 것입니다. 만약 이 환경 변수가 제공되지 않는다면 익명의 클라이언트가 모델 아티팩트를 다운로드하는 것을 시도할 것입니다.

S3 호환 객체 스토리지

S3 호환 객체 스토리지를 사용할 때 KFServing을 위한 기본 전략은 컨테이너 실행 중에 다음 환경 변수를 찾는 것입니다.

- S3_ENDPOINT
- AWS_ACCESS_KEY_ID
- AWS_SECRET_ACCESS_KEY

이런 환경 변수를 설정하려면 쿠버네티스 **Secret** 객체와 **ServiceAccount**를 클러스터에 생성해야 합니다. 이것의 예를 [예제 8-5]의 YAML 샘플을 볼 수 있습니다.

예제 8-5 Secret과 ServiceAccout 모두를 생성하는 YAML 파일

```
apiVersion: v1
kind: Secret
metadata:
    name: mysecret
    annotations:
        serving.kubeflow.org/s3-endpoint: s3.amazonaws.com # s3 엔드포인트로 대체
        serving.kubeflow.org/s3-usehttps: "1" # by default 1, for testing with
minio...
type: Opaque
stringData:
    awsAccessKeyID: AAABBBCCCFOOFOO
    awsSecretAccessKey: isuG9fAAAAA+dtOBdArBBBBBaDht+u/pFOO
---
apiVersion: v1
kind: ServiceAccount
metadata:
    name: sa
```

```
    secrets:
    - name: mysecret
```

[예제 8-6]에서 볼 수 있듯 객체 생성 YAML에 있는 배포 중 이 ServiceAccount를 InferenceService와 연관시킵니다.

예제 8-6 YAML에서 ServiceAccout와 함께 InferenceService 객체 생성 예제

```
apiVersion: "serving.kubeflow.org/v1alpha2"
kind: "InferenceService"
metadata:
    name: "aws-sklearn-model"
spec:
    default:
        predictor:
            serviceAccountName: sa
            minReplicas: 1
            sklearn:
                storageUri: "s3://pattersonconsulting/kubeflow/kfserving/models/
sklearn"
```

serviceAccountName 필드는 여러분의 AWS 계정 Secret에 접근 가능한 특정 ServiceAccount에 연결됩니다. 앞의 객체 필드를 설정하면 컨테이너가 사용할 스토리지 시스템의 적절한 S3 호환 인증서를 가져옵니다.

애저 블롭 스토리지

애저 블롭 스토리지는 현재 다음 형식을 지원합니다.

```
"https://{$STORAGE_ACCOUNT_NAME}.blob.core.windows.net/{$CONTAINER}/{$PATH}"
```

애저 스토리지 시스템의 기본 모드는 모델 아티팩트를 다운로드하기 위해 익명의 모드로 클라이언트를 사용하는 것입니다.

로컬 컨테이너 파일시스템

KFServing은 절대경로(`/absolute/path`)와 상대경로(`relative/path`) 모두를 사용해서 로컬 컨테이너 시스템에 모델 아티팩트를 저장하는 것을 지원합니다.

퍼시스턴트볼륨클레임

모델 아티팩트 위치를 쿠버네티스의 퍼시스턴트볼륨클레임(PVC)을 사용해서 `pvc://{$pvcname}/[path]` 형식으로 표현할 수 있습니다. `$pvcname`은 모델을 포함한 PVC의 이름이고 [path]은 PVC의 상대경로입니다.

8.2.4 KFServing 보안 모델

다른 클러스터 기반 플랫폼처럼 쿠브플로는 서비스, 도구, 프레임워크들의 그룹으로 운영되고 이것들은 쿠버네티스 클러스터에 함께 배포되어 머신러닝 애플리케이션을 지원합니다.

이런 구성 요소의 대부분은 각자의 권리가 있는 오픈소스 프로젝트이고 다른 그룹에 의해 독립적으로 개발되었습니다. 이런 구성 요소를 새로운 시스템에 합치는 것은 이 모든 부분이 전체적으로 순조롭게 작동해야 한다는 점에서 어려운 과제입니다. 이스티오는 이런 모든 구성 요소들이 상호운용되도록 하는 데 중요한 역할을 합니다.

쿠브플로에서 이스티오는 다음과 같은 일을 합니다.

- 컨트롤 플레인 보안
- 엔드포인트 보안 제공
- 쿠브플로 애플리케이션으로의 접근 관리
- 엔드투엔드 인증과 접근 제어 활성화

쿠브플로는 특히 이스티오를 아이텐티티 기반 인증과 승인을 통해서 쿠브플로 배포를 할 때, 서비스투서비스service-to-service 통신을 보안하는 데 사용합니다. 이스티오는 서비스 통신을 암호화하고 다양한 런타임과 프로토콜에서 정책을 강제합니다.

이스티오는 쿠브플로 멀티테넌시 지원을 기본으로 합니다. 쿠브플로 0.6 버전에서 이스티오는 핵심이고, 이스티오가 없으면 쿠브플로는 작동할 수 없습니다.

KFServing InferenceService는 이스티오 정책으로 보안되어, 어떤 사용자가 어떤 모델에 접근이 가능한지 제어할 수 있습니다.

8.3 KFServing을 이용한 모델 관리

이때까지 다룬 배포 개념을 어떻게 실무에 적용할 것인지 KFServing 실제 예시를 통해 살펴보겠습니다. 이번 절에서는 다음의 내용을 다룹니다.

- Minikube를 이용해서 독립적인 KFServing 설치하기
- 모델을 InferenceService로 배포하기
- 카나리를 이용해서 InferenceService 트래픽 관리하기
- 커스텀 변환기 배포하기
- 모델 롤백 수행하기
- 배포된 모델 제거하기

8.3.1 쿠버네티스 클러스터에 KFServing 설치

KFServing(v0.2.2)은 쿠버네티스에 전체 쿠브플로 1.0을 설치할 때 기본적으로 설치됩니다. KFServing 설치 옵션은 다음과 같습니다.

KFServing 배포 옵션을 살펴보며 시작하겠습니다.

- 이스티오와 Knative 를 직접 독립 설치
- 빠른 독립 설치(이스티오와 Knative가 설치됨)
- 커스텀 설치
- 소스에서 빌드하고 설치

전체적인 쿠브플로 설치는 앞 장에서 다루었으므로 이 절에서는 Minikube에 KFServing을 로컬에 설치하는 것에 집중하겠습니다.

Minikube에 KFServing을 독립적으로 설치

Minikube에 KFServing을 독립적으로 설치하려면 kubectl,[27] kustomize v3.5.4+,[28] helm 3[29] 같은 의존성을 설치해야 합니다. 이런 의존성을 설치한 후 Minikube 설치 지침[30]을 따르면 됩니다.

> **NOTE_ 쿠버네티스와 쿠브플로를 위해 Minikube 커스터마이징하기**
>
> 쿠브플로는 Minikube의 로컬 쿠버네티스 클러스터에 많은 파드를 배포하여, 여러분의 서버 머신이 느려질 수 있습니다. 이 문제를 해결할 수 있는 두 가지 방법은 하이퍼바이저용 메모리와 램을 조절하는 것입니다. Minikube 클러스터를 시작하기 전에 업데이트하는 게 좋고, 제안 설정은 다음과 같습니다.
>
> ```
> minikube config set memory 12288
> minikube config set cpus 4
> ```
>
> 모든 데스크톱이나 랩톱 컴퓨터에서 가능한 것은 아니므로 그에 따라 조절해야 합니다. 클라우드 제공사에서 하나의 가상 머신 인스턴스를 스핀업한 후 그 곳에 Minikube를 배포하는 옵션도 있습니다.

Minikube를 설치 및 설정한 후, 여러분의 로컬 쿠버네티스 개발 노드를 다음 명령어로 시작할 수 있습니다.

```
minikube start
```

이 명령어를 통해 로컬 쿠버네티스 클러스터, 프로비저닝과 컨테이너 이미지 다운로드를 시작합니다.

> **WARNING_ 쿠버네티스 배포 동안 인터넷 연결을 확인하세요**
>
> 쿠브플로 전체 설치는 최소한 10GB의 컨테이너 이미지를 다운로드합니다. KFServing은 더 적은 이미지를 다운로드하지만 KFServing 설치하는 동안 인터넷 연결 상태가 좋은지 확인하는 게 좋습니다. 인터넷 연결이 나쁘면 설치가 길어지게 됩니다.

---

27 *https://oreil.ly/0GZjP*
28 *https://oreil.ly/6Xs7k*
29 *https://oreil.ly/sWAaD*
30 *https://oreil.ly/Wdu8w*

이제 클러스터가 동작합니다. 다음 명령어로 클러스터 상태를 확인할 수 있습니다.

```
minikube status
```

클러스터가 정상적이라면 다음과 같은 결괏값이 보여야 합니다.

```
host: Running
kubelet: Running
apiserver: Running
kubeconfig: Configured
```

Minikube 설치는 Minikube 쿠버네티스 클러스터와 상호작용할 수 있도록 kubectl 로컬 설치 설정을 자동적으로 합니다. 이제 Minikube 쿠버네티스 클러스터에 독립적으로 KFServing을 설치해보겠습니다.

먼저 로컬 시스템에 KFServing 리포지토리 복사본을 받아야 합니다. Git이 설치되어 있다면 git clone 명령어를 사용하면 됩니다.

```
git clone git@github.com:kubeflow/kfserving.git
```

KFServing 인스톨러가 같은 설치 스크립트를 이용해 이스티오(린^{lean} 버전), Knative 서빙, KFServing을 설치합니다. 설치는 시스템에 따라 30~60초 정도 걸립니다. 클론된 KFServing 리포지토리로 이동해서 quick_install.sh 스크립트를 실행합니다.

```
cd kfserving
./hack/quick_install.sh
```

WARNING_ 퀵 인스톨이 멈추는 경우
간혹 퀵 인스톨러는 전체 설치를 마치지 않은 채 끝나기도 합니다. 어떤 구성 요소는 설치 전에 다른 요소에 의존하기도 하고, 퀵 인스톨러는 현재 '되돌리는 로직'이 없습니다. 이러한 문제가 있다면 10~20초 정도 기다렸다가 다시 퀵 인스톨러를 실행하세요.

설치가 완료되면, Minikube 클러스터에 KFServing 설치가 동작하는 것을 다음 명령어로 확인할 수 있습니다.

```
kubectl get po -n kfserving-system
```

명령어를 실행하면 다음과 비슷한 결괏값을 볼 수 있습니다.

```
NAME                              READY   STATUS    RESTARTS   AGE
kfserving-controller-manager-0    2/2     Running   2          13m
```

결괏값이 위와 비슷하다면 설치가 성공적으로 완료된 것입니다. Minikube KFServing에 배포된 모델과 상호작용하려면 kubectl을 이용해 포트 포워딩port-forwarding을 설정해서,[31] 이스티오를 통해 curl 명령어를 실행할 수 있게 해야 합니다. 이는 다음 명령어로 할 수 있습니다.

```
kubectl port-forward --namespace istio-system $(kubectl get pod --namespace \
istio-system --selector="app=istio-ingressgateway" \
--output jsonpath='{.items[0].metadata.name}') 8080:80
```

이 명령어로 로컬 포트 8080을 istio-ingressgateway에 있는 포트 80에 매핑했습니다.

이제 새로운 KFServing 설치에서 모델을 배포하는 것으로 넘어가겠습니다.

8.3.2 KFServing에 모델 배포

KFServing에서 InferenceService로 모델을 배포하는 두 가지의 주요한 방식이 있습니다.

1 기존의 이미지에 빌드된 모델 서버와 함께 저장된 모델을 배포하기

2 커스텀으로 이미 기존의 컨테이너에 랩핑된 저장된 모델 배포하기

빌드된 모델 서버에 배포하면 엔지니어링 팀의 할 일이 줄어듭니다. 그러나 빌드된 모델 서버에 호환이 불가능한 의존성이 있거나 모델이 인퍼런스를 위한 특별 연결이 필요하다면, InferenceService로 배포하기 위해서는 모델 서버를 따로 빌드해야 합니다. 이곳에서 두 방식을 모두 설명하겠습니다.

---

31 *https://oreil.ly/go4T0*

파이썬 텐서플로 모델을 InferenceService로 배포

모델을 KFServing에 InferenceService로 배포하려면, 배포할 커스텀 객체를 설명하는 YAML 파일을 생성해야 합니다. KFServing은 모델을 인프라스트럭처로 다루기 때문에 쿠버네티스 모델 리소스(예를 들어 InferenceService)를 커스텀 객체로 설명하는 YAML 파일을 사용해 KFServing[32]에 모델을 배포합니다.

모델을 고유하게 식별하려면 다음과 같은 4개의 파라미터를 지정해야 합니다.

```
apiVersion: "serving.kubeflow.org/v1alpha2"
kind: "InferenceService"
metadata.name: 네임스페이스에서 모델의 고유한 이름
metadata.namespace
모델이 상주할 네임스페이스
```

텐서플로 모델을 InferenceSerivce 커스텀 객체로 배포하는 YAML 파일(`tf_flowers.yaml`)은 [예제 8-7]에서 볼 수 있습니다.

예제 8-7 텐서플로 모델 InferenceService 배포 YAML 예제

```
apiVersion: "serving.kubeflow.org/v1alpha2"
kind: "InferenceService"
metadata:
    name: "my-tf-flowers-model"
spec:
    default:
        predictor:
            tensorflow:
                storageUri: "gs://kfserving-samples/models/tensorflow/flowers-2"
```

---

32 *https://oreil.ly/1MS93*

다음은 InferenceService의 하위 객체 계층 구조입니다.

- 기본(필수)
  - explainer
  - predictor(필수)
  - transformer
- 카나리
  - explainer
  - predictor(필수)
  - transformer
- canaryTrafficPercent

이런 위계는 같은 YAML 파일 옵션인 카나리 엔드포인트와 기본 엔드포인트를 설정할 수 있게 합니다. 예측자 필드predictor field는 모델 서빙 스펙(기본과 카나리 모두 필요)을 정의합니다. 예측자는 나타내는 커스텀 모델 서버에 대한 여러 가지 옵션이 있고, 이것은 다음 줄에서 예측자 유형predictor-type 레이블로 설정합니다. 빌트인 모델 서버 옵션은 다음과 같습니다.

- 텐서플로
- Sklearn
- 파이토치
- ONNX
- TensorRT
- XGBoost

[예제 8-7]에서 볼 수 있듯이 텐서플로 모델 서버는 다음 값을 포함한 `storageUri` 필드로 설정합니다.

```
storageUri: "gs://kfserving-samples/models/tensorflow/flowers-2"
```

모델의 `storageUri`는 예측 서비스를 제공하는, 미리 빌드된 모델 서버에 연결할 모델을 다운로드하기 위해 KFServing이 어디를 참조해야 하는지 알려줍니다.

위에서 언급했듯 flowers-2 모델 예제는 KFServing 리포지토리에 없고 퍼블릭 구글 클라우드 스토리지 버킷에 있습니다. 퍼블릭이 아닌 모델에 접근하려면 InferenceService가 모델을 다운로드하기 위해서 쿠버네티스 클러스터에 인증서 정보를 안전하게 추가해야 합니다.

예측자를 설정하는 더 많은 옵션

빌트인 모델 서버를 나타내지 않는 예측자 객체를 위한 필드가 있습니다.

- serviceAccountName
- parallelism
- minReplicas
- maxReplicas
- logger
- custom

이제 모델을 설정했고 퍼블릭 클라우드 스토리지 시스템에 접근 가능하도록 했으니 Minikube 클러스터에 다음 kubectl 명령어로 InferenceService를 실행할 수 있습니다.

```
kubectl apply -f tf_flowers.yaml
```

이 명령어가 실행되면 다음 명령어로 모델 상태를 확인할 수 있습니다.

```
kubectl get inferenceservices
```

이 명령어는 클러스터에 배포된 모든 InferenceService 객체를 찾아서 다음과 같은 콘솔 결

---

33 _https://oreil.ly/12m1t_

괏값을 보여줍니다.

```
NAME                     URL                          READY   DEFAULT  TRAFFIC   AGE
my-tf-flowers-model      http://my-tf-flowers-model   True    100                129s
```

처음에 모델의 READY 항목은 False일 것입니다. 별다른 문제가 없다면 kubectl 명령어를 재실행해보세요. 모델이 다운로드되고 컨테이너가 실행되면서 READY 항목이 True로 바뀔 것입니다.

배포된 모델을 확인하려면(이미 설치 중에 kubectl로 포트 포워딩을 해두었다는 것을 기억하세요) 미리 빌드된 입력(tf_flowers_input.json[34] 파일을 이름으로 로컬에 저장하세요)과 함께 명령 줄에서 curl 명령어를 다음과 같이 사용할 수 있습니다.

```
curl -v -H "Host: my-tf-flowers-model.default.example.com" \
    http://localhost:8080/v1/models/my-tf-flowers-model:predict \
    -d @./tf_flowers_input.json
```

이 명령어를 이용하면 다음과 비슷한 결괏값이 보일 것입니다.

```
*    Trying ::1:8080...
* Connected to localhost (::1) port 8080 (#0)
> POST /v1/models/my-tf-flowers-model:predict HTTP/1.1
> Host: my-tf-flowers-model.default.example.com
> User-Agent: curl/7.69.1
> Accept: */*
> Content-Length: 16201
> Content-Type: application/x-www-form-urlencoded
>
* upload completely sent off: 16201 out of 16201 bytes
* Mark bundle as not supporting multiuse
< HTTP/1.1 200 OK
< content-length: 220
< content-type: application/json
< date: Tue, 19 May 2020 18:20:41 GMT
< x-envoy-upstream-service-time: 850
< server: istio-envoy
```

---

34 *https://oreil.ly/OGWoy*

```
<
{
    "predictions": [
        {
            "scores": [0.999114931, 9.2098875e-05, 0.000136786344...,
            "prediction": 0,
            "key": " 1"
        }
    ]
* Connection #0 to host localhost left intact
}%
```

이제 KFServing을 위해 커스텀 모델 서버를 빌드하는 방식 몇 가지를 살펴보겠습니다.

커스텀 모델 서빙 전략을 이용해 InferenceService 배포

KFServing에는 (즉시 사용 가능한) 미리 빌드된 모델 서버가 많이 있지만, 때로 빌드된 이미지
와 올바르게 연결이 되지 않는 모델이 있습니다. 연결이 잘 되지 않는 이유는 다음과 같습니다.

- 모델이 모델 서버와 다른 의존성 버전으로 만들어짐
- 모델이 모델 서버가 기대하는 파일 형식이 아님
- 모델이 KFServing이 지원하지 않는 새로운/커스텀 프레임쿼크로 만들어짐
- 모델이 KFServing이 기대하는 텐서플로 V1 HTTP API[35]가 아닌 REST 인터페이스인 컨테이너 이
  미지에 위치

앞에서 언급한 경우, 모델을 배포하기 위한 세 가지 옵션이 있습니다.

- 모델 엔드포인트를 노출하기 위해 고유의 웹 서버를 실행하는 컨테이너로 커스텀 모델 래핑하기
- KFServing KFServer를 웹 서버(표준 텐서플로 V1 API 이용)로 사용하고 load()와 predict()
  메서드를 오버로드overload하기
- 커스텀 REST API와 함께 미리 빌드된 컨테이너 이미지를 배포하여 InferenceService를 거치지 않
  고 HTTP 요청을 직접 예측자에 보내기

세 가지 옵션 중, KFServer를 모델 서버로 사용하고 커스텀 오버로드를 하는 것이 커스텀 모
델을 배포하려는 사람들에게 가장 인기 있는 방법입니다. 이러한 경우에 다음 두 가지 핵심적

---

35 *https://oreil.ly/DrCZy*

인 일을 해야 합니다.

- 커스텀 메서드 load()와 predict()가 있는 KFModel[36]을 상속받는 새로운 파이썬 클래스 생성하기
- 커스텀 컨테이너 이미지를 빌드하고 컨테이너 리포지토리에 저장하기

[예제 8-8]에서 커스텀 KFServer 모델 서버를 볼 수 있습니다.

예제 8-8 파이썬에서 커스텀 KFServer 모델 서버가 Alexnet을 로딩

```python
class KFServingSampleModel(kfserving.KFModel):
    def __init__(self, name: str):
        super().__init__(name)
        self.name = name
        self.ready = False

    def load(self):
        f = open('imagenet_classes.txt')
        self.classes = [line.strip() for line in f.readlines()]

        model = models.alexnet(pretrained=True)
        model.eval()
        self.model = model

        self.ready = True

    def predict(self, request: Dict) -> Dict:
        inputs = request["instances"]

        # 입력값은 바이너리값을 위해 텐서플로 V1 HTTP API를 따름
        # https://www.tensorflow.org/tfx/serving/api_rest#encoding_binary_values
        data = inputs[0]["image"]["b64"]

        raw_img_data = base64.b64decode(data)
        input_image = Image.open(io.BytesIO(raw_img_data))

        preprocess = transforms.Compose([
            transforms.Resize(256),
            transforms.CenterCrop(224),
            transforms.ToTensor(),
```

---

36 *https://oreil.ly/-e0pZ*

```python
        transforms.Normalize(mean=[0.485, 0.456, 0.406],
                             std=[0.229, 0.224, 0.225]),
    ])

    input_tensor = preprocess(input_image)
    input_batch = input_tensor.unsqueeze(0)

    output = self.model(input_batch)

    scores = torch.nn.functional.softmax(output, dim=1)[0]

    _, top_5 = torch.topk(output, 5)

    results = {}
    for idx in top_5[0]:
        results[self.classes[idx]] = scores[idx].item()

    return {"predictions": results}


if __name__ == "__main__":
    model = KFServingSampleModel("kfserving-custom-model")
    model.load()
    kfserving.KFServer(workers=1).start([model])
```

모델 서빙 코드가 로컬에 저장되면 내부에 패키징된 코드를 이용해 새로운 도커 컨테이너 이미지를 빌드됩니다. 컨테이너 build 명령어와 컨테이너 리포지토리 store 명령어(이 예시는 도커 허브)를 살펴봅시다.

```
# 컨테이너를 로컬 머신에서 빌드하기
docker build -t {username}/kfserving-custom-model ./model-server

# 컨테이너를 도커 레지스트리에 푸시하기
docker push {username}/kfserving-custom-model
```

리포지토리에 커스텀 컨테이너 이미지가 있으면 여러분의 커스텀 모델 서버를 KFServing 클러스터에 생성하는 YAML 파일을 [예제 8-9]와 같이 만들 수 있습니다.

예제 8-9 파이썬 Hello World

```
apiVersion: serving.kubeflow.org/v1alpha2
kind: InferenceService
metadata:
    labels:
        controller-tools.k8s.io: "1.0"
    name: kfserving-custom-model
spec:
    default:
        predictor:
            custom:
                container:
                    image: {username}/kfserving-custom-model
```

마지막으로 미리 빌드된 InferenceService와 같이 쿠버네티스 객체를 kubectl의 다음 명령
어로 생성할 수 있습니다.

```
kubectl apply -f custom.yaml
```

KFServing에 커스텀 모델을 배포하는 것은 미리 빌드된 모델 서버를 사용하는 것만큼 쉽지는
않습니다. 하지만 데이터 사이언스 팀이 전달한 모델이 어떻든 데브옵스 팀이 쉽게 연결할 수
있도록 앞서 설명한 단계들이 도움을 줄 것입니다.

8.3.3 카나리를 이용한 모델 트래픽 관리

이제 카나리와 모델 배포를 이용해서 사용자/서버의 작은 하위 집합에 프로덕션 변경을 배포하
려고 합니다. 이때 새로운 모델의 성능이 어떻게 트래픽 하위 집합에 적용되는지 먼저 확인하
고, 나머지 사용자에게 새로운 모델 롤아웃을 확장할 것입니다.

모델을 카나리와 함께 배포하려면 InferenceService 커스텀 객체 YAML을 바꿔야 합니다.
YAML에서 특정 트래픽 퍼센티지에 대체 모델이 접근할 수 있도록 지시하는 스펙에, canary
필드를 추가합니다. [예제 8-10]를 살펴보도록 하겠습니다.

```
apiVersion: "serving.kubeflow.org/v1alpha2"
kind: "InferenceService"
metadata:
    name: "my-tf-canary-model"
spec:
    default:
        predictor:
        # 트래픽의 90%는 이 모델로 보내짐
        tensorflow:
            storageUri: "gs://kfserving-samples/models/tensorflow/flowers"
canaryTrafficPercent: 10
canary:
    predictor:
    # 트래픽의 10%는 이 모델로 보내짐
    tensorflow:
        storageUri: "gs://kfserving-samples/models/tensorflow/flowers-2"
```

앞의 예제처럼 트래픽 퍼센티지는 스펙에 있는 **canaryTrafficPercent** 필드로 제어합니다.

다음 명령어를 통해 명령 줄에서 YAML 파일을 적용하고, 모델을 카나리가 활성화된 InferenceService로 배포할 수 있습니다.

```
kubectl apply -f tf_flowers.yaml
```

KFServing에서 미리 제공된 모델을 배포했던 것과 같은 방식으로 카나리를 배포했습니다. 카나리 파라미터를 정의하기 위해 스펙에 더 많은 필드를 추가하기만 하면 됩니다.

만약 모델의 카나리 버전을 더 이상 사용하지 않고 리소스의 한 부분으로만 유지하려면 새로운 YAML파일을 생성해서 다음 줄을 업데이트합니다.

```
canaryTrafficPercent: 0
```

kubectl로 실행 중인 쿠버네티스 리소스를 업데이트하면 카나리 버전의 모델이 롤백됩니다.

반대로 카나리 버전의 모델을 모든 트래픽에 사용하고 싶다면 YAML 파일을 업데이트해서 카나리 모델을 승격promote시켜 사용합니다. 새로운 YAML 파일은 [예제 8-11]에 있습니다.

예제 8-11 카나리 승격 YAML 예제

```yaml
apiVersion: "serving.kubeflow.org/v1alpha2"
kind: "InferenceService"
metadata:
    name: "my-model"
spec:
    # 이 모델이 이제 승격된/ 기본 모델입니다.
    default:
        predictor:
            tensorflow:
                storageUri: "gs://kfserving-samples/models/tensorflow/flowers-2"
```

이 과정은 여전히 데브옵스 엔지니어가 기본, 이전, 현재 카나리 모델을 수동으로 추적하는 방식에 기반해있다는 것을 기억해야 합니다.

8.3.4 커스텀 변환기 배포

커스텀 변환기를 만드는 일반적인 단계는 다음과 같습니다.

1 KFModel[37]을 확장해서 전/후처리 함수를 구현하기(파이썬)

2 확장된 KFModel 코드와 함께 도커 이미지를 빌드하기

3 새로운 도커 이미지를 InferenceService로 배포하기

[예제 8-12]에서 **KFServing.KFModel** 베이스 클래스가 어떻게 확장될 수 있는지 볼 수 있습니다.

예제 8-12 파이썬 커스텀 KFServing 변환기

```python
import kfserving
from typing import List, Dict
from PIL import Image
import torchvision.transforms as transforms
import logging
import io
import numpy as np
```

---

37 *https://oreil.ly/PSJnf*

```python
import base64

logging.basicConfig(level=kfserving.constants.KFSERVING_LOGLEVEL)

transform = transforms.Compose(
            [transforms.ToTensor(),
             transforms.Normalize((0.5, 0.5, 0.5), (0.5, 0.5, 0.5))])


def image_transform(instance):
        byte_array = base64.b64decode(instance['image_bytes']['b64'])
        image = Image.open(io.BytesIO(byte_array))
        a = np.asarray(image)
        im = Image.fromarray(a)
        res = transform(im)
        logging.info(res)
        return res.tolist()

class ImageTransformer(kfserving.KFModel):
        def __init__(self, name: str, predictor_host: str):
                super().__init__(name)
                self.predictor_host = predictor_host

        def preprocess(self, inputs: Dict) -> Dict:
                return {'instances': [image_transform(instance) for instance \
                        in inputs['instances']]}

        def postprocess(self, inputs: List) -> List:
                return inputs
```

[예제 8-12]에서는 파이썬 코드가 어떻게 KFModel 베이스 클래스를 확장하는지, 커스텀 구현을 제공하기 위해 precprocess와 postprocess 메서드 모두를 어떻게 확장하는지 볼 수 있습니다.

파이썬 코드가 준비되면 커스텀 파이썬 코드를 서빙하는 새로운 컨테이너 이미지를 빌드해야 합니다. 이것은 다음의 도커 명령어 예시로 실행할 수 있습니다.

```
docker build -t gcr.io/kubeflow-ci/kfserving/image-transformer:latest -f \
transformer.Dockerfile .
```

새로운 컨테이너 이미지를 빌드한 후 배포를 하려면 커스텀 YAML을 사용해야 합니다. [예제 8-13]에서 도커 컨테이너 안에서 어떻게 커스텀 변환기 코드를 InferenceService로 배포하는지 볼 수 있습니다.

예제 8-13 YAML 이미지 변환기

```yaml
apiVersion: serving.kubeflow.org/v1alpha2
kind: InferenceService
metadata:
    name: transformer-cifar10
spec:
    default:
        predictor:
            pytorch:
                modelClassName: Net
                resources:
                    limits:
                        cpu: 100m
                        memory: 1Gi
                    requests:
                        cpu: 100m
                        memory: 1Gi
                storageUri: gs://kfserving-samples/models/pytorch/cifar10
            transformer:
                custom:
                    container:
                        image: gcr.io/kubeflow-ci/kfserving/image-
                            transformer:latest
                        name: user-container
                        resources:
                            limits:
                                cpu: 100m
                                memory: 1Gi
                            requests:
                                cpu: 100m
                                memory: 1Gi
```

이제 kubectl의 다음 명령어로 InferenceService를 배포할 수 있습니다.

```
kubectl apply -f image_transformer.yaml
```

명령어를 실행하면 다음과 비슷한 결괏값을 볼 수 있습니다.

```
$ inferenceservice.serving.kubeflow.org/transformer-cifar10 created
```

이제 기존 모델 배포 관리하는 방법을 살펴보겠습니다.

8.3.5 배포 모델 롤백

KFServing이 모델을 배포하는 것을 쿠버네티스 리소스를 배포하는 것처럼 다루기 때문에 모델을 롤백하려면 InferenceService 리소스와 관련된 YAML 필드를 업데이트하기만 하면 됩니다.

```
apiVersion: "serving.kubeflow.org/v1alpha2"
kind: "InferenceService"
metadata:
    name: 모델 이름
metadata:
    namespace: 네임스페이스
```

모델을 롤백하려면 YAML에서 파일을 생성하고(앞선 카나리 [예제 8–11]과 비슷하게) 이전에 배포했던 모델 위치의 값과 대응하는 리소스를 업데이트하면 됩니다. 이것을 [예제 8–14]에서 볼 수 있습니다.

예제 8-14 모델 업데이트 InferenceService YAML 예시

```
apiVersion: "serving.kubeflow.org/v1alpha2"
kind: "InferenceService"
metadata:
    name: "my-model"
spec:
    # 이 모델이 이제 승격된/기본 모델입니다
    default:
        predictor:
            tensorflow:
                storageUri: "gs://kfserving-samples/models/tensorflow/flowers-1"
```

8.3.6 배포 모델 제거

KFServing에 배포된 모델을 제거하려면 다음 명령어를 실행해야 합니다.

```
kubectl delete inferenceservice [metadata.name] -n [namespace]
```

구체적인 예시는 다음과 같습니다.

```
kubectl delete inferenceservice my-tf-flowers-model -n kubeflow
```

콘솔 결괏값은 다음과 같습니다.

```
inferenceservice.serving.kubeflow.org "my-tf-flowers-model" deleted
```

모델이 KFServing에서 더 이상 실행되지 않는 다는 것을 확인하려면 다음 명령어를 사용하면 됩니다.

```
kubectl get inferenceservices
```

이 명령어의 결괏값은 삭제된 텐서플로 모델을 더 이상 보여주지 않아야 합니다.

8.4 마치며

8장에서 모델 배포의 몇 가지 개념을 다시 복습했습니다. 또한 KFServing에 대해 자세히 살펴보고, 모델을 프로덕션에 배포하고 모델을 관리하는 다양한 방법을 살펴보았습니다.

KFServing은 아직도 핵심 기능과 사용성을 개선해야 합니다. 하지만 모델을 프로덕션에 배포하는 쿠브플로 도구 중 핵심 구성 요소라는 사실은 변하지 않을 겁니다.

여러분이 이 책을 즐기면서 읽었기를 바라고, 이 책의 부록에서 인프라스트럭처 개념, 쿠버네티스, 이스티오를 좀 더 설명하도록 하겠습니다.

인프라스트럭처 개념

여러 종류의 분산 시스템 보안 아키텍처를 만드는 데 사용되는 구성 요소에 관련한 몇 가지 주제를 복습하겠습니다. 이곳에서 논의되는 항목이 이미 익숙할 수도 있지만, 부록을 통해 보안 핵심 주제를 빠르게 복습하는 데 사용되었으면 합니다. 이 부록은 앞서 설명한 개념들을 점진적으로 소개합니다. 만약 데브옵스 보안이 익숙하지 않다면 모든 부록 A의 내용을 꼼꼼히 확인하시길 추천합니다. 좀 더 경험이 풍부한 데브옵스 전문가라면 부록 A의 내용은 건너뛰어도 무방하겠습니다.

A.1 공개 키 인프라스트럭처

공개 키 인프라스트럭처public key infrastructure (PKI)[1]의 기능은 네트워크 트래픽을 안전하게 전송하게 해주는 것입니다. 안전한 트랜잭션은 다음과 같은 유스 케이스를 가능하게 합니다.

- 이커머스
- 인터넷 뱅킹
- 아이덴티티 관리
- 보안 이메일

---

[1] https://oreil.ly/l35lf

PKI는 디지털 인증서를 함께 생성, 배포, 사용, 저장 관리하는 데 필요한 역할, 정책, 하드웨어, 소프트웨어, 메서드의 그룹입니다. 이러한 기술은 PKI의 기초적인 구성 요소인 퍼블릭 키 암호화도 관리합니다.

때로 통신에 포함된 파티[party]의 아이덴티티를 더 엄격하게 확인하는 방법이 필요합니다. 또한 전송되는 정보를 확인해야 할 수도 있습니다. PKI는 이러한 정보의 안전한 전송을 가능하게 하는 토대가 됩니다.

A.2 인증

인증은 사람이나 개체의 아이덴티티를 확인하는 방법입니다. 최종 사용자[end-user] 인증은 디바이스가 네트워크 리소스에 연결하는 사람의 아이덴티티를 확인하는 과정입니다.

또한 인증 프로토콜은 사용자가 인증되었을 때 애플리케이션에 고유한 식별자나 이메일 주소 같은 것을 주고받을 수 있습니다.

분산 애플리케이션은 시스템의 다른 구성 요소들이 사용자를 확인하는 기능을 기반으로 만들어졌습니다. 인터넷 스케일 인증 프로토콜은 네트워크와 보안 경계에서 사용자를 확인할 수 있어야 합니다.

A.2.1 쿠브플로와 인증

쿠브플로의 첫 번째 버전은 핵심 API(CRD)를 만들기 위해 몇 가지 연산자를 쿠버네티스에 추가했습니다. 이 디자인에서는 kubectl을 명령 줄에서 사용해서 쿠버네티스 API 서버가 인증, 승인을 다루도록 할 수 있습니다.

그 이후의 버전에서는 핵심 API 외에도 쿠브플로를 위한 사용자 인터페이스 시스템을 만들기 위해 웹 애플리케이션을 도입했습니다. 현재 인증과 승인는 쿠버네티스 API 수준이 아닌 애플리케이션 티어를 기반으로 하기 때문에 더 복잡해졌습니다. 자세한 내용은 뒤에서 다시 살펴보겠습니다.

A.3 승인

승인은 접근 정책을 정의하거나 사용자들을 위한 접근 권한을 지시하는 방식입니다. 여러분은 시스템이 사용자나 서비스 계정의 리소스 접근 요청을 허가하거나 거절하는 정책을 설정할 수 있습니다. 시스템이나 애플리케이션은 지속적으로 사용자나 서비스 계정이 액션을 요청했을 때 허가 권한을 확인해야 합니다.

A.3.1 승인와 역할 기반 접근 제어

많은 경우에 시스템은 접근 권한이 있는 액션 집합을 보안 엔티티와 일치시키고 이것을 '역할'이라고 정의합니다. RBAC는 오랫동안 여러 시스템에 다양한 형태로 구현되었습니다.

시스템이 역할을 정의하면, 역할에 허가를 부여할 수 있습니다. 어떤 사용자에게 정의된 역할을 주면 이전에 부여된 모든 권한을 상속받게 됩니다. 또한 사용자는 여러 가지의 역할을 가질 수도 있습니다.

쿠브플로를 배포할 수 있는 여러 가지 플랫폼(예를 들어 온프레미스, AWS, GCP 등)이 있습니다. 각 시스템은 고유의 RBAC/IAM 시스템이 있고, 쿠브플로는 RBAC 시스템을 사용합니다. 예를 들어 쿠브플로는 쿠버네티스 RBAC를 사용해서 쿠버네티스 리소스를 관리합니다. 추가로, 쿠브플로는 네트워크 엔드포인트와 리소스를 이스티오 RBAC를 사용해서 관리합니다. 클라우드에서는 쿠브플로가 클라우드 리소스를 위해서 GCP, 애저, AWS IAM을 사용합니다.

쿠버네티스에서 승인이나 RBAC는 IDENTITY가 NAMESPACE의 RESOURCE에 ACTION을 수행할 수 있도록 합니다.

A.4 경량 디렉터리 액세스 프로토콜

경량 디렉터리 액세스 프로토콜 Light Directory Access Protocol(LDAP)은 디렉터리 서비스(특히 X.500 기반 디렉터리 서비스) 접근을 위한 경량 클라이언트-서버 프로토콜입니다. LDAP는 RFC

2251[2] 경량 디렉터리 액세스 프로토콜(v3)에 정의되어 있고, TCP/IP(또는 다른 연결지향 전송 서비스)에서 실행됩니다.

LDAP 데이터 저장은 보통, 드물게 업데이트되면서 자주 쿼리되는 사용자 정보를 저장하기 위해 사용됩니다. 사용자당 데이터 크기는 일반적으로 작으며, 시스템이 조직 구조 정보뿐 아니라 사용자 룩업 정보(예를 들어 연락처, 로그인, 패스워크, 권한)를 가지고 있도록 합니다.

A.5 커버로스

커버로스Kerberos는 네트워크 인증 프로토콜을 정의하는 네트워크 보안 솔루션입니다. 커버로스는 매사추세츠 공과대학교(MIT)에서 비밀 키 암호학을 사용하여 클라이언트/서버 애플리케이션에 강력한 인증을 제공하는 방식으로 만들어졌습니다.

커버로스는 강력한 암호학을 사용해 사용자를 네트워크상에서 인증하고 엔터프라이즈 간의 정보 시스템을 보안합니다. 커버로스 프로토콜은 보안되지 않은 네트워크상에서, 클라이언트가 서버에 아이덴티티를 제공하도록 강력한 암호학을 사용합니다. 프라이버시와 데이터 무결성을 확실히 하기 위해 클라이언트와 서버가 커버로스로 아이덴티티를 증명하면 서로의 통신을 암호화할 수 있습니다.

MIT는 마이크로소프트가 제공하는 상업 버전과 함께 무료 버전도 제공합니다.

A.6 전송 계층 보안

전송 계층 보안Transport Layer Security(TLS)는 네트워크상에서 안전한 통신을 제공하기 위해 디자인된 암호화 프로토콜입니다.

> **NOTE_ TLS와 SSL**
> TLS이전에는 쓰인 프로토콜은 보안 소켓 레이어Secure Socket Layer(SSL)로 불렸습니다.

---

2 `ftp://ftp.isi.edu/in-notes/rfc2251.txt`

TLS는 다음과 같은 애플리케이션에 쓰입니다.

- 이메일
- 인스턴스 메시징
- 웹 브라우징
- 음성 인터넷 프로토콜voice over IP (VoIP)

종종 웹 브라우저는 TLS를 이용해 웹사이트의 통신을 보안합니다. 오늘날 여러 가지 버전이 사용되지만 TLS는 국제 인터넷 표준화 기구Internet Engineering Task Force (IETF)[3] 표준[4]에 의해 1999년 정의되었습니다. 현재 TLS 버전은 RFCRequest for Comment[5]가 정의한 1.3 버전입니다(2018년 8월).

A.7 X.509 인증

X.509 인증서는 다른 인터넷 프로토콜(예를 들어 TLS는 안전한 웹 브라우징을 활성화하는 HTTP의 기반)에 사용됩니다. 공개 키와 아이덴티티(호스트 이름, 조직, 개인)은 모두 X.509 인증서에 포함되고, 스스로 서명되거나 인증 기관[6]이 서명합니다. 인증서를 가진 엔티티는 신뢰할 만한 인증 기관(또는 다른 신뢰할 만한 방법에 의해 확인된 기관)이 서명한 인증서를 들고 있을 때 (안전한 통신을 제공하기 위해 얻은) 공개 키에 의존할 수 있습니다.

A.8 웹훅

쿠브플로에서의 인증은 쿠버네티스 API 서버를 사용해 웹훅webhook을 사용하도록 설정할 수 있습니다. 웹훅은 어떤 이벤트가 트리거한 사용자 정의 HTTP 콜백입니다. 이 이벤트가 일어나면 소스 애플리케이션이 웹훅이 지정한 URL에 HTTP 요청을 합니다. 웹훅의 형식은 주로 JSON이며, 요청은 HTTP POST 요청으로 실행됩니다.

------

3 *https://oreil.ly/Mimx0*

4 *https://oreil.ly/Z9g_f*

5 *https://oreil.ly/1mXda*

6 *https://oreil.ly/TmtqH*

A.9 액티브 디렉터리

액티브 디렉터리active directory(AD)는 넓은 범위의 디렉터리 기반 아이텐티티 관련 서비스를 지칭하는 이름입니다. 처음에 AD는 중앙화된 도메인 관리만 담당했습니다. 액티브 디렉터는 윈도우 도메인 네트워크를 위해 마이크로소프트가 개발했고, 대부분의 윈도우 서버 운영체제에 포함되었습니다.

액티브 디렉터리의 도메인 컨트롤러는 액티브 디렉터리 도메인 서비스Active Directory Domain Service(AD DS)를 실행하는 서버입니다. 도메인 컨트롤러는 제어하는 모든 컴퓨터의 보안 정책을 할당하고 강제합니다.

경량 디렉터리 액세스 프로토콜(LDAP)는 TCP/IP 스택에서 액티브 디렉터리와 통신하는 프로토콜입니다. 액티브 디렉터리는 DNS[7], 마이크로소프트 버전의 커버로스, LDAP(버전 2와 3)을 사용합니다.

A.10 아이덴티티 제공자

의존 애플리케이션에 인증 서비스를 지원하면서, 보안 엔티티를 위한 보안 정보 생성, 유지, 관리하는 시스템을 '아이덴티티 제공자'라고 합니다. 아이덴티티 시스템은 연합federation이나 분산 네트워크 안에서 운영될 수 있습니다.

아이덴티티 제공자의 주요 역할은 사용자 인증을 서비스로 제공하는 것입니다. 웹 애플리케이션이나 다른 의존 애플리케이션은 사용자 인증 단계를 신뢰할 만한 아이덴티티 제공자에 맡길 수 있습니다. 애플리케이션이 외부의 엔티티에 사용자 인증을 서비스로 의존하는 경우에 연합 아이덴티티를 사용하므로 연합되었다고 합니다.

쿠브플로같이 다른 분리된 구성 요소로 이루어진 분산 시스템은 리소스와 사용자 사이의 연결을 위해 재인증의 필요성을 줄이는 아이덴티티 제공자가 필요합니다.

아이덴티티 제공자는 두 가지 주요 유형이 있습니다.

---

7 https://oreil.ly/BL0yo

- SAML 아이덴티티 제공자
- OpenID 제공자

SAML$^{\text{Security Assertion Markup Language}}$은 보안 어서션 마크업 언어를 의미하고, 보안 도메인 간의 인증과 승인 데이터 교환을 관리하는 데 필요한 프로파일 집합입니다.

OpenID Connect는 OAuth의 아이덴티티 레이어입니다. 이 두 가지는 이후의 절에서 더 자세히 다루겠습니다.

A.11 아이덴티티 인지 프록시(IAP)

아이덴티티 인지 프록시$^{\text{Identity-Aware Proxy}}$(IAP)는 아이덴티티를 위한 제로 트러스트$^{\text{zero trust}}$[8] 접근입니다. IAP는 네트워크 레이어와 다르게 애플리케이션 레이어에서 접근합니다. 제로 트러스트 접근은 주로 클라우드에서 구현됩니다.

> **NOTE_ 제로 트러스트 보안 모델**
>
> 기본적으로 아무도 신뢰하지 않는(이미 네트워크 페리미터^{perimeter} 안의 엔티티 또한) 개념을 기반으로 하며, 엄격한 접근 제어를 유지하는 보안 모델을 제로 트러스트 보안 모델이라고 합니다.
>
> 제로 트러스트 보안 모델의 핵심은 신뢰가 네트워크에서 사용자 위치에 기반해서는 절대 안 된다는 것입니다. 모든 네트워크 리소스 접근은 제로 트러스트 보안 모델에서 인증과 승인을 해야만 합니다.

IAP 아키텍처는 클라우드 기반 프록시를 통해 애플리케이션에 접근을 허가합니다. 아이덴티티와 인증은 클라우드의 IAP 모델에 중앙화되어 있고 'need to know'에 근거한 최소 접근 원칙에 기반합니다. IAP 아키텍처에서 프록시 레이어는 특정 애플리케이션에 인증되고, 승인된 보안 접근을 제공합니다. 그 후 애플리케이션은 애플리케이션 레이어(레이어 7)에서 HTTPS[9] 표준 프로토콜을 통해 접근합니다.

프록시 전략의 이점은 애플리케이션 요청이 어떻게 끝나고, 검토되고, 승인되느냐에 따라 사용자들을 확인할 수 있다는 것입니다. 애프리케이션 수준의 접근 제어는 방화벽 규칙과는 달리

---

8 _https://oreil.ly/mcVVy_

9 _https://oreil.ly/-PGV5_

IAP에 의존합니다. 이렇게 하면 포트나 IP만을 사용하는 것과는 다르게, 정책이 사용자나 애플리케이션 의도를 반영하도록 설정할 수 있습니다. IAP 전략은 방화벽 뒤의 애플리케이션이나 다른 구성 요소들을 보호할 수 있고, 클라우드에서는 웹 애플리케이션을 위해 클라이언트가 없는 운영을 할 수 있습니다.

[그림 A-1]에서 IAP 아키텍처를 볼 수 있습니다.

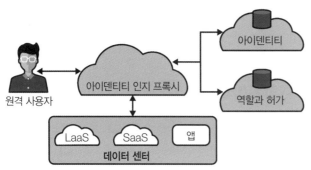

그림 A-1 아이덴티티 인지 프록시 아키텍처

위 그림에서 볼 수 있듯이, 신뢰하는 아이덴티티 소스는 사용자나 디바이스가 누구인지 확인하는 데 사용됩니다 또한 아이덴티티 소스는 사용자나 디바이스가 무엇에 접근할 수 있는지 승인합니다.

회사 디렉터리(액티브 디렉터리)를 사용하거나 클라우드 기반 아이덴티티 제공자를 사용해서 아이덴티티 소스를 구현할 수 있습니다.

A.11.1 IAP와 구글 클라우드 플랫폼

퍼블릭 클라우드가 애플리케이션에 대한 접근을 관리하는 하나의 예로 구글 클라우드가 IAP를 사용하는 방식을 들 수 있습니다. 구글 클라우드의 앱 엔진 표준 환경, 컴퓨팅 엔진, GKE에서 실행되는 GCP 호스팅 애플리케이션을 위해서 클라우드 IAP를 사용해야 합니다.

IAP는 서명된 JSON 웹 토큰JSON Web Token(JWT)을 요청에 추가합니다. 쿠브플로 서비스는 다음을 위해 JWT를 사용합니다.

- 사용자 식별(예를 들어 사용자에 특정한 커스텀 리소스 뷰를 생성)
- 세분화된 승인 수행

5장에서 다음과 같이 언급한 적이 있습니다.

쿠브플로는 이스티오를 사용해 쿠브플로 클러스터 내 각각의 서비스에 세분화된 접근 제어를 제공합니다. 예를 들어 쿠브플로는 앨리스가 본인의 주피터 노트북만 접근 가능하고 밥이 소유한 주피터 노트북에는 접근할 수 없도록 이스티오에 의존합니다.

IAP가 기존 VPN 솔루션에 비해 좋은 점은 사용자의 상황에 기반해 접근을 제한할 수 있다는 점입니다. 예를 들어 IAP는 (호텔 비즈니스 센터와 같은) 신뢰할 수 없는 장치가 아닌 (최신의 보안 패치가 모두 설치된) 신뢰할 수 있는 회사 장치로 실행 중일 때만, 앨리스가 쿠브플로에 접근하도록 허용할 수 있습니다.

클라우드 IAP는 GCP에서 웹 서비스에 안전하게 접근하는, 강력하게 추천하는 방법입니다.

NOTE_ 퍼스트 파티 서비스 접근 대 서드 파티 서비스 접근

GCP 구성 요소에 접근하는 여러 가지 방법이 있습니다. `gcloud auth login`은 퍼스트 파티 서비스(예를 들어 구글이 운영하는 구글 소유 서비스)에 접근하는 데 쓰입니다. 이는 gcloud 인증서가 IAP가 보호하는 서비스와는 사용될 수 없다는 것을 의미합니다. `gcloud auth login`은 서드 파티 서비스가 아닌 퍼스트 파티 서비스를 위한 인증서를 가져옵니다. 또한 GKE의 쿠브플로는 서드 파티 서비스로 간주됩니다.

클라우드 IAP가 쿠브플로같이 HTTP로 접근하는 애플리케이션을 위한 중앙 승인 레이어를 만들기 때문에 애플리케이션 수준 접근 모델을 사용할 수 있습니다.

사용자가 애플리케이션과 리소스에 대한 접근 제어 정책을 사용하도록 하려면, 클라우드 IAP를 이용해야 합니다. 이는 데이터 사이언티스트 그룹의 구성원이 시스템에 접근하도록 그룹 정책을 설정하고, 다른 시스템에서 일하는 엔지니어가 쿠브플로를 사용할 수 없도록 그룹 정책을 설정할 수 있습니다. 클라우드 IAP가 인증과 승인 흐름을 어떻게 관리하는지를 자세히 확인하려면 5장을 참고하세요.

A.12 OAuth

OAuth[10]는 사용자가 자신의 계정(예를 들어 접근 위임) 정보를 서드 파티 웹사이트나 애플리케이션과 공유하도록 허가하는 개방형 표준입니다. OAuth는 인터넷 사용자들이 애플리케이션이나 웹사이트에 사용자 비밀번호를 공유하지 않고 다른 웹사이트에 있는 그들의 정보에 접근하도록 허가할 때 주로 사용됩니다. 구글, 페이스북, 트위터, 아마존과 같은 주요 웹사이트들이 OAuth를 사용합니다.

API가 포함된 분산 시스템 구성 요소 모음의 콘텍스트에서, OAuth는 애플리케이션 개발자들이 사용자 비밀번호를 공유받지 않고 특정 사용자 데이터에 접근하도록 해줍니다.

A.13 OpenID 연결

OpenID Connect 1.0은 OAuth 2.0 프로토콜에서 클라이언트가 최종 사용자의 아이덴티티를 확인하도록 해주는 아이덴티티 레이어입니다. 이러한 확인은 승인 서버가 실행한 인증을 기반으로 합니다. 또한 확인 과정은 REST 같은 작업을 통해서 최종 사용자의 프로파일 정보를 얻을 수도 있습니다.

OpenID Connect는 OpenID 2.0과 거의 같은 기능을 제공하지만 API 친화적이라는 면에서 OpenID 2.0과 다릅니다. 그래서 OpenID Connect는 모바일이나 네이티브 애플리케이션에서 사용하기 좋습니다. OpenID Connect는 OAuth 2.0과 JWT와 같은 기술을 토대로 만들었습니다.

A.14 JWT를 이용한 최종 사용자 인증

JSON 웹 토큰JSON Web Token(JWT)는 당사자 간 클레임claim[11]을 안전하게 나타내는 개방형 산업

---

10 *https://oauth.net*
11 옮긴이_ 클레임(Claim)이란 사용자 정보나 데이터 속성 등을 의미합니다(출처: *https://elfinlas.github.io/2018/08/12/whatisjwt-01*).

표준(RFC 7519)[12] 방식입니다.

이 토큰은 개인 비밀 키나 공개/개인 키 쌍으로 서명됩니다. 생성된 토큰의 예로는 '관리자로 로그인'이라는 클레임을 가지고 있는 토큰입니다. 이 토큰은 그 클레임을 클라이언트 애플리케이션에 넘깁니다. 이 클레임은 JWT에 JSON 페이로드로 존재합니다.

> **NOTE_ JWT와 OpenID Connect ID 토큰**
>
> 앞서 OpenID Connect ID 토큰을 언급한 적이 있습니다. 이 토큰은 보통의 OAuth 접근 토큰에 추가적으로 클라이언트가 받는 서명된 JWT입니다.
>
> 이 ID 토큰은 다음과 같은 정보를 포함한 인증 섹션과 관련된 클레임 집합을 가지고 있습니다.
>
> - sub
>   사용자 식별자
> - iss
>   토큰을 발행한 아이덴티티 제공자의 식별자
> - aud
>   토큰이 발행된 목적의 클라이언트 식별자

A.15 SPNEGO

SPNEGO[Simple and Protected GSSAPI Negotiation Mechanism]는 클라이언트 소프트웨어가 어떤 보안 기술을 사용할지 협상할 때 사용되는 의사[pseudo] 메커니즘입니다. SPNEGO는 웹 애플리케이션과 사용되기 위해 커버로스 기반 통합 인증[single sign-on](SSO) 환경을 확장합니다.

애플리케이션은 커버로스 키 배포 센터[key distribution center](KDC)에게 서비스 티켓을 요청합니다. 티켓을 받으면 애플리케이션이 SPNEGO 형식으로 랩핑된 티켓을, 웹 애플리케이션 인증을 위해 브라우저로 보냅니다. 만약 티켓 인증이 성공적이면 사용자가 접근 권한을 받습니다.

---

12 *https://oreil.ly/Q4l49*

A.16 Dex: 연합 OpenID 연결 제공자

Dex는 OpenID Connect[13]를 사용하는 다른 애플리케이션을 위해 인증하는 아이덴티티 서비스입니다.

Dex는 다른 아이덴티티 제공자에 대해 사용자 인증을 위해서 연결자[connector][14] 개념을 사용합니다. 클라이언트 애플리케이션은 [그림 A-2]에서 볼 수 있듯이 Dex와 상호작용하는 OpenID Connect 프로토콜을 구현하기만 하면 됩니다.

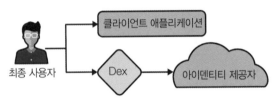

그림 A-2 Dex 인증 흐름

Dex는 다음과 같은 다른 사용자 관리 시스템과 함께 커넥터를 이용해서 프로토콜 상호작용을 다룹니다.

- LDAP
- 깃허브
- 깃랩
- SAML 2.0
- 구글
- 링크드인
- 마이크로소프트

Dex는 쿠버네티스에 네이티브로 실행되고 OpenID Connect 플러그인을 사용해서 API 서버 인증을 실행할 수 있습니다. 사용자가 클러스터에 Dex가 지원하는 아이덴티티 제공자로 로그인하면 kubectl 같은 도구가 사용자 대신 작동할 수 있습니다.

Dex의 주요 기능은 ID 토큰입니다. ID 토큰은 OAuth2 확장인 OpenID Connect 프로젝트

---

13 *https://openid.net/connect*
14 *https://oreil.ly/0tSBI*

에서 소개되었습니다. 그리고 ID 토큰은 Dex가 서명한 JWT입니다. 이런 JWT는 OAuth2 응답의 부분으로 돌아오고 사용자의 확인된 아이덴티티를 나타냅니다. 다음은 JWT의 예입니다.

```
eyJhbGciOiJSUzI1NiIsImtpACI6IjlkNDQ3NDFmNzczYjkzOYNmNjVkZDM...
```

Dex는 연합 OpenID 서비스이고 OIDC^{OpenID Connect} 토큰과 권한을 제공하지만, **실제로 사용자를 인증하는 것은 아닙니다.** Dex는 사용자가 사용자명과 비밀번호를 입력할 장소를 제공하고 이 요청을 LDAP, SAML 등과 같은 다른 곳으로 보내기 때문에 '**연합**'이라고 불립니다. Dex는 실제 인증을 다른 곳에 위임합니다.

문제는 인증 제공자로 커버로스를 지원하지 않습니다.

커버로스는 사용자가 인증되면 고유의 토큰을 사용하고 이 토큰은 필요한 곳에 전달됩니다.

A.16.1 Dex와 커버로스

커버로스와 Dex는 둘 다 통합 인증^{single sign-on}(SSO) 서비스를 제공합니다. Dex는 OIDC/PKI등을 이용해서 (사용자가 토큰을 얻기 위해 연결만 필요한) 비연결 방식을 사용합니다. 토큰은 서명한 의 공개 키만 있다면 오프라인에서 인증/확인될 수 있습니다. 커버로스는 KDC로의 연결(KDC로 연결할 수 없다면 인증이 불가능할 수도 있습니다)이 필요합니다. 또한 커버로스는 토큰 개념이 필요하고, 인증을 하기 위해서는 연결이 유지되어야 합니다. 여러분이 같은 서비스에 재연결할지 말지, 새로운 서비스를 인증할지 말지에 따라 연결의 양은 다릅니다.

커버로스와 Dex 모두 같은 목표를 가지고 있습니다. 커버로스는 종종 레거시로 여겨지며, OIDC는 신생 서비스입니다.

> **NOTE_ 커버로스의 지속력**
> OIDC(또는 Dex)는 오프라인 또는 비연결 방식을 사용하기 때문에 더 유연^{flexible}합니다. 하지만 주요 보안을 구현할 때는 아직도 커버로스를 많이 사용합니다.

커버로스와 액티브 디렉터리(AD)는 보통 하나로 묶여있습니다. AD에 대해 인증한다는 것은 암묵적으로 커버로스를 요구사항에 포함한다는 것입니다. 엄밀히 말하면 AD는 여러 가지의 집합이고, 그 구성 요소가 커버로스이며, 커버로스 또한 경량 디렉터리 액세스 프로토콜 (LDAP)을 제공합니다. 어떤 시스템이 'AD와 통합'되었다고 할 때, 커버로스 인증이나 AD가 제공하는 LDAP 서버에 의한 LDAP 인증을 의미합니다.

> **WARNING_ 액티브 디렉터리(AD)와 관련된 용어 주의**
> 제품이 AD에 대해 인증할 수 있다고 하는 것이 항상 커버로스와의 통합을 의미하지는 않습니다.

커버로스와 OIDC(또는 Dex)가 같은 목표를 두고 '경쟁'하는 것처럼 보일 수 있지만 둘은 쉽게 같이 사용될 수 있습니다. 보통 OIDC는 HTTP 흐름을 사용하고, 커버로스는 SPNEGO와 같은 고유의 HTTP 구현을 가지고 있습니다. 만약 서비스가 SPNEGO 엔드포인트를 사용한다면 커버로스를 사용하여 Dex와 OIDC 흐름에 쉽게 연결할 수 있습니다.

A.17 서비스 계정

때로 플랫폼 사용자 대신 플랫폼의 애플리케이션을 나타내기 위한 계정을 원할 수 있습니다. 이를 위해 **서비스 계정**을 사용합니다. 서비스 계정은 여러분 대신 애플리케이션이 다른 API에 접근하도록 해줍니다.

버전 1.12 이후의 쿠버네티스는 서비스 계정 아이덴티티를 포함하고 OIDC JSON 웹 토큰인 `ProjectedServiceAccountToken`을 지원하고, 고객 설정도 지원합니다.

> **NOTE_ 쿠버네티스와 서비스 계정**
> 서비스 계정은 오랜시간 쿠버네티스의 내부 아이덴티티 시스템으로 사용되어 왔습니다.
> 쿠버네티스 API 서버는 자동으로 마운트된 토큰을 사용해서 파드를 인증할 수 있습니다. 토큰은 non-OIDC JWT이고 쿠버네티스 API 서버로만 확인할 수 있습니다. 이 레거시 토큰은 유효기간이 없고 서명 키를 교체하기 어렵습니다.

A.18 컨트롤 플레인

컨트롤 플레인control plane은 사용자로부터 지시사항을 받고, 이를 수행해야 합니다. 크게 보면 두 가지 수준의 동작이 있습니다. 사용자가 컨트롤 플레인으로 요청을 제출하거나, 컨트롤 플레인이 요청하는 것입니다. 보안 때문에 컨트롤 플레인은 수행하기 전 요청을 인증과 승인해야 합니다.

> **NOTE_ 컨트롤 플레인, 쿠버네티스, 이스티오**
> 어떤 상황에서는 컨트롤 플레인이라는 용어가 쿠버네티스와 함께 사용되지만, 부록에서 살펴볼 수 있듯이 쿠브플로는 (쿠버네티스에서 이스티오를 이용해) 구성 요소들을 위해 컨트롤 플레인을 관리하도록 합니다. 이 책에서 컨트롤 플레인은 이스티오 구성 요소들 간에 서비스 메시의 운영을 설정하기 위해 보내지는 제어와 설정 메시지를 담은 트래픽을 의미합니다.

최종 사용자와 컨트롤 플레인과 상호작용하는 시스템은 쿠버네티스 API 서버와 통신하면서 인증과 승인을 합니다. 이것을 위해 보통 kubectl이나 연관 API와 같은 도구를 사용합니다. 인증과 승인은 컨트롤 플레인에서 분리되어 있습니다. 승인은 보통 RBAC가 다루고, 인증은 이식이 가능합니다.

> **WARNING_ RBAC, 쿠버네티스, 이스티오, 클라우드**
> 쿠버네티스, 이스티오, 퍼블릭 클라우드 모두 고유의 분리된 RBAC 시스템이 있습니다. 쿠브플로는 배포에 따라 각각의 RBAC 시스템을 사용합니다.

승인이 컨트롤 플레인 수준에서 사용자가 할 수 있는 것(예를 들어 파드 시작하기, 볼륨 사용하기 등)을 정의하는 건 중요합니다. 그러나 인증이 어떻게 일어나는지는 정해져 있지 않습니다.

앞서 언급했듯이 승인은 이식이 가능하고, 이는 사용자를 승인할 때 사용할 수 있는 여러 가지 빌트인 방식이 있다는 것을 의미합니다. 그 방식으로 X509 클라이언트, 토큰, 사용자명/비밀번호, OIDC, 웹훅이 있습니다.

용어에 대한 간략한 설명은 다음과 같습니다.

토큰

정적 토큰을 지칭합니다.

사용자명/비밀번호

정적 사용자명/비밀번호를 지칭합니다.

웹훅

서드 파티 웹훅이 받은 모든 토큰은 처리를 위해 다른 곳으로 넘겨집니다.

실제적인 보안을 위해 X509와 OIDC를 더 논의해보겠습니다.

인증의 두 가지 방법이 있습니다. 하나는 X509 클라이언트인데, 이는 클라이언트가 서명된 신뢰할 수 있는 인증서를 보여주는 것입니다. 사용자명은 엔티티가 결정하고 구성원 자격은 인증서 안의 OU 필드가 결정합니다. 다른 하나는 OIDC^OpenID Connect는 사용자가 신뢰할 수 있는 기관이 발행했고, 필요한 모든 클레임이 포함되고 서명된 JWT 토큰을 보여주는 것입니다. 쿠버네티스 자체는 토큰의 유효성을 확인하고 OIDC 처리나 상호작용을 더는 하지 않습니다.

> **NOTE_ 커버로스를 사용한 OIDC 예제**
>
> 쿠브플로 설치를 도와주는 쿠버네티스 클러스터가 OIDC 인증으로 설정된 경우를 생각해보겠습니다. 사용자는 로컬 커버로스 티켓에 기반해 OIDC 토큰을 얻고, 이후 이 토큰은 쿠버네티스가 인증합니다. 승인은 쿠버네티스 RBAC 역할을 통해 다른 곳에서 진행됩니다.
>
> 이 과정은 커스텀 클라이언트 정의 인증서 플러그인을 사용해 kubectl 상호작용을 지원할 수 있습니다. 플러그인은 API 서버에 도달하기 전에 호출되고, 커버로스/OIDC 토큰 상호작용을 촉진시킵니다. OIDC 토큰을 얻고나면 kubectl이 API 서버와 통신할 때 이 토큰을 이용합니다.

A.18.1 컨트롤 플레인을 보안하는 옵션

앞서 언급했듯이 컨트롤 플레인 보안은 해법이 잘 발달된 분야입니다. 하지만, 쿠브플로나 다른 배포된 애플리케이션은 보안을 위해 추가적인 노력을 해야 합니다. 배포된 애플리케이션에 원하는 수준의 보안을 제공하려면 다음 중 하나 이상을 해야 합니다.

어떤 컨테이너가 배포될 수 있는지 제한하기

이것은 많은 위험을 효율적으로 제거하지만 사용자들에게 제한적입니다.

사용자 고유의 인그레스를 노출시킬 수 없도록 하기

사용자가 필요한 것을 배포하도록 하고 클러스터 안에서 어떤 서비스든 노출시키도록 하되, 다른 외부의 접근이나 네임스페이스 간 접근을 허가하지 않습니다.

사용자 인그레스 배포를 허용하지만 프록시나 시스템은 분리해서 배포하기

이 옵션은 사용자가 필요한 것을 배포하고 서비스를 외부에 노출시킬 수 있게 하지만, 이스티오 같은 인증 프록시나 서비스를 먼저 접하게 합니다.

위 방식들을 합쳐서 사용

예를 들어 노출된 서비스 목록을 생성해서 보호하고, 다른 클러스터로의 인그레스는 막는 것입니다.

> **NOTE_ 온프레미스 클러스터와 컨트롤 플레인 보안**
> 대부분의 온프레미스 설치는 앞서 언급한 옵션 중에서 상황에 따라 다른 결정을 해야 합니다.

쿠버네티스 개요

부록 B를 통해 쿠버네티스 핵심 개념을 더 설명하겠습니다. 1장에서 모든 개념을 다루기에는 공간이 부족했고, 여기저기에 분산된 링크를 제시하고 끝내고 싶지 않았습니다. 여러분이 일을 하기에 충분히 도움이 될만한 핵심 개념을 이곳에 모았습니다.

B.1 핵심 쿠버네티스 개념

모든 독자가 배테랑 데브옵스 엔지니어는 아닙니다. 따라서 새로운 실무자를 위해 이 절에서 몇 개의 기본 쿠버네티스 개념을 다루고자합니다. [그림 B-1]에서 쿠버네티스 클러스터를 운영하는 핵심 프로세스를 볼 수 있습니다.

쿠버네티스 API는 클러스터의 원하는 상태(무엇을 실행하고자 하는가? 어떤 구성 요소나 리소스가 필요한가?)를 설명하기 위해 사용합니다. 이러한 원하는 상태는 쿠버네티스 API를 이용해 객체를 생성(또는 변경)하면서 설정합니다. 쿠버네티스 API(예를 들어 [그림 B-1]의 kube apiserver)를 사용하려면 보통 `kubectl`과 같은 명령 줄 인터페이스를 사용합니다. 또한 SDK 통해 코드로부터 직접 쿠버네티스 API를 사용하는 방법도 있습니다.

쿠버네티스는 리소스 기반(RESTful) 프로그래밍 방식 인터페이스인 HTTP를 통한 API를 제공합니다. RESTful API는 주요 리소스를 가져오고, 생성하고, 업데이트하고, 삭제하는 표준 HTTP 메서드(POST, PUT, PATCH, DELETE, GET)를 지원합니다. 또한 쿠버네티스는 세분화된 승인(예를 들어 파드를 노트에 연결하는 것)도 지원합니다. 쿠버네티스 API는 API 엔드포인트로 리소스 객체를 읽고 쓸 수 있습니다.

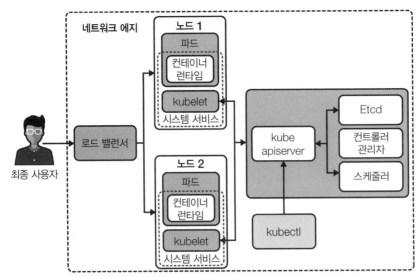

그림 B-1 쿠버네티스 클러스터의 핵심 프로세스

객체는 클러스터 개념(예를 들어 파드, 네임스페이스)의 구체적인 인스턴스를 나타내기 때문에 주요 쿠버네티스 API 리소스 타입입니다. 다른 쿠버네티스 리소스 타입은 가상 리소스 타입(예를 들어 SubjectAccessReview)이 있지만 객체 리소스 타입보다는 흔하지 않습니다. 쿠버네티스는 고유한 이름을 사용해서 객체의 멱등한[1] 생성과 추출을 합니다. 그러나 가상 리소스 타입은 어떤 경우에 이름이 고유하지 않은 경우도 있습니다.

쿠버네티스가 흔히 사용하는 몇 개의 RESTful 용어는 다음과 같습니다.

Resource type
URL에 사용되는 이름

Kind
JSON의 객체 스키마 표현

---

[1] 옮긴이_ 여러 번 적용하더라도 결과가 달라지지 않는다는 뜻입니다(출처: 위키백과).

Collection

리소스 타입 인스턴스 목록

Resource

리소스 타입의 한 인스턴스

쿠버네티스 리소스[2]는 특정 종류의 API 객체 그룹을 저장하는 쿠버네티스 API에 있는 엔드포인트입니다.

> **NOTE_ 쿠버네티스 엔드포인트 파헤치기**
>
> 쿠버네티스에서 엔드포인트라는 용어는 추상적으로 들릴 수 있지만, 실제로는 쿠버네티스의 객체를 나타내는 IP 주소이자 포트입니다. 각 리소스는 HTTP API를 통해 노출되고 쿠버네티스의 서비스 지향 아키텍처 구성 요소로 주소를 지정 가능합니다. 보통 쿠버네티스 객체의 엔드포인트를 직접 바꾸지는 않고 URI를 이용해서 구성 요소에 접근합니다.

원하는 상태를 설정하면 쿠버네티스 컨트롤 플레인이 클러스터의 현재 상태를 원하는 의도의 상태로 일치시키기 위해 지속적으로 작동합니다. 컨트롤 플레인이 이렇게 작동하는 방식은 주어진 애플리케이션의 복제를 스케일링하거나 컨테이너를 재시작하는 것이 포함합니다.

[그림 B-1]에서 쿠버네티스 마스터('컨트롤 플레인' 박스)는 쿠버네티스 클러스터의 마스터 노드에 실행되는 프로세스의 집합입니다. 클러스터의 각 논마스터 모드non-master mode는 두 가지 프로세스를 실행합니다.

kubelet

마스터와 통신

kube-proxy

각 노드의 쿠버네티스 네트워킹 서비스를 반영하는 네트워크 프록시

---

2 https://oreil.ly/JL0rA

다음 절에서 쿠버네티스 구성 요소를 더 살펴보겠습니다.

B.1.1 파드

쿠버네티스의 파드는 쿠버네티스에서 생성되고 관리되는 가장 작은 컴퓨팅 단위로 정의됩니다. 파드는 어떻게 컨테이너를 운영할 것인지 구체적인 지시사항과 합쳐지고 공유된, 스토리지/네트워트가 있는 하나 이상의 컨테이너 그룹입니다. 파드의 내용물은 항상 공유 콘텍스트에서 같이 위치하고 스케줄링됩니다.

더 자세한 설명을 위해서는 쿠버네티스 파드[3]에 관한 공식 설명을 확인하세요.

파드는 쿠버네티스에서 배포 가능한 가장 작은 단위이고, 하나 이상의 컨테이너를 포함합니다. 파드 안의 여러 개의 컨테이너는 다음을 공유합니다.

- 네트워크 스택
- 파일시스템
- 파드 '라이프 사이클'

파드와 잡의 차이는 다음과 같습니다. 파드는 쿠버네티스의 가장 작은 배포 가능한 단위이고 스스로 실행을 스케줄링할 수 있습니다. 하지만 보통 쿠버네티스 내 더 고수준 객체 안에서 배포, StatefulSet, 잡의 일부로 스케줄링됩니다. 쿠버네티스의 잡은 파드보다 한 단계 위인 고수준 배포 단위입니다. 파드와 잡의 핵심 차이는 다음을 참고하세요.

- 노드에서 실행 중인 베어 파드bare pod가 재부팅하거나 실패하면 다시 스케줄링되지 않습니다.
- 잡은 베어 파드와 비슷하지만 쿠버네티스가 종료된 잡을 다시 스케줄링하려고 시도합니다.
- 잡은 베어 파드와 비교해서 추가적인 시맨틱semantic을 제공합니다.

B.1.2 객체 스펙과 상태

거의 모든 쿠버네티스 객체는 객체의 설정을 제어하는 두 개의 중첩 필드가 있습니다.

- spec
- status

---

3 https://oreil.ly/SgJxJ

spec 필드가 있는 객체는 객체를 생성할 때 리소스의 특징을 설명할 수 있게 설정해야 합니다. 이러한 성질을 쿠버네티스 클러스터 객체의 원하는 상태$^{desired\ state}$라고 합니다.

Spec 필드 정의에 익숙해지기

쿠버네티스 클러스터에 kubectl을 사용해서 리소스를 생성할 때마다 spec 필드를 통해 정보를 제공하게 됩니다. [예제 B-1]에서 KFServing에 머신러닝 모델을 어떻게 배포할 것인지 정의하는 예제(8장 참고)를 볼 수 있습니다.

예제 B-1 InferenceService 리소스 설정 YAML 예제

```yaml
apiVersion: "serving.kubeflow.org/v1alpha2"
kind: "InferenceService"
metadata:
    name: "flowers-sample"
spec:
    default:
        predictor:
            tensorflow:
                storageUri: "gs://kfserving-samples/models/tensorflow/
flowers"
```

spec 필드를 쿠버네티스와 쿠브플로에서 반복적으로 사용할 것입니다.

모든 쿠버네티스 객체는 객체 스펙을 다른 형식으로 정의하고, 그 객체의 하위 객체는 중첩된 필드를 포함할 수도 있습니다.

status 필드는 쿠버네티스 클러스터가 객체를 보는 그대로 객체의 현재 상태를 기록합니다. 쿠버네티스 클러스터의 컨트롤 플레인은 지속적으로 각 객체의 실제 상태를 CRD에 지시된 원하는 상태와 일치시키려고 합니다.

B.1.3 쿠버네티스 객체 설명

쿠버네티스에서 객체를 생성하기 위해서 원하는 상태를 설명하는 객체 스펙을 제공해야 합니다. 객체 스펙 외에도 객체의 다른 기본 정보(예를 들어 이름)를 제공해야 합니다. kubectl이

나 다른 방식을 사용해서 쿠버네티스 API로 객체를 생성할 때, API 요청은 요청 바디에 JSON 으로 정보를 반드시 포함해야 합니다.

요청을 위한 정보를 제공하는 가장 일반적인 방식은 요청 전에 정보를 YAML 파일에 저장하는 것입니다. kubectl이 API 요청을 할 때 YAML 파일의 정보를 JSON으로 바꿔줍니다.

B.1.4 쿠버네티스에 컨테이너 제출

컨테이너는 파드의 일부로 제출되고 독립적이지 않습니다. 파드는 [예제 B-2]에서 볼 수 있듯이 YAML 구문을 사용해서 정의됩니다. 쿠버네티스는 컨테이너를 퍼스트 클래스 객체로 받아들이지 않고 '파드 정의'로 받아들입니다. 그리고 파드를 스케줄링하고 파드 안에서 정의된 컨테이너를 가져옵니다.

보통 파드는 kubectl 명령 줄 인터페이스를 이용해서 제출합니다. 파드를 위한 샘플 YAML 파일 정의가 [예제 B-2]에 있습니다.

예제 B-2 쿠버네티스 파드를 위한 샘플 YAML 파일 정의

```
apiVersion: v1
kind: Pod
metadata:
  name: myapp-pod
  labels:
      app: myapp
spec:
  containers:
  - name: myapp-container
    image: busybox
    command: ['sh', '-c', 'echo Hello Kubernetes! && sleep 3600']
```

B.1.5 쿠버네티스 리소스 모델

쿠버네티스 리소스는 쿠버네티스 객체의 인스턴스(배포, 서비스, 네임스페이스)입니다. 컨테이너를 실행하는 리소스는 워크로드라고 부릅니다. 워크로드의 특별한 예는 다음과 같습니다.

- 배포
- StatefulSet
- 잡
- CronJob
- DaemonSet

사용자가 리소스 API를 파일('Resource Config' 즉 'CRD' 파일)에 선언하면 쿠버네티스 클러스터에 적용됩니다. Kubectl 같은 도구를 사용해서 클러스터에 선언적인 변경(생성, 업데이트, 삭제)을 할 수 있습니다. 이런 변경 사항은 실제로 컨트롤러가 실행합니다.

쿠버네티스는 다음과 같은 Resource Config 필드를 사용해서 고유한 리소스를 식별합니다.

apiVersion
API 유형 그룹과 버전

kind
API 유형 이름

metadata.namespace
인스턴스 네임스페이스

metadata.name
인스턴스 이름

apiVersion은 'serving.kubeflow.org/v1alpha2', kind 필드는 'InferenceService', metadata.name은 'flowers-sample'입니다.

쿠버네티스의 표준 리소스 외에도 클러스터를 더 확장할 수 있습니다.

B.1.6 커스텀 리소스, 컨트롤러, 오퍼레이터

특정 클러스터에 설치된 쿠버네티스 API 확장을 커스텀 리소스[4]라고 합니다. 커스텀 리소스는 동적 등록dynamic registration을 이용해서 실행 중인 클러스터에서 생성, 업데이트, 삭제될 수 있습니다. 커스텀 리소스를 설치하면 다른 빌트인 리소스(예를 들어 파드 등)처럼 `kubectl` 도구를 가지고 제어할 수 있습니다.

커스텀 리소스는 구조적인 데이터를 저장하고 추출할 수 있습니다. 커스텀 리소스를 컨트롤러와 합치면 선언적인 API가 됩니다.

컨트롤러는 시스템의 상태를 보면서 쿠버네티스 API를 실행하고 리소스나 시스템의 원하는 상태를 위한 변경 사항을 찾습니다. 컨트롤러는 사용자나 자동화 시스템이 지시한 의도대로 클러스터가 실행되도록 클러스터를 변경합니다.

컨트롤러는 구조적인 데이터를 사용자가 원하는 상태의 기록으로 해석합니다. 컨트롤러는 이 상태에 도달하기 위해 지속적으로 조치을 취합니다.

커스텀 컨트롤러는 특히 커스텀 리소스와 합쳐졌을 때 효율적입니다(하지만 어떤 종류의 리소스도 다룰 수는 있습니다). 이런 조합(커스텀 컨트롤러와 커스텀 리소스)으로는 **오퍼레이터 패턴**operator pattern이 있습니다. 오퍼레이터 패턴은 특정 애플리케이션의 분야 지식을 쿠버네티스 API 확장으로 인코딩합니다.

B.1.7 커스텀 컨트롤러

커스텀 컨트롤러는 구조적인 데이터를 저장하고 추출하도록 해줍니다. 또한 커스텀 컨트롤러는 선언적 API가 되려면 컨트롤러와 합쳐져야 합니다. **선언적 API**declarative API란 리소스의 원하는 상태를 선언하거나 지시할 수 있다는 것을 의미합니다.

쿠버네티스는 지속적으로 실제 상태와 원하는 상태를 일치시키려고 합니다. 컨트롤러는 구조적 데이터를 사용자 상태를 위한 의도라고 판단하고, 쿠버네티스 클러스터 내에서 원하는 상태를 달성하고 유지하려고 합니다.

커스텀 컨트롤러는 사용자가 배포할 수 있고, 클러스터 고유의 라이프 사이클과 독립적으로 업

---

4 `https://oreil.ly/F0ViT`

데이트될 수 있습니다. 커스텀 컨트롤러는 어떤 종류의 리소스와도 함께 작동할 수 있고, 커스텀 리소스와 작동할 때 가장 효율적입니다.

B.1.8 커스텀 리소스 정의

고유의 커스텀 리소스를 정의하고자 할 때 커스텀 리소스 정의^{custom resource definition}(CRD)를 사용합니다. 쿠버네티스에 CRD를 설정하면, 이것을 다른 네이티브 쿠버네티스 객체(명령 줄 인터페이스, 보안, API 서비스, RBAC 등)처럼 사용할 수 있습니다.

이스티오 운영과 쿠브플로

부록 C에서 이스티오의 기본 기능과 쿠브플로 구성 요소를 위해 서비스 메시를 관리하는 것, 이 두 가지가 어떤 연관이 있는지 살펴보겠습니다. 특히 2장에서 다룬 내용의 배경지식과 다양한 출처를 제공합니다.

C.1 이스티오를 이용한 서비스 메시 관리

종종 현대 인프라스트럭처는 고유의 API를 정의하는 여러 개의 마이크로서비스로 이루어져 있습니다. 서비스들은 최종 사용자 요청을 처리하기 위해 API를 이용해서 상호작용합니다.

대부분의 분산 마이크로서비스 아키텍처는 현대 애플리케이션의 기초입니다. 여러 개의 고유 API를 정의하는 마이크로서비스가 합쳐져서 복잡한 시스템이 형성됩니다. 이렇게 분리된 서비스들은 최종 사용자의 요청을 처리하기 위해 API를 이용해서 상호작용합니다.

서비스 메시는 애플리케이션과 마이크로서비스 간 상호작용을 만드는 마이크로서비스의 네트워크입니다. 서비스 메시가 커지고 복잡해지면서 자연스럽게 관리와 운영이 더 어려워졌습니다. 서비스 메시 운영의 어려운 점은 다음과 같습니다.

- 발견
- 로드 밸런싱

- 실패 복구
- 메트릭
- 모니터링

또한 다음과 같은 더 복잡한 작업이 있습니다.

- A/B 테스팅
- 카나리 롤아웃
- 레이트 리미팅[rate limiting]
- 접근 제어
- 엔드투엔드 인증

이스티오[1]는 기존 분산 애플리케이션에 존재하는 오픈 서비스 메시입니다. 이스티오는 클라우드 플랫폼에 점진적으로 채택되는 분산 마이크로서비스 아키텍처 작업을 지원합니다. 개발자들은 이식성을 요구하는 아키텍처와 온프레미스, 클라우드, 하이브리드 플랫폼 모두를 다루는 분산 배포 연산자에 집중합니다. 이스티오는 일관적으로 마이크로서비스를 연결, 모니터링, 보안하는 방식을 제공해서 마이크로서비스 배포를 더 효율적으로 관리하게 해줍니다.

이스티오는 다음과 같은 애플리케이션 기능을 지원합니다.

- HTTP, gRPC, TCP, WebSocket 트래픽을 위한 자동 로드 밸런싱
- 결함 주입[fault injection], 장애 조치[failover], 재시도, 리치 라우팅[rich routing] 규칙을 통한 트래픽 동작 세부 제어
- 속도 제어, 할당양, 접근 제어를 허락하는 이식 가능한 정책 레이어와 설정 API
- 인그레스[Ingress]와 이그레스[Egress]를 포함하는 클러스터 내부의 모든 트래픽에 대한 자동 트레이스[automatic trace], 로그, 메트릭
- 강력한 아이덴티티 기반 인증과 승인이 있는 안전한 인트라클러스터[intracluster] 서비스 대 서비스 통신

쿠브플로는 다른 클러스터 기반 플랫폼처럼 머신러닝 애플리케이션을 지원하기 위해 쿠버네티스 클러스터에 함께 배포된 서비스, 도구, 프레임워크의 그룹으로 동작합니다.

이런 구성 요소의 대부분은 고유한 권한이 있는 오픈소스 프로젝트이고, 다른 그룹의 사람들이 독립적으로 개발한 것입니다. 이런 구성 요소들이 새로운 시스템으로 결합해서 완벽한 전체로 동작하는 것은 어려운 과제입니다. 이스티오는 이 구성 요소들이 상호운용되는 데 중요한

---

1 *https://oreil.ly/giPuC*

역할을 합니다.

이스티오는 쿠브플로의 멀티테넌시 지원에 기초적인 역할을 합니다. 쿠브플로 0.6 버전에서 이스티오는 핵심적인 옵션이고, 이스티오 없이는 쿠브플로가 동작할 수 없습니다. 쿠브플로가 이스티오를 사용하면 엔드투엔드 인증과 접근 제어를 제공하기 때문에 이스티오는 쿠브플로 내부 운영에 핵심입니다.

> **NOTE_ 쿠브플로 버전과 이스티오 버전**
> 기본 온프레미스 쿠브플로 1.0.2 설치는 이스티오 1.1.6을 사용합니다. 그러나 GCP를 위한 쿠브플로 1.0.2 는 이스티오 1.3과 함께 설치됩니다. 이 책이 쓰일 시점에서 이스티오의 최신 버전은 1.6입니다. 부록 C에 있 는 이스티오 다이어그램은 이스티오 1.1.6 버전을 사용합니다.

이스티오 핵심 기능은 다음과 같습니다.

- 트래픽 관리traffic management[2]
- 보안security
- 관찰성observability

이스티오 **트래픽 관리**는 퍼센티지 기반 트래픽 분리와 함께 A/B 테스팅, 카나리 롤아웃, 단계적 롤아웃을 제공합니다. 또한 서비스 메시를 위한 인바운드 및 아웃바운드 트래픽을 제어하는 게 이트웨이를 제공합니다.

이스티오 **보안**은 서비스 메시를 위해 안전한 통신 채널을 기본으로 제공하고 인증과 승인을 관 리합니다. 또한 서비스 통신 암호화(이스티오에서는 기본 설정입니다)를 제공하고, 다양한 런 타임과 프로토콜 간 정책을 강제하도록 해줍니다.

이스티오 **관찰성**은 레이턴시, 트래픽, 에러, 포화를 위한 서비스 메시 메트릭을 제공합니다. 더 나아가 감사auditing가 가능하도록 각 트래픽 흐름 요청의 전체 기록을 생성합니다.

---

2 https://oreil.ly/nWyok

쿠브플로에서 이스티오는 다음과 같은 일을 처리합니다.

- 컨트롤 플레인 보안
- 엔드포인트 보안 제공
- 쿠브플로 애플리케이션으로의 접근 관리
- 엔드투엔드 인증과 접근 제어 활성화

어떻게 이스티오가 이러한 기능을 제공하는지 더 잘 이해하기 위해 이스티오 아키텍처를 더 자세히 살펴보겠습니다.

C.1.1 이스티오 아키텍처

이스티오는 논리적으로 서비스 메시를 [그림 C-1]과 같이 컨트롤 플레인과 데이터 플레인으로 나눕니다.

이 그림에서 데이터 플레인과 컨트롤 플레인이 이스티오의 구성 요소들을 어떻게 나누는지 볼 수 있습니다. 컨트롤 플레인은 서비스 메시의 작업을 설정하기 위해 이스티오 구성 요소 간 주고받는 제어와 설정 메시지를 포함하는 트래픽을 가리킵니다. 데이터 플레인은 워크로드 구성 요소 간 주고받는 비즈니스 로직을 위한 데이터 트래픽을 포함합니다.

이제 컨트롤 플레인이 어떻게 데이터 플레인과 다르고, 각각의 플레인이 어떤 구성 요소를 관리하는지 살펴보겠습니다.

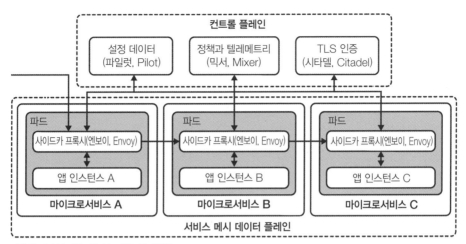

그림 C-1 이스티오 서비스 메시 아키텍처

컨트롤 플레인

이스티오 컨트롤 플레인은 네트워크 트래픽을 라우팅하는 데 사용하는 데이터 플레인의 프록시를 설정하고 관리합니다. 컨트롤 플레인은 추가적으로 텔레메트리 데이터를 모으고 정책을 강제하는 믹서를 설정합니다.

[그림 C-1]에서 볼 수 있듯이 컨트롤 플레인에 있는 구성 요소는 다음과 같습니다.

파일럿(Pilot)

설정 데이터

믹서(Mixer)

정책과 텔레메트리

시타델(Citadel)

TLS 인증서

파일럿은 서비스 메시 회복성(예를 들어 재시도, 서킷 브레이커circuit breaker, 타임아웃 등), 트래픽 관리(예를 들어 카나리 롤아웃, A/B 테스팅), 엔보이 사이드카 디스커버리를 제공합니다.

파일럿은 이스티오에서 핵심 트래픽 관리 구성 요소이고 엔보이 프록시를 프로그래밍합니다. 파일럿은 로드 밸런싱, 라우팅, 서비스 디스커버리를 책임집니다.

> **NOTE_ 엔보이 사이드카의 역할**
>
> 이스티오는 기본적으로 서비스 메시의 모든 서비스에 대한, 모든 인바운드와 아웃바운드 트래픽을 중개하는 엔보이[3] 프록시 확장 버전을 사용합니다.
>
> 엔보이 프록시는 쿠버네티스 파드 안에서 관련 서비스를 위해 '사이드카'로 배포됩니다. 사이드카 프록시는 (이름에서 알 수 있듯이) 애플리케이션 코드를 다시 쓰지 않고 파드 애플리케이션과 함께 부차적으로 실행되도록 만들어졌습니다.
>
> 이스티오 지원은 여러분의 시스템에서, 마이크로서비스 간 모든 네트워크 통신을 가로채는 모든 환경에서 특별한 사이드카[4] 프록시를 통해 서비스에 추가됩니다. 이스티오는 서비스 코드를 아주 적게 변경하거나 서비스 코드 변경 없이 이러한 작업을 수행합니다.

믹서는 엔보이 프록시(또는 다른 서비스)에서 텔레메트리 데이터를 모으고 서비스 메시에서 접근 제어와 사용 정책을 강제합니다. 믹서는 엔보이 프록시가 추출한 요청 수준의 속성을 평가합니다.

시타델은 서비스 메시에서 트래픽을 암호화하는 데 사용합니다. 시타델은 문자열 서비스 대 서비스, 최종 사용자 인증을 빌트인 인증서와 아이덴티티 관리를 통해 제공합니다. 시타델을 이용해서 이스티오에 대한 서비스 아이덴티티를 기반으로 정책을 시행합니다.

---

3 *https://oreil.ly/IJGXk*
4 *https://oreil.ly/wnAE7*

API 게이트웨이 대 서비스 메시

때로 API 게이트웨이(예를 들어 앰배서더Ambassador) 또는 이스티오 같은 서비스 메시가 시스템을 위한 인그레스를 다룹니다.

여기서 집중할 두 가지 종류의 트래픽 관리는 다음과 같습니다.

- 북/남 트래픽: 데이터 센터로 들어가는/나오는 데이터
- 동/서 트래픽: 데이터 센터의 서비스 간 트래픽

북/남 트래픽의 차이는 여러분이 에지(클라이언트)를 제어하지 않는다는 것이고, 각각 다른 유형의 트래픽은 다른 유형의 컨트롤 플레인이 관리합니다.

이스티오(서비스 메시)는 동/서 트래픽을 다루고, API 게이트웨이는 북/남 트래픽에 집중합니다.

대부분의 조직이 서비스 메시가 필요하지 않을 때 API 게이트웨이로 시작합니다. 시간이 지나면서 서비스 메시를 추가하면 그때 인그레스를 서비스 메시로 관리하기 시작할 수 있습니다. 이스티오는 인그레스 관리를 지원하기 위해 게이트웨이 추상화를 사용합니다.

데이터 플레인

이스티오 데이터 플레인은 사이드카 프록시(엔보이)를 사용해서 서비스 메시가 보내고 받는 트래픽을 제어하고 관리합니다. 데이터 플레인은 서비스 메시 안의 워크로드 구성 요소 간 통신을 제어합니다. 이스티오가 사이드카 프록시를 이용해서 트래픽을 제어하면 서비스 메시 주변 트래픽의 방향을 바꾸고 제어하는 것이 쉬워집니다.

데이터 플레인 트래픽을 다루는 유일한 이스티오 구성 요소는 엔보이 프록시입니다. 엔보이 프록시가 서비스 메시의 데이터 플레인 트래픽을 라우팅하기 때문에 엔보이 프록시가 설정과 트래픽 규칙을 강제합니다. 그동안 서비스 메시의 서비스 구성 요소는 프록시가 라우팅하는 것을 인지하지 않아도 됩니다.

C.1.2 트래픽 관리

쿠브플로에서 이스티오가 하는 중요한 기능은 구성 요소 간 트래픽 관리입니다. 이스티오는 메시 안에서 트래픽 방향을 제어하기 위해 서비스 메시의 엔드포인트와 서비스를 추적하는 서비스 레지스트리를 이용합니다. 쿠브플로는 쿠버네티스 클러스터에서 실행되고, 이는 이스티오가 그 유형의 클러스터에서 자동적으로 서비스와 엔드포인트를 탐지할 수 있게 합니다.

다음 절에서 쿠브플로가 사용하는 트래픽 관리 API 리소스를 몇 가지 다루겠습니다.

가상 서비스

가상 서비스를 이용해서 이스티오가 제공하는 고급 디스커버리와 연결을 지원하고 요청이 서비스로 어떻게 라우팅되는지 설정합니다. 가상 서비스는 '데스티네이션 룰'에 포함되고, 이스티오 트래픽 라우팅 전략에도 중요한 구성 요소입니다.

이스티오의 가상 서비스는 순서대로 평가되는 라우팅 규칙의 집합으로 만들어져 있습니다. 이를 통해 이스티오가 각 요청을 서비스 메시 안의 특정한 실제 목적지에 일치시키도록 합니다. 서비스 메시에는 여러 가지의 가상 서비스가 있을 수도 있고, 없을 수도 있습니다.

가상 서비스는 클라이언트가 요청을 보내는 곳과 실제 처리를 하는 목적지 구성 요소를 명확하게 분리합니다. 이러한 분리를 통해 이스티오가 메시 안에서 처리 구성 요소로 가는 트래픽을 통제하는 라우팅 규칙을 지정합니다.

A/B 테스팅과 같은 쿠브플로의 기능은 이스티오의 가상 서비스로 구현되어 있습니다. 여기서 가상 서비스는 모델 버전 퍼센티지 기반으로 트래픽 라우팅을 설정하거나 다른 트래픽 제어 변경 사항에 따라 트래픽 라우팅을 설정합니다.

데스티네이션 룰

가상 서비스 외에도 이스티오 라우팅 전략의 핵심인 이스티오 데스티네이션 룰destination rule이 있습니다. 만약 가상 서비스가 서비스 메시에 '주어진 도착지'로 어떻게 라우팅할 것인지 지시한다면, 그 도착지로 가는 트래픽을 어떻게 처리할 것인지 지시할 때 데스티네이션 룰을 사용합니다.

데스티네이션 룰은 가상 서비스 라우팅 규칙이 적용되어야만 작동됩니다. 이렇게 트래픽의 실제 도착지에 데스티네이션 룰이 적용됩니다.

게이트웨이

서비스 메시의 인그레스와 이그레스는 어떤 트래픽이 서비스 메시에 들어오고 나갈 수 있는지 제어하기 위해 게이트웨이[5]가 관리합니다. 게이트웨이 프록시는 서비스 메시의 가장자리에서 실행되고 독립적으로 동작하는 엔보이 프록시라는 점에서, 보통의 이스티오 사이드카 프록시와 다릅니다.

> **NOTE_ 이스티오 게이트웨이 대 쿠버네티스 인그레스 API**
>
> 쿠브플로가 쿠버네티스에서 실행되고 이스티오를 사용한다는 것을 고려하면, 이스티오 게이트웨이와 쿠버네티스 인그레스 API 차이점에 주목해야 합니다.
>
> 이스티오 게이트웨이는 레이어를 4-7로드 밸런싱[6]특징으로 설정하거나 TLS 설정을 하는 등 강력한 트래픽 라우팅 기능을 제공한다는 점에서 보통의 쿠버네티스 인그레스 API와 다릅니다.
>
> 또한 이스티오 가상 서비스를 (같은 API 리소스에 애플리케이션 레이어 트래픽 라우팅을 추가하는 것과는 다르게) 게이트웨이에 연결할 수 있습니다. 이를 통해 이스티오 서비스 메시의 다른 데이터 플레인 트래픽과 비슷하게 게이트웨이 트래픽을 관리할 수 있습니다.

인그레스 트래픽 관리는 이스티오 게이트웨이의 주요 유스 케이스지만, 이그레스 게이트웨이도 설정할 수 있습니다. 출구 노드용 이그레스는 어떤 서비스가 외부 네트워크에 접근할 수 있는지 제한할 수 있도록 합니다. 또한 이그레스 트래픽의 보안 제어를 활성화[7]해서 메시에 보안을 추가할 수 있도록 해줍니다.

이스티오가 제공하는 두 개의 미리 설정된 게이트웨이 프록시 배포는 istio-ingressgateway와 istio-egressgateway가 있습니다. 각각의 배포에 이스티오와 쿠브플로 동작을 커스터마이징하기 위해 여러분 고유의 게이트웨이 설정을 적용할 수 있습니다.

---

5 *https://oreil.ly/apeye*

6 옮긴이_ 레이어 4로드 밸런싱은 보통 로드 밸런서의 IP주소가 클라이언트가 사용하는 웹사이트의 주소나 서비스와 같은 것을 의미합니다(출처: *https://www.nginx.com/resources/glossary/layer-4-load-balancing*).

7 *https://oreil.ly/dZS31*

C.1.3 이스티오 보안 아키텍처

이 절에서 이스티오 보안 아키텍처의 간단한 개요를 소개하려고 합니다. 이 주제를 더 심도 있게 살펴보려면 이스티오 보안 페이지[8]를 확인하세요.

이스티오 보안 아키텍처는 [그림 C-2]에서 볼 수 있습니다.

마이크로서비스는 다음과 같은 특별한 보안이 필요합니다.

- 누가, 무엇을, 언제했는지 추적하는 감사 도구^{auditing tool}
- 유연한 서비스 접근 제어를 위한 상호 TLS와 세분화된 접근 정책
- 중간자 공격^{man-in-the-middle attack}에서 보호하기 위한 트래픽 암호화

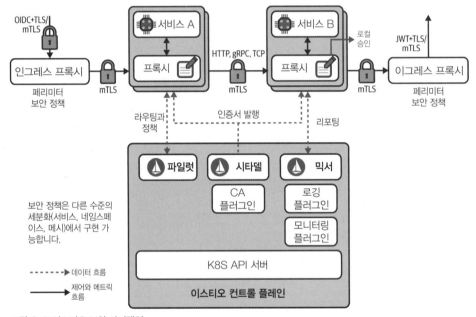

그림 C-2 이스티오 보안 아키텍처

보안 요구를 달성하기 위한 이스티오 목표는 기본적인 보안을 제공하고 여러 개의 방어 레이어를 설정하는 제로 트러스트^{zero trust} 네트워크 신념으로 운영하는 것입니다.

이스티오 보안은 시타델, 사이드카, 페리미터 프록시, 파일럿, 믹서 구성 요소들을 포함합니다. 이 중 대부분은 앞서 다루었습니다. 여기서는 시타델 개요만 간략히 설명하겠습니다.

....

8 *https://oreil.ly/5Mn6W*

시타델 구성 요소는 키와 인증서 관리에 사용됩니다. 이스티오는 클라이언트와 서버 사이의 안전한 통신을 위해 사이드카와 페리미터 프록시를 사용합니다. 파일럿 구성 요소는 안전한 이름 정보와 인증 정책을 프록시에 분배하고, 믹서는 감사와 승인을 관리하기 위해 사용됩니다.

정책

런타임 규칙을 적용하기 위해 여러분의 애플리케이션을 위한 커스텀 정책을 생성할 수 있습니다.

- 헤더 리다이렉트와 재작성rewrite
- 서비스 접근을 제한하는 화이트리스트, 블랙리스트, 거부
- 속도 제한을 사용한 동적인 서비스 트래픽 제한

이스티오는 고유 정책 어댑터를 추가해서 커스텀 승인 기능을 추가할 수 있습니다.

이스티오 아이덴티티

이스티오 아이덴티티 모델은 승인 정책을 기반으로 접근을 제어하고, 사용자 사용량을 추적하고, 현재 구독 권한이 없는 사용자를 거절하고, 누가 언제 무엇을 하는지 감사하도록 해줍니다.

이스티오 아이덴티티 모델은 사용자human user, 개인 서비스, 서비스 그룹 등을 나타낼 수 있습니다. 다음은 다른 플랫폼에 있는 이스티오 서비스 아이덴티티 목록입니다.

- AWS의 AWS IAM 사용자/역할 계정
- GCP의 CGP 서비스 계정
- GKE/GCE(구글 쿠버네티스 클러스터에서 실행될 때)의 GCP 서비스 계정
- 쿠버네티스의 쿠버네티스 서비스 계정

이스티오 인증

이스티오가 제공하는 두 가지 유형의 인증이 있습니다.

- 오리진origin 인증
- 전송transport 인증

오리진 인증(또는 최종 사용자 인증)은 디바이스나 최종 사용자의 클라이언트가 만든 요청을 확인합니다. 이 인증 유형은 JWT 유효성 검사로 가능합니다.

전송 인증(또는 서비스 대 서비스 인증)은 강력한 아이덴티티를 사용하고 서비스 대 서비스 통신을 최종 사용자 대 서비스 통신과 함께 보안합니다. 또한 이스티오 전송 인증은 인증서와 키 생성, 교체, 배포를 자동화하는 키 관리 시스템을 제공합니다.

> **NOTE_ 인증 정책이 있는 장소**
> 이스티오 인증 정책은 커스텀 쿠버네티스 API를 통해 `Istio config store`에 저장되어 있습니다.

이스티오의 파일럿 서비스는 각 프록시에 대해 인증 정책('키'와 함께)을 최신 상태로 유지합니다. 이제 어떻게 이스티오에서 승인이 이루어지는지 살펴보겠습니다.

C.1.4 이스티오 승인과 역할 기반 접근 제어

이스티오 승인은 역할 기반 접근 제어$^{role-based\ access\ control}$(RBAC)라고 불립니다. 이스티오의 승인/RBAC는 서비스 메시에 네임스페이스 수준, 서비스 수준, 메서드 수준의 서비스 접근 제어를 제공합니다.

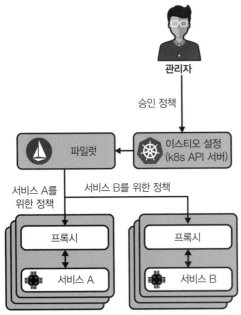

그림 C-3 이스티오 승인 아키텍처(출처: 이스티오 웹사이트)

이스티오 승인은 역할 기반 시맨틱이 있고, 최종 사용자 대 서비스와 서비스 대 서비스 보안 요구사항을 위한 승인을 제공합니다. [그림 C-3]에서 이스티오 승인 아키텍처[9]를 볼 수 있습니다.

[그림 C-3]에서 이스티오 연산자가 YAML 파일을 기반으로 이스티오 승인 정책을 어떻게 지정하는지 볼 수 있습니다. YAML 파일이 생성한 정책은 `Istio Config Store`에 저장됩니다. 이스티오 승인 정책 모음이 변경되면 파일럿이 변경 사항을 모읍니다. 그리고 변경 사항들을 서비스 인스턴스와 함께 위치해 있는 엔보이 프록시에 분배합니다.

런타임 요청은 각 엔보이 프록시가 로컬 승인 엔진local authorization engine을 사용해서 승인합니다. 프록시로 들어오는 각 요청은 현재 승인 정책에 대해 평가되고, 요청마다 `ALLOW`나 `DENY` 결과가 보내집니다.

서비스 메시의 이스티오 승인은 `ClusterRbacConfig` 객체로 활성화할 수 있습니다.

> **WARNING_ 단 하나의 ClusterRbacConfig만 있을 수 있습니다**
> 각 서비스 메시는 default로 고정된 이름값을 가진 클러스터 범위의 싱글턴singleton이기 때문에 하나의 `ClusterRbacConfig` 객체만 가지고 있을 수 있습니다.

승인 정책

이스티오 승인 정책의 두 가지 핵심 개념은 다음과 같습니다.

- ServiceRole
- ServiceRoleBinding

ServiceRole은 서비스 접근을 위한 정책의 허가 그룹을 지정합니다. 사용자, 그룹, 서비스 같은 주체에 ServiceRoleBinding을 이용해 ServiceRole을 부여할 수 있습니다.

ServiceRole과 ServiceRoleBinding 조합은 이스티오 승인 정책을 생성합니다. 이 승인 정책은 **누가**, **무엇**을, **어떤 조건**에서 할 수 있는지 지정합니다.

다음과 같이 정의할 수 있습니다.

---

9 *https://oreil.ly/ajVGR*

- **누가(Who)**

  ServiceRoleBinding 정의의 subjects에서 정의합니다.

- **무엇(What)**

  ServiceRole의 permissions에서 정의합니다.

- **어떤 조건(Which)**

  ServiceRole이나 ServiceRoleBindings의 conditions에서 정의합니다.

ServiceRole과 ServiceRoleBinding을 더 자세히 살펴보겠습니다.

ServiceRole

ServiceRole은 각각 다음 필드를 가진 규칙 목록을 포함합니다.

- Services
- Methods
- Paths

Services는 서비스 이름의 목록이나 또는 특정 네임스페이스의 모든 서비스를 포함하기 위해 *로 설정할 수 있습니다. Methods는 ServiceRole을 위해 허가가 가능한 HTTP 메서드 목록이고, 여기서도 와일드카드 * 문자열이 쓰입니다. HTTP 경로 목록은 path 필드로 설정합니다. path 필드는 gRPC 메서드를 정의할 수 있습니다.

네임스페이스는 metadata에서 지정하고 ServiceRole은 이 네임스페이스에서만 적용됩니다. [예제 C-1]은 YAML 파일을 통해 가상의 kf-admin 역할에 대한 ServiceRole 생성을 보여줍니다.

예제 C-2 ServiceRole 생성 YAML 코드

```
apiVersion: "rbac.istio.io/v1alpha1"
kind: ServiceRole
metadata:
  name: kf-test
  namespace: default
spec:
  rules:
  - services: ["*"]
```

단순한 예제처럼 보이지만, kf-admin 역할은 default 네임스페이스 안의 모든 서비스에 대한 접근 권한을 가집니다.

> **NOTE_ 이스티오 정책 배포**
>
> 이스티오에서 정책을 배포하려면 kubectl을 이용합니다.

스펙의 rules에서 특정한 services와 methods(예를 들어 GET, HEAD)를 정의합니다.

이스티오와 쿠버네티스 서비스 DNS 명명 관례

ServiceRole 스펙의 Services 필드는 쿠버네티스 서비스 이름을 언급합니다. 쿠버네티스의 보통 서비스는 다음과 같은 형태의 이름에 DNS A기록[10]을 부여받습니다.

- my-svc.my-namespace.svc.cluster.local

쿠버네티스에서 DNS 확인은 <serviceName>.<namespaceName>.svc.cluster.local 형식으로, 서비스별로 수행됩니다.

쿠버네티스는 이러한 도메인 이름을 이용해서 서비스 IP 주소를 확인합니다. 이 내용에 대해 더 자세히 알고 싶다면 DNS에 관한 쿠버네티스 문서[11]를 확인하세요.

ServiceRoleBinding

ServiceRoleBinding은 역할에 부여된 subjects의 목록과 roleRef를 포함합니다. roleRef 필드는 관련된 serviceRole(같은 네임스페이스 안의)을 설정합니다. [예제 C-2]에서 ServiceRoleBinding의 예를 볼 수 있습니다.

---

10 *https://oreil.ly/iGFhf*

11 *https://oreil.ly/aIzfl*

```
apiVersion: "rbac.istio.io/v1alpha1"
kind: ServiceRoleBinding
metadata:
  name: test-kf-role-binding
  namespace: default
spec:
  subjects:
  - user: "service-account-a"
  - user: "istio-ingress-service-account"
    properties:
        request.auth.claims[email]: "josh@pattersonconsultingtn.com"
  roleRef:
    kind: ServiceRole
    name: "kf-test"
```

[예제 C-2]에서 볼 수 있듯이 user를 사용하거나 프로퍼티property 집합을 이용해서 subjects 필드를 설정할 수 있습니다.

INDEX

INDEX

INDEX

INDEX